一級建築士

学科試験

独習合格 **テキスト**

学科II｜環境・設備

一級建築士 **雲母未来** 著

秀和システム

はじめに

　一級建築士の試験は、年を追うごとに難易度が上がっています。一級建築士は建築設計の限定解除免許であり、これを取得すると100階建の高層ビルの設計も手掛けることができるわけですから、もし構造崩壊などが起ころうものなら何千人の尊い命が奪われかねないのです。それゆえ、試験元としても難易度を落とすことはできないのです。

　一方、受験者数はここ10年で4割減となっています。その原因の一つがこの難易度の高さにあります。さらに、資格学校のカリキュラムの膨大さと授業料の高騰も後押ししています。いくら仕事に従事していても、100万円のコストはあまりにも高額です。また、朝8時から夜10時までの講義時間ですと、翌日の仕事に支障がでないわけがありません。これらの制約が受験生の減少に拍車を掛けています。

　団塊の世代の退職により、建築士の資格者が激減する中、令和2年より、試験制度が改定され、大学在学中でも受験資格が取得できるようになり、実務経験2年を経て登録するような制度に変更されました。その結果、受験生は20％ほど増加し3万人台を回復し、減少傾向に歯止めがかかりました。

　では、どのように受験対策をするかということです。まず、5科目を同時に勉強しなければなりません。教科書だけでも5科目で1,800ページにも及びます。効率的な合格を目指すならば、問題集2,000問をとにかく反復練習で徹底的に繰り返さなければなりません。過去問の出題率は60％、合格最低点は75％の正解が求められます。つまり、過去問はどれが出ても完全に正解できるようにしなければ合格は難しいのです。

　また、独学では自分を甘やかしてしまう人には、100万円以上の授業料であることを覚悟して、資格学校に通うことをお勧めします。毎週日曜日に5科目の教科書の解説と確認テスト、模擬試験など徹底的に反復練習をします。

　しかし、誰もが高額な授業料を払い、時間を自由に使えるわけではないのです。そこで、資格学校へ通うことなく、なんとか独学で資格を取ることができないか勘案してきました。その解答が本書なのです。

　市販の教科書は、どれもが内容の抜粋に過ぎず、到底十分な範囲をカバーしているとは言えません。一方、資格学校の教科書は、内容的に適切で必要十分なボリュームがありますが、この教科書は門外不出とすることで、資格学校に通わなければ手に入らないようになっています。ネット上では、この教科書は5科目最新版のセットで20万円以上の価格で売買されているようです。つまり、資格学校レベルの教科書は、容易には手に入らないということです。

そこで今回、資格学校レベルの教科書を出版することにしました。さらに、時間を短縮して学習できるように、文章をできるだけ短文化し、図表をふんだんに使って、「読む教科書」から「見る教科書」へと進化させています。

　どうか、この教材を使って独学で合格され、日本のみならず世界で活躍する建築家となることを切に願います。顔晴ってください。

令和5年11月1日　　　一級建築士　雲母未来

CONTENTS

■ 第5章　換気

■ 第6章　熱・結露

■ 第7章　音響

■ 第8章　空気調和設備

■ 第9章　省エネルギー・保全・管理

■ 第10章　給排水・衛生設備

■ 第11章　電気の基礎事項

■ 第12章　昇降機設備

■ 第13章　防火・防災設備

一級建築士試験について

■ 一級建築士ができること

　一級建築士の資格を取ると何ができるかというと、下表のような業務のほか、建築に関するほとんどの業務をすることができます。

　中小企業では、建設業許可を取るために経営管理責任者と専任技術者の登録が必要ですが、専任技術者としては一級建築士または一級（二級）施工管理技士の資格を持つ者やその技量を持つ者でないと登録できません。また大企業では、要職に就くための最低限必要な要件となっているケースが多く見受けられます。

一級建築士ができる業務

1. 設計事務所ですべての建物の設計ができます。
2. 下請け発注額4,000万円(建築一式の場合は6,000万円)以上の工事で監理技術者になれます。
3. 建設業許可を得るために必須とされる専任技術者になれます。
4. 建築に関するコンサルティングができます。
5. 各社で資格手当がもらえ、現場監督や事務所所長などの要職につけます。(各社の規定による)

■ 受験資格

　受験資格としては、下記のような条件があり、令和2年より、実務経験は登録時に付加される項目となりました。その結果、受験者数は、減少傾向に歯止めがかかり、3万人を回復しています。また、大学生、大学院生が大学在籍中に受験できるようになったため、社会人にとっては学科試験の難易度が、さらに上がる結果となりました。

建築に関する学歴又は資格等

大学、短期大学、高等専門学校、専修学校等において指定科目を修めて卒業した者
二級建築士
建築設備士
その他国土交通大臣が特に認める者(外国大学を卒業した者等)

■ 受験スケジュール

受験のスケジュールを下表にまとめました。上記受験資格が確定したら、4月に受験申込書（700円程度）を購入し、必要事項を記入して申請します。

詳しくは「建築技術教育普及センター」ホームページに記載されていますので確認してください。

一級建築士受験スケジュール（令和5年1月現在）

段階	日程		内容
願書提出	4月1日	頃	インターネットおよび郵送で受付
受験票送付	7月1日	頃	試験元より学科試験の受験票発送
学科試験	7月25日 **7月第4日曜日**	頃	即日、受験予備校が正解番号を発表、125点満点中92点以上が合格
合格発表	9月10日	頃	学科合格発表
受験票送付	9月10日	頃	試験元より製図試験の受験票をダウンロード
製図試験	10月8日 **10月第2日曜日**	頃	受験予備校の解答例が翌日には公表
合格発表	12月25日	頃	合格発表
登録手続き	1月	頃	登録費1.5万円、登録免許税6万円納付
免許交付	3月	頃	建築士会会館において授与(本人確認が必要)

■ 学科試験内容

学科試験は、全5科目を同時に受験し、各科目は足切り点以上、総合点が合格基準点以上であることが必要です。足切り点と総合点の合格基準は下記のとおりです。

学科試験内容

実施日	7月第4週日曜日					
科目	学科Ⅰ	学科Ⅱ	学科Ⅲ	学科Ⅳ	学科Ⅴ	総合点
分野	**計画**	**環境・設備**	**法規**	**構造**	**施工**	**合計**
出題数	20問	20問	30問	30問	25問	125問
試験時間	2時間		1時間45分	2時間45分		6時間30分
足切り点・合格基準点	**11**	**11**	**16**	**16**	**13**	**92**
足切り・合格基準正答率	55%	55%	53%	53%	52%	73%

＊合点基準は、相対試験であるため**上位16%〜20%**が合格となり、毎年変動する。**92点±5点**が合格基準点になる。
　上記基準点はあくまで目安。
＊総合点で92点以上でも、各科目の1つでも足切り点に引っかかった場合には不合格となる。
＊学科試験の合格者のみが製図試験に進める。
＊問題はすべての設問が4択のマークシート方式。

■ 学科試験の時間割

　下記時間割で進みますが、休憩時間を活用してどれだけ復習するかによって、1～2点の加点が見込まれる場合があります。この差が合否を分けることもあります。

学科試験の時間割

試験日	時間割			
7月第4週日曜日	9時30分～ 9時45分 （15分）	注意事項等説明		
	9時45分～ 11時45分 （2時間）	学科Ⅰ（計画）	20問	建築計画、建築積算等
		学科Ⅱ（環境・設備）	20問	環境工学、建築設備（設備機器の概要を含む。）等
	（45分）	休憩		
	12時30分～ 12時55分 （25分）	注意事項等説明、法令集チェック		
	12時55分～ 14時40分 （1時間45分）	学科Ⅲ（法規）	30問	建築法規等
	（20分）	休憩		
	15時～ 15時10分 （10分）	注意事項等説明		
	15時10分～ 17時55分 （2時間45分）	学科Ⅳ（構造）	30問	構造力学、建築一般構造、建築材料等
		学科Ⅴ（施工）	25問	建築施工等

（注）学科の試験で「学科Ⅰ・Ⅱ」を欠席した方は、「学科Ⅲ」及び「学科Ⅳ・Ⅴ」の受験を認めません。

■ 学科試験の対策

　各予備校は毎年1月から学科の授業を開始します。各予備校の授業料は、学科コースが30万円～60万円です。予備校の通学率は80％近くに及んでおり、**独学**での学科試験の受験者は20％程度、受験者全体の合格率は16～20％程度しかありません。初受験の方は、予備校に通われることをお勧めします。

建築資格学院のホームページ　　　　　https://value-co.jp/workshop/

　製図試験を3回受験し不合格になった方が学科から再受験する場合は、比較的合格率は高く、独学で挑戦する人も多くいます。

　過去問の出題率は60％前後で、この過去問が全て解け、残りの40％の新傾向問題の1/3以上正解することでようやく合格基準点の92点（正解率73％）に到達します。どれだけ学習時間を確保したかが合否を分けます。平均で1,000時間、1月～7月まで210日として1日5時間以上学習する必要があります。ある意味では、大学受験レベルの勉強をする必要があります。

■ 製図試験内容

学科試験に通過した者が製図試験に進むことができます。試験時間は6時間30分です。

製図試験内容

科目	設計製図
実施日	**10月第2週日曜日**
試験時間	6時間30分
課題文(持ち帰り可能)	A2用紙1枚(実質A3用紙2枚)・A2製図下書用紙1枚
提出解答用紙	A2設計製図解答用紙1枚・A3要点記述解答用紙1枚

試験日	時間割	
令和5年 10月8日(日曜)	10時45分〜11時 (15分)	注意事項説明
	11時〜17時30分 (6時間30分)	設計製図

＊相対試験とし、製図試験上位30%が合格となるため、合格者数は毎年変動する。

＊製図試験に合格すると一級建築士の合格証が与えられるが、実務経験を積まないと一級建築士として登録することができない。つまり、一級建築士として活動できない。

＊学科試験の合格発表は9月第2週だが、学科試験当日(7月第4日曜日)の20時頃、各予備校が正答例と合格基準点を発表する。翌週の日曜日から各予備校の製図授業が始まる。

＊学科試験が左脳的な暗記能力が必要なのに対して、製図試験は法規や構造などの理解能力、空間構成という右脳的な芸術・創造能力、図面を書くという技能的な能力の総合的な能力が必要となる。センスがあるなしではなく、どれだけ練習したかという技量が試される。

＊受験は5年で3回受験できる。試験当日、欠席すると、自動的にその年は受験回数に加算されない。

■ 製図試験の対策

　各予備校は毎年1月から学科の授業を開始します。各予備校の授業料は、製図コースが40万円〜80万円です。学科コースと合わせると通算で100万円程度の授業料となります。予備校の通学率は90%近くに及んでおり、製図試験の独学の合格率は、5%以下しかありません。初受験、過年度生に関わらず、予備校に通われることをお勧めします。

建築資格学院のホームページ　　　　　https://value-co.jp/workshop/

■ 製図の課題公表

　「設計製図の課題」の公表は、学科試験の前々日金曜日9：00に「建築技術教育普及センター」ホームページにて公開されます。令和5年は下記のように公表されました。

令和5年一級建築士試験「設計製図の試験」の課題

課題名

図 書 館

要求図書

- 1階平面図・配置図（縮尺1/200）
- 各階平面図（縮尺1/200）

    ※各階平面図については、試験問題中に示す設計条件等において指定する。

- 断面図（縮尺1/200）
- 面積表
- 計画の要点等

建築物の計画に当たっての留意事項

- 敷地の周辺環境に配慮して計画する。
- バリアフリー、省エネルギー、二酸化炭素排出量削減、セキュリティ等に配慮して計画する。
- 各要求室を適切にゾーニングし、明快な動線計画とする。
- 建築物全体が、構造耐力上、安全であるとともに、経済性に配慮して計画する。
- 構造種別に応じて架構形式及びスパン割りを適切に計画するとともに、適切な断面寸法の部材を計画する。
- 空気調和設備、給排水衛生設備、電気設備、昇降機設備等を適切に計画する。

注意事項

　「試験問題」及び上記の「建築物の計画に当たっての留意事項」を十分に理解したうえで、「設計製図の試験」に臨むようにしてください。

　なお、建築基準法等の関係法令や要求図書、主要な要求室等の計画等の設計与条件に対して解答内容が不適合又は不十分な場合には、「設計条件・要求図面等に対する重大な不適合」等と判断されます。

＊近年は公開条件が少なく、広範囲の学習が必要。

＊平成21年以降出題された要素は無条件に出題されるので、過去問の要素を書けるように訓練する必要がある。

製図試験の過去問

年度	出題テーマ	用途	敷地	階数
R05	図書館	図書館	48m×35m 1680m²	地上3F
R04	事務所ビル	事務所	48m×32m 1536m²	未定
R03	集合住宅	共同住宅	48m×35m 1680m²	地上5F
R02	高齢者介護施設	福祉	51m×36m 1836m²	地上3F
R01	美術館の分館	美術館	32m×48m 1536m²	地上3F
H30	健康づくりのためのスポーツ施設	スポーツ施設	52m×32m 1664m²	地上3F
H29	小規模なリゾートホテル	宿泊	54m×42m 2268m²	地上2F 地下1F
H28	子供・子育て支援センター (保育所、児童館・子育て支援施設)	コミュニティ	50m×36m 1800m²	地上3F
H27	市街地に建つデイサービス付き高齢者向け 集合住宅(基礎免震構造を採用した建物)	福祉	50m×35m 1750m²	地上5F
H26	温浴施設のある「道の駅」	コミュニティ	50m×36m 1800m²	地上2F
H25	大学のセミナーハウス	研修・宿泊	50m×35m 1750m²	地上2F
H24	地域図書館 (段床形式の小ホールのある施設)	図書館	50m×35m 1750m²	地上2F 地下1F
H23	介護老人保健施設 (通所リハビリテーションのある地上5階建ての施設)	福祉	35m×38m 1330m²	地上5F
H22	小都市に建つ美術館	美術館	45m×35m 1575m²	地上2F
H21	貸事務所ビル (1階に展示スペース、基準階に貸事務所スペース)	事務所	40m×30-40m 1400m²台形	地上7F 地下1F
H20	ビジネスホテルとフィットネスクラブ からなる複合施設	複合ホテル	50m×30m 1500m²	地上7F 地下1F
H19	子育て支援施設のあるコミュニティセンター	コミュニティ	33m×50m 1650m²	地上3F
H18	市街地に建つ診療所等のある集合住宅	共同住宅	35m×46m 1610m²	地上5F 地下1F
H17	防災学習のできるコミュニティ施設	コミュニティ	52m×45m 2340m²既存有	地上2F
H16	宿泊機能のある「ものつくり」体験施設	宿泊	52m×38m 1976m²	地上3F
H15	保育所のある複合施設	コミュニティ	50m×37m 1850m²	地上3F 地下1F

■ 製図試験の合格基準

令和4年一級建築士「設計製図の試験」合格基準について

令和4年一級建築士試験「設計製図の試験」合格基準等について

1．合格基準等

　　一級建築士試験「設計製図の試験」は、「与えられた内容及び条件を充たす建築物を計画し、設計する知識及び技能について設計図書等の作成を求めて行う。」ものであり、その合否判定における令和4年試験の「採点のポイント」、「採点結果の区分」及び「合格基準」は、次のとおりである。

採点の ポイント	（1）空間構成 　①建築物の配置・構造計画、②ゾーニング・動線計画、 　③要求室等の計画、④建築物の立体構成等 （2）建築計画 　①貸事務室の収益性、可変性、快適性等に配慮した計画 　②シェアオフィスの収益性、快適性及び多様な働き方に対応可能な計画 　③省エネルギー及び二酸化炭素排出量削減に配慮した計画 （3）構造計画 　①地盤条件や経済性を踏まえた基礎構造の計画 　②無柱空間や耐震性等に配慮した構造計画 （4）設備計画 　①空調方式、設備スペース及び設備シャフトの計画 　②貸事務室の排煙計画
	※　設計条件・要求図面等に対する重大な不適合 　①「要求図面のうち1面以上欠けるもの」、「面積表が完成されていないもの」又は「計画の要点等が完成されていないもの」 　②図面相互の重大な不整合（上下階の不整合、階段の欠落等） 　③次の要求室・施設等のいずれかが計画されていないもの 　　貸事務室A、貸事務室B、シェアオフィス、コミュニティホール、エントランスホール、レストラン、受水槽室、消火ポンプ室、エレベーター、PS・EPS、直通階段（屋内）、屋上庭園、屋外テラス席、駐車場、車椅子使用者用駐車場、サービス用駐車場、駐輪場　④法令の重大な不適合等、その他設計条件を著しく逸脱しているもの
採点結果の 区分 （成績）	○採点結果については、ランクⅠ、Ⅱ、Ⅲ、Ⅳの4段階区分とする。 　ランクⅠ：「知識及び技能」＊を有するもの 　ランクⅡ：「知識及び技能」が不足しているもの 　ランクⅢ：「知識及び技能」が著しく不足しているもの 　ランクⅣ：設計条件及び要求図書に対する重大な不適合に該当するもの 　＊「知識及び技能」とは、一級建築士として備えるべき「建築物の設計に必要な基本的かつ総括的な知識及び技能」をいう。 ○なお、採点の結果、ランクⅠ、Ⅱ、Ⅲ、Ⅳのそれぞれの割合は、次のとおりであった。 　ランクⅠ：33.0%、ランクⅡ：6.1%、ランクⅢ：32.4%、ランクⅣ：28.5% ○受験者の答案の解答状況 　ランクⅢ及びランクⅣに該当するものが多く、具体的には以下のようなものを挙げることができる。 ・設計条件に関する基礎的な不適合：「要求している主要な室等の床面積の不適合」、「階段の不成立」、「地盤条件や経済性を踏まえた基礎の構造不適格」 ・法令への重大な不適合：「道路高さ制限」、「避難経路」等
合格基準	採点結果における「ランクⅠ」を合格とする。

■ 過去の合格率

　一級建築士試験の合格率は下表のようになります。

一級建築士試験の合格率

年度	学科			製図			総合（＊）		
	受験者数	合格者数	合格率	受験者数	合格者数	合格率	受験者数	合格者数	合格率
令和4年	30,007	6,289	21.0%	10,509	3,473	33.0%	34,227	3,473	9.9%
令和3年	31,696	4,832	15.2%	10,499	3,765	35.9%	37,363	3,765	9.9%
令和2年	30,409	6,295	20.7%	11,035	3,796	34.4%	35,149	3,796	10.6%
令和元年	25,132	5,729	22.8%	10,151	3,571	35.2%	29,554	3,571	12.0%
平成30年	25,878	4,742	18.3%	9,251	3,827	41.4%	30,387	3,827	12.5%
平成29年	26,923	4,946	18.4%	8,931	3,365	37.7%	30,908	3,365	10.8%
平成28年	26,096	4,213	16.1%	8,653	3,673	42.4%	30,536	3,673	12.0%
平成27年	25,804	4,806	18.6%	9,308	3,774	40.5%	30,306	3,774	12.4%

＊総合合格率は合格者を全受験者の比率で表したものです。

■ 一級建築士としての登録

　一級建築士として登録するためには、試験に合格したのち、下記のような実務経験が必要になります。

一級建築士登録資格

学歴（指定科目を修めて卒業）等	登録時に必要となる実務経験年数
大学[旧制大学を含む]	建築・土木課程卒：2年以上
3年制短期大学[夜間部を除く]	建築・土木課程卒：3年以上
2年制短期大学	建築・土木課程卒：4年以上
高等専門学校[旧制専門学校を含む]	建築・土木課程卒：4年以上
その他国土交通大臣が特に認める者 [平成20年国土交通省告示第745号ほか]	所定の年数以上
建築設備士	取得後4年以上
二級建築士	取得後4年以上

第1章
日照・日射

1.1 太陽の放射エネルギー

■ 1.1.1 太陽放射エネルギーの分布

❖太陽からの放射エネルギーのうち、**地上に到達するもの**

→ 可視光線(約49%)、赤外線(約49%)、紫外線は1〜2%(太陽光には約10%含有)

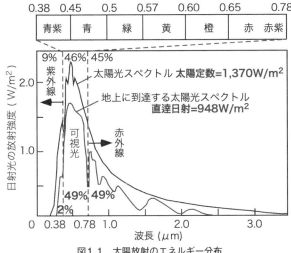

図1.1 太陽放射のエネルギー分布

■ 1.1.2 波長別の主な作用

(1)紫外線：380nm以下(0.38μm以下) …太陽の放射エネルギーの9%

→ 消毒・生育作用や日やけなど化学作用(化学線)

(2)可視光線：380〜780nm(0.38〜0.78μm) …太陽の放射エネルギーの46%

→ 明るさ、波長の長短で赤〜紫まで色の感じ方が変化(比視感度)

(3)赤外線・780nm以上(0.78μm以上) …太陽の放射エネルギーの45%

→ 加熱・乾燥など熱作用(熱線)

【nm：ナノメートル(10^{-9}m)、μm：マイクロメートル(10^{-6}m)】

■ 1.1.3 紫外線の作用

❖消毒(殺菌)作用、生育作用、皮膚の紅斑作用、物品の変・退色などの化学作用

❖生育作用：骨の発育等に必要なビタミンDの形成に、**ドルノ線または健康線**(290〜310nmの紫外線)は不可欠

→ 不足すると「くる病」など骨の発育不良を招く

❖生物などに有害な紫外線(主に280nm以下)のほとんどは、**オゾン層**によって吸収、地上に未到達

→ 冷凍機等で使用される**フロン**(CFC)が、紫外線の作用によって分解され塩素を発生、塩素がオゾン層を破壊して**オゾンホール**形成

→ 地上に到達する紫外線の量が増え、「皮膚ガン」や「白内障」が増える

代替フロン
オゾン層破壊→小
温暖化の影響→大
(CO_2の1,000倍)

1.2 日照・日射の計画用図

（1）太陽位置図

❖太陽の位置

→ 地表面で計った**太陽高度**と、太陽を地表面に射影した**方向**を真南を基準として測っ
た太陽方位で表現（太陽位置図で読み取ることができる）

太陽位置図の読み方
出題　R05

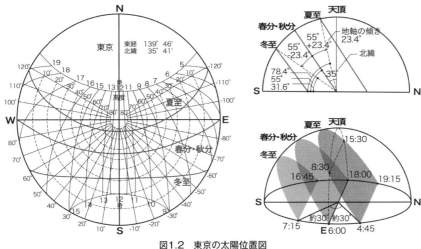

図1.2　東京の太陽位置図

①春秋分：真東から日が昇り、真西に日が沈み、昼夜の時間は**12時間**ずつ
②夏至　：春秋分よりも日の出、日の入りが**北側に約30°**ずつずれる
　冬至　：春秋分よりも日の出、日の入りが**南側に約30°**ずつずれる
③夏至に太陽が真西にくるのは15時30分頃、太陽の高度は約45°と低く、西向きの窓
　から西陽が入る

日出、日没の太陽位置
出題　H22

❖時刻の表し方

・太陽位置図の時刻は**真太陽時**

　→ 真太陽時：南中時から次の南中時までを1日

　　（1日の1/24を1時間、1時間の1/60を1分）

　→ 真太陽時による1日の長さは1年を通じて変化

・平均太陽時：1日の長さの平均値で時間計測に使うもの

　→ 日本では東経135°（兵庫県明石市）の平均太陽時が標準

　　＝**中央標準時**（日本標準時、いわゆる時計の時刻）と呼称

・**真太陽時Tと中央標準時Tsの関係**

　　$T = Ts + e + (L - 135)/15$〔時〕　　e：均時差　　L：東経

（2）日影曲線

❖**日影曲線**：ある地点の水平面上に立てた鉛直棒（長さ1.0）の先端の影の軌跡

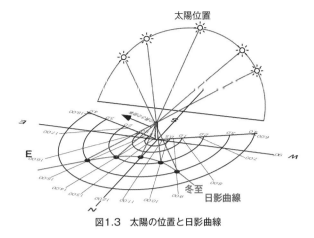

図1.3　太陽の位置と日影曲線

❖日影曲線図：ある季節・時刻における影の方向、影の長さを判別

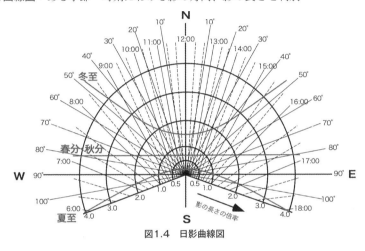

図1.4　日影曲線図

❖冬至の9時（真太陽時）の影の作図と図の読み方

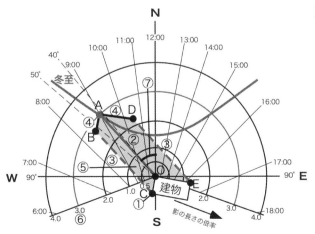

図1.5　影の方向の影の長さと真北方向の影の長さ

【冬至の9時の日影の作図】
①建物の方位を方位軸に合わせながら、原点に建物の角の1つ(任意)を合わせ配置する
②冬至の日影曲線と時刻(9時)との交点Aと原点O を直線で結ぶ
③建物の各角に②で作成した直線AOを平行移動させた直線BC,直線DEを作図
④点Aと点B、点Dを結び直線AB、ADを作図
⑤図形ABC-O-EDが日影となる
⑥この時、点Aの「影の長さの倍率」軸の値が真北方向の建物の高さに対する影の倍率となる(図では**3.0倍**)
⑦方位は点Aの位置と真北方向とのなす角より、**約43°** となる

（3）時間日影図

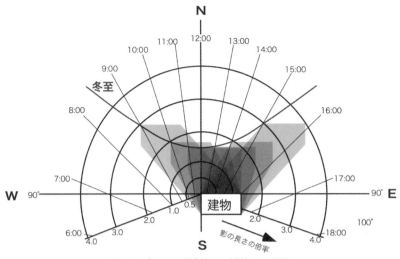

図1.6　冬至の日影曲線と1時間毎の日影図

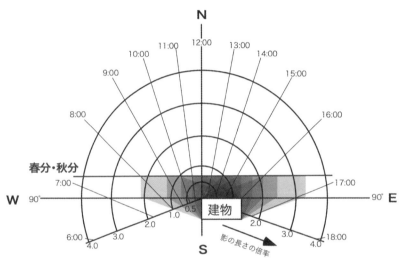

図1.7　春分・秋分の日影曲線と1時間毎の日影図

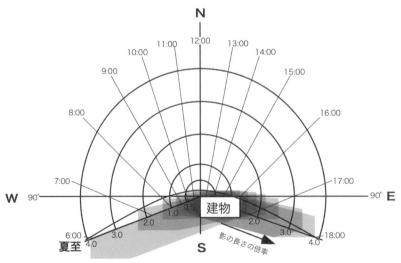

図1.8　夏至の日影曲線と1時間毎の日影図

春分・秋分の日の日影
出題　H24

（4）n時間日影

❖n時間日影：n時間毎の日影の交点を連ねた範囲
　　　　　　＝ n時間以上日影となる範囲（等時間日影）

　・1時間毎の日影図で「8時と12時の日影図の交点」、「9時と13時の日影図の交点」
　　→ これらの点を結ぶと、1日のうちで4時間日影になる4時間日影線が完成

　・同様に、2時間間隔の日影図の交点を結ぶと2時間日影線が完成

等時間日影
出題　H20・H27

3時間日影
出題　H28

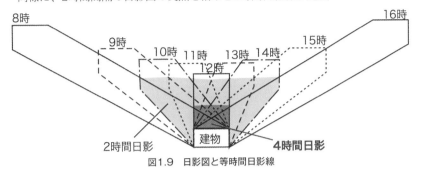

図1.9　日影図と等時間日影線

❖建築物の形状が日影規制（4時間以上日影となる範囲）に及ぼす影響

　・建築物の高さ → 影の長さは長くなるが（4時間）日影範囲にはあまり**影響しない**

　・東西方向の幅 →（4時間）日影範囲に**大きく影響する**

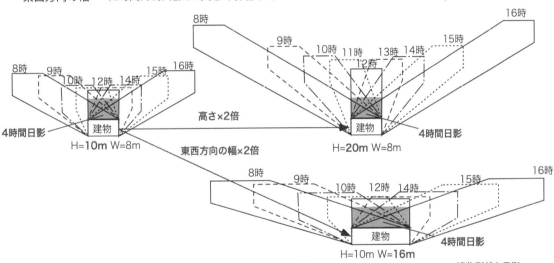

図1.10　建物の高さ・幅と日影時間との関係

建物形状と日影
出題　H20・H22・H26
　　　H28・H29
建物の高さと4時間日影
出題　H28・R03

（5）複合日影と島日影

❖島日影：複数の建築物が東西方向に隣接して並ぶ場合

　→ 建築物の間に複合日影が生じ、それらの建築物から離れた所に、島状にその周囲
　　よりも日影時間が長い部分が形成＝島日影

島日影
出題　H20

❖2棟隣接する場合、建築物から離れた5時間以上日影となる範囲が島日影

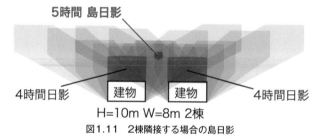

図1.11　2棟隣接する場合の島日影

（6）終日日影と永久日影

❖**終日日影**：建築物の配置や平面形によって生まれる**一日中、日影**になる部分

❖**永久日影**：最も日照に有利な**夏至の日**でも**終日日影**となる部分

　→ 永久日影は、北側に深い凹部がある場合に生じやすい

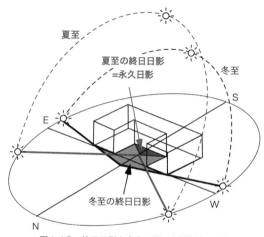

図1.12　終日日影と永久日影の例（北緯35°）

（7）日差し曲線と日照図表

❖**日差し曲線**　　　　：水平面日差し曲線と鉛直面日差し曲線がある

❖**水平面日差し曲線**：前述の日影曲線と点対称の関係にある

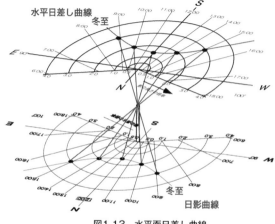

図1.13　水平面日差し曲線

終日日影・永久日影
出題　H20・H23・H28

❖鉛直面日差し曲線：受照点と太陽の間に置いた垂直面の太陽の軌道
　　　　　　　　　　→ 窓からの日差しの時間を求めるのに便利

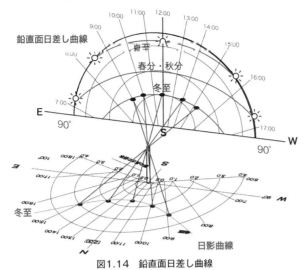

図1.14　鉛直面日差し曲線

❖日差し曲線群：水平面日差し曲線の描かれる平面と視点との基準高さを段階的に変え、
　　　　　　　得られる多数の日差し曲線を1枚の図に集約したもの

日差し曲線
出題　H26

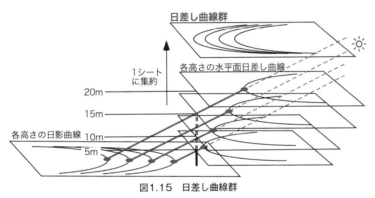

図1.15　日差し曲線群

❖日照図表：冬至など特定の日についての日差し曲線群を作成したもの 特定の建物によ
　　　　　　り観測点が日影となる時刻、時間を求める

日照図表
出題　H20

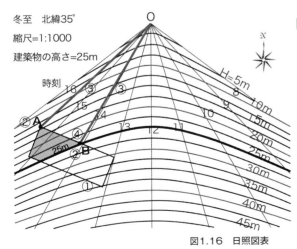

図1.16　日照図表

【測定点Oの日影時刻の読み取り】
①に測定点Oからの方位、距離(縮尺から換算)
　を合わせて建物の外周を作図する
②高さ25mの高さの場合、高さ25mの線と
　建物が交わる点をB、一番外側の点をAと
　とする
③点A、点Bと点Oを直線で結ぶ
④点A、点Bの時刻を読み取ると14:10〜15:30
⑤この建物により測定点Oが14:10〜15:30
　の間、日影となる

1.3　日照

（1）日照時間、可照時間および日照率

❖**日照時間**：実際に日の照っていた時間

❖**可照時間**：日の出から日没までの時間…春分・秋分の日は12時間

（障害物のない所で、晴れていれば日照があるはずの時間）

❖**日照率**：日照時間を可照時間で除した値を百分率で表したもの

→ **日照率＝日照時間/可照時間×100（％）**

日照時間
出題　H21

日照率
出題　H27

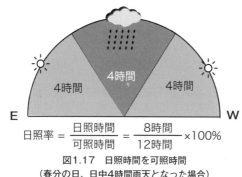

$$日照率 = \frac{日照時間}{可照時間} = \frac{8時間}{12時間} \times 100\%$$

図1.17　日照時間を可照時間
（春分の日、日中4時間雨天となった場合）

（2）真可照時間と南北間の隣棟間隔比（隣棟間隔係数）

❖**真可照時間**：障害物のある場所で、晴れていれば日照があるはずの時間

→ 住宅地における**可照時間を制限する要素**の一つは**住棟（隣棟）間隔**

❖冬至において日照を2〜6時間確保するのに必要な南北間の**隣棟間隔比**

（南北間の距離Dを南側建物の高さHで除したもの）と緯度の関係図（**図1.18**）

→ 住宅地などでは冬至における**4時間日照**が基準

→ **東京**の場合、4時間日照を満たす南北間の隣棟間隔比は**約2.0**

→ 隣棟間隔には、冬至の真可照時間だけでなく、通風、防災、眺望、プライバシーへの配慮も必要

隣島間隔
出題　H25

外部空間の開放感
出題　H22・H25・H29

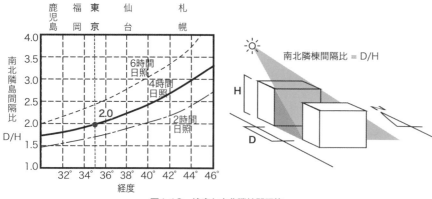

図1.18　緯度と南北隣棟間隔比

（3）周囲に障害物がない場合の壁面（鉛直壁面）の方位と可照時間

❖**南面の可照時間**：太陽が東西軸よりも南側にある時間

夏至の南面の可照時間＝8時30分から15時30分の約7時間

冬至の南面の可照時間＝日の出から日没までの約9時間30分

- 夏至の南面の可照時間（約7時間）＜冬至の南面の可照時間（約9時間30分）
- 夏至の北側の可照時間（約7時間30分）＞夏至の南側の可照時間（約7時間）

時期	北面	東西面	南面
夏至	**7時間30分**	7時間15分	**7時間**
春分・秋分	0分	6時間	12時間
冬至	0分	4時間45分	9時間30分

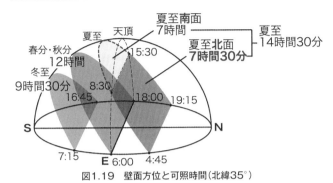

図1.19　壁面方位と可照時間（北緯35°）

（4）窓からの日照

❖窓からの日照による床面の受照（**図1.20**）

❖**南向きの窓からの日照**（上部庇有り）＝季節ごとの南中時の太陽高度によって変化

　→ 夏至の場合：室内に日が入らない

　→ 冬至の場合：室の奥まで日が入る

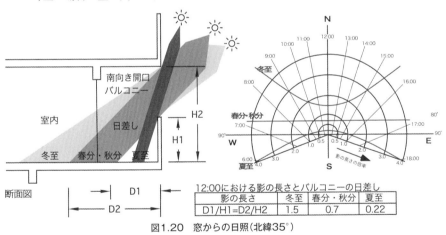

12:00における影の長さとバルコニーの日差し

影の長さ	冬至	春分・秋分	夏至
D1/H1＝D2/H2	1.5	0.7	0.22

図1.20　窓からの日照（北緯35°）

1.4　日射

（1）太陽定数

❖**太陽定数**：大気圏外における、太陽光線と垂直な面（法線面）の受ける太陽の放射エネルギー

　　　→ 季節変動はあるが、その年間平均値は**約1,370W/m²**

　　　→ ただし大気中の水蒸気や塵挨に吸収され、実際の到達量は60%程度

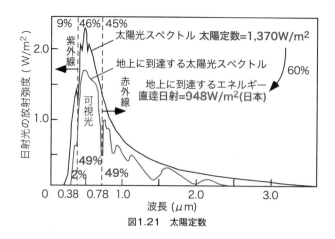

図1.21　太陽定数

（2）直達日射と天空日射

❖**直達日射**：太陽の直射による地表面に届くエネルギー

・直達日射量＝南中時（垂直に近い角度から入射）＞朝夕（斜めから入射）

　　　　→ 大気層の厚さも関係（日本の標準値948W/m²）

❖**天空日射**：水蒸気や塵挨、空気等の分子による散乱光（青空からの放射エネルギー）

　　　　から地表面に届くエネルギー（日本の標準値151W/m²）

　　　　→ 直達日射量に比べると少ない（1/6 ～ 1/7）

　　　　→ 水平面で約151W/m²、垂直面では水平面の1/2程度（朝夕を除く）

❖**全天日射**：直達日射（948W/m²）＋天空日射（151W/m²）＝ 1,099W/m²

（3）大気透過率

❖**大気透過率**：太陽定数 I_0 に対して、太陽が天頂にある時に、地表面付近で太陽光線
　　　　に直角な面が受ける**直達日射量I**の比 P

$$大気透過率P ＝ \frac{直達日射日射量 I}{太陽定数 \quad I_0}$$

・水蒸気や塵挨が少なく、空気の澄んでいる季節や土地 → 大気透過率が大きくなる

（4）夜間放射（実効放射）

❖太陽の熱で温められた地表　　→ 天空に長波長の放射（**地表面放射**）

❖大気中の水蒸気や二酸化炭素　→ 温度に応じて地表に長波長の放射（**大気放射**）

❖**夜間放射**（実効放射）：地表面放射と大気放射との差（前者から後者を引いた値）

　　　　　　夜間放射 ＝ 地表面放射 － 大気放射

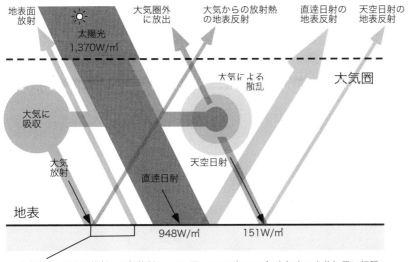

図1.22　直達日射と天空日射

実効放射＝地表面放射－大気放射　58(夏)〜116(冬)W/㎡…空気中の水蒸気量に相関
(＝夜間放射：夜間放射という名称は、夜間に実効放射が顕著になるという意)

❖夜間放射量：空気の乾いた冬＝116W/m^{2}程度、湿度の高い夏＝58W/m^{2}程度

夜間放射量
出題　H23・H26・R05

・夜間は大気放射よりも地表面放射のほうが大きいので、**地表面の温度は低下**

・日中は地表放射よりも大気面放射のほうが大きいので、**地表面の温度は上昇**

　※日中の実効放射のことも夜間放射というので注意する

・曇天時は、雲量が多いほど雲高が低いほど大気放射が多くなり、**夜間放射は減少**

・大気放射量は大気中の水蒸気分圧が低いと減少

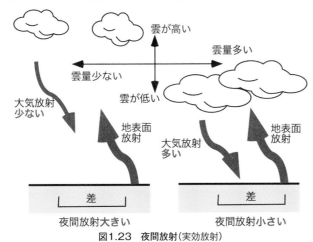

図1.23　夜間放射(実効放射)

（5）温室効果

❖温室効果ガス　：大気中の水蒸気、二酸化炭素、オゾン、メタン、亜酸化窒素、フロ
　　　　　　　　　ンなどの赤外線放射を吸収する気体
　　　　　　　　　→ ガスが地表から放出された遠赤外線(1.0μm前後)を吸収

❖地球温暖化係数：二酸化炭素を基準に各種気体が大気中に放出された際の濃度あたり
　　　　　　　　　の温室効果の100年間の強さを比較して表したもの

・二酸化炭素：1、メタン：21、トリフロオロメタン(代替フロン)：11,700

　※代替フロンはオゾン層は破壊しないが温室効果は二酸化炭素の11,700倍

11

❖**温室効果**：温室効果ガスが吸収した熱の一部は、再び地表面に下向きに放射され、地表面の温度が上昇

（6）南中時の直達日射量

❖鉛直壁面・水平面等の**直達日射量**は、**入射角が小さいほど大きくなる**

南中時の直達日射量
出題　H22・H25

法線面直達日射日射量
と鉛直面直達日射量
出題　H30・R04

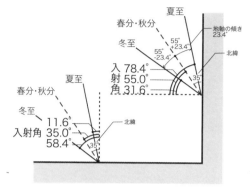

夏至南鉛直面＜冬至水平面＜冬至南鉛直面＜夏至水平面
(78.4°)　　　(58.4°)　　　(31.6°)　　　(11.6°)

図1.24　入射角と直達日射量

（7）壁面等の終日直達日射量

❖**終日直達日射量**：北緯35°における終日快晴の**方位別の壁面**の1日間の**直達日射による1m²当たりの受熱量**

方位別終日日射量
出題　H22・H25・H27
　　　H28・H29・R04

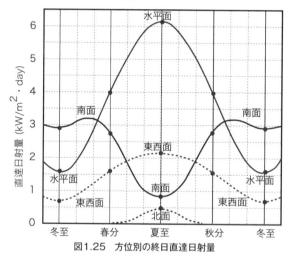

図1.25　方位別の終日直達日射量

❖よく出題される序列

・秋分東西面＜冬至水平面＜春分南面＜冬至南面

・夏至南面＜春分東西面＜夏至東西面＜秋分南面

1.5　日照・日射の取り扱い

（1）日射熱取得率（日射取得率、日射侵入率）

❖**日射熱取得率**：窓ガラスに「入射した日射量」に対する「透過した日射量と、窓ガラスに吸収された後、室内側に再放射される熱量の合計」の割合

$$日射熱取得率 = \frac{\textbf{透過}した日射量 + 吸収後室内に\textbf{再放射}される熱量}{\textbf{入射}した日射量}$$

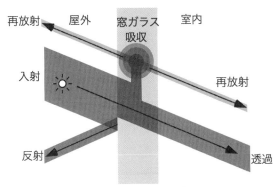

図1.26　日射熱取得率

（2）日射取得係数

❖**日射取得係数**：日射熱量に対する、実際に建築物内部に取得される単位床面積あたりの平均的な日射熱量

$$夏期日射取得係数 = \frac{各部位の日射侵入量^{※}の合計}{\textbf{床面積の合計}}$$

※各部位の日射侵入量＝各部位の日射侵入率×各部位の面積×地域別方位係数

（3）日射遮蔽係数（SC：Shading Coefficient）

❖**日射遮蔽係数**：厚さ3mmの透明ガラスの日射熱取得率を基準（1.0）として、各種ガラス等の任意の遮蔽物の日射熱取得率の割合

　　　　　→ 値が大きいほど、日射熱取得が大きく、**遮蔽効果は小さい**

$$日射遮蔽係数 = \frac{任意の日射遮蔽物の日射熱取得率}{厚さ3mmの透明ガラスの日射熱取得率}$$

※ブラインドの**日射遮蔽効果**は、反射率の高い**明色**ブラインドのほうが暗色や中等色ブラインドよりも**大きい**（＝日射遮蔽係数は明色のほうが小さい）

日射遮蔽係数
出題　H22・H26・R05

明度と日射遮蔽効果
出題　H21・H25

（4）日照調整（サン・コントロール）

❖ブリーズ・ソレイユ：brise soleil

・夏の苛酷な日射を避け、冬の日当たりを良くする建築的な工夫として、庇やルーバー
  などで日照を調整する方法

・落葉樹や藤棚などの建物以外の方法はブリーズ・ソレイユに当たらない

①庇・ルーバー

・夏期における南面は、太陽高度が高くなる

  → 南向き窓における日射の遮蔽には、庇や水平ルーバーが有効

・西向き窓は、太陽高度が低くなる時間が問題

  → 可動式鉛直（縦型）ルーバーが有効

②ブラインド・熱線反射ガラス・熱線吸収ガラス・Low-Eガラス

・窓の遮熱の原則：遮蔽物を室内側に設けるよりも屋外側に設置

・ブラインドを窓の室内側に設けた場合：

  ブラインド自体が吸収した熱が室内に再放射され、屋外側に設ける場合よりも遮熱効
  果が低下

・熱線反射ガラスや熱線吸収ガラスなどを設けた場合

  遮熱効果や吸熱効果をガラス素材自体に持たせる手法

  →　熱線反射ガラス：ガラス表面に金属膜を真空蒸着したガラス

  　　熱線吸収ガラス：金属成分をガラスに添加した着色ガラス

❖日射の遮熱効果の大小

  外側ブラインド＞内側ブラインド＞熱線反射ガラス＞熱線吸収ガラス

  ※熱線反射ガラス及び熱線吸収ガラスの熱貫流率＝普通透明ガラスとほぼ同等

  　→ 冬期における断熱効果は低い

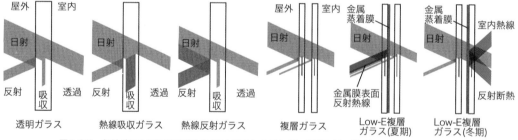

図1.27　各種ガラスの日射遮蔽性能（室内側の矢の長さが日射熱取得に対応）

❖Low-Eガラス：ガラス表面に金属膜を蒸着し、日射の長波長域（赤外線）の反射率を高
  　　　　　　　めたもの

  ※Low-Eガラスは、複層ガラスとして普通ガラス等と組み合わせて用いられる場合が
  　多い

❖金属蒸着膜は、汚れや傷がつくと性能が低下

  → 金属蒸着膜面が中空層に向くように配置

  ・夏期：屋外側のガラス中空層面に蒸着 → 日射を反射し日射遮蔽効果を高める

  ・冬期：室内側のガラス中空層面に蒸着 → 室内熱線を反射し断熱性を向上

（5）窓ガラスの温室効果

❖一般的な透明板ガラス：波長が300 ～ 3,000nm（0.3 ～ 3.0 μm）程度の太陽放射を

　　　　　　　　　　　　 80%程度透過

　　　　　　　　　　　　 波長が3,000nmを越えると透過率は急激に低下し、太陽放

　　　　　　　　　　　　 射を80%以上吸収

❖Low-Eガラス　　　　 ：波長が1,000 ～ 3,000nmの太陽放射を75%程度反射

　　　　　　　　　　　　 波長が3,000nm以上の熱線を95%程度反射

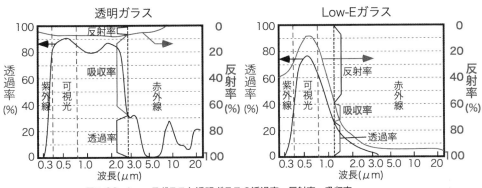

図1.28　Low-Eガラスと透明ガラスの透過率、反射率、吸収率

❖室内に侵入した太陽放射が、室内の床や壁に吸収された後に再放射される場合

　→ 再放射の波長：3,000nm（3.0 μm）以上の長波長に変換

　→ ガラスを透過せず吸収され、ガラスの温度が上昇（温室効果）

❖外壁における可視光線の吸収率

　表面色によって大きく異なり、白色で約40%、黒色で約90%

❖外壁における赤外線の吸収率

　表面色の影響をほとんど受けず、白色、黒色ともに約90%

（6）日射の利用

❖住宅において、冬季の日射を活用し快適な室内空間をつくることは環境計画の基本

❖ソーラーハウス：太陽熱を利用して暖房・給湯などを行う設備を備えた住宅

　→ ソーラーハウス（パッシブ・ヒーティング）においては以下の3つの性能が重要

　　①日射取得性　　　：いかに多くの日射を取り込むか

　　②断熱性・気密性：取り込んだ日射を逃がさない

　　③蓄熱性　　　　　：日射の有無による急激な室温変動を緩和

❖太陽熱の集熱器の傾斜角

　→ 給湯用は30°程度が年間の太陽熱依存率が高い

　→ 冬期を主体とする場合は45°～ 50°（その地域の緯度＋15°）程度がよい

第2章
採光・照明

2.1 視覚

（1）目の機能

❖目の網膜には、2種類の視細胞が存在

　錐状体（すいじょうたい）：明るい所で働き、**色を識別**（明所視）

　桿状体（かんじょうたい）：暗い所で働き、**明暗**に敏感で色覚はないが青を明るく感知（暗所視）

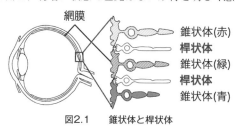

図2.1　錐状体と桿状体

（2）比視感度

❖**比視感度**：最も敏感である波長の視感度を1.0とした時、これに対する他の波長の視感度の割合

・人間の目に光として感じるのは380〜780nmの波長（**可視光線**）の放射エネルギー

・明るい所では555nmの波長（**緑**）が最も敏感

・暗い所では視感度にずれを生じ、**青〜青緑色**を最も強く感知（**プルキンエ現象**）

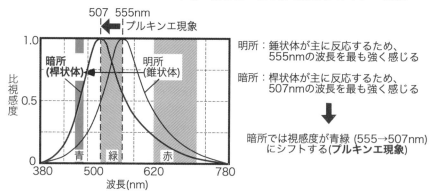

明所：錐状体が主に反応するため、555nmの波長を最も強く感じる

暗所：桿状体が主に反応するため、507nmの波長を最も強く感じる

⬇

暗所では視感度が青緑（555→507nm）にシフトする（**プルキンエ現象**）

図2.2　標準比視感度曲線

（3）順応

❖**順応**：明るさに慣れる作用

・**明順応**（暗⇒明）は数分以内で視力回復

・**暗順応**（明⇒暗）には30分程度の時間が必要

比視感度
出題　H22・H27

可視光の波長
出題　H27

プルキンエ現象
出題　H26・H28

順応
出題　H25

2.2 光の単位と法則

（1）光の単位

❖光束 F [単位：lm（ルーメン）]
  ・光のエネルギーがある面を通過する量で、標準比視感度で補正した、単位時間当たりの光の放射エネルギー量
    → 光束をもとに表される光の単位は、**全て比視感度補正されている**
❖光度 I [単位：cd（カンデラ）または lm/(sr)] ※sr＝ステラジアン（立体角）
  ・光源から発散する光のエネルギーの強さを表す尺度
    → 点光源から特定の方向に出射する単位立体角当たりの光束
❖照度 E [単位：lx（ルックス）または lm/m^2]
  ・受照面に入射する単位面積当たりの光束
❖光束発散度 M [単位：rlx（ラドルックス）又は lm/m^2]
  ・光源、反射面、透過面から出射する単位面積当たりの光束
❖輝度 L [単位：cd/m^2 または $lm/(sr \cdot m^2)$]
  ・光源、反射面、透過面から特定（視点）の方向に出射する、その方向から見た**単位面積（見かけの面積）当たりの光度**
    → 単位面積当たり単位立体角当たりの光束：視点からの面の明るさを表示

光束
出題 H22・H26・H29

照度
出題 H24・H25・H28

光束発散度
出題 H27

輝度
出題 H22・H25・H28

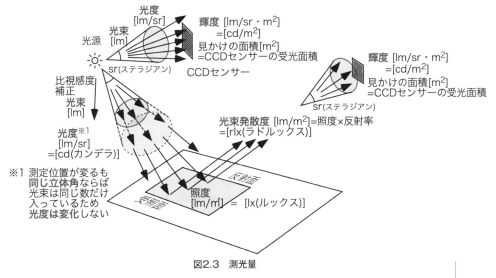

図2.3 測光量

（2）照度と輝度

照度と輝度
出題 H23・H24・H29

❖輝度：目で見た明るさ感に直接的に関係、視力・見やすさ・グレアの評価に使用
❖照度：目で見た明るさに間接的に関係
  → 視対象の反射率が一定であれば、照度を高めると輝度が比例して上昇
・反射板の色以外すべて同じ条件で、照度計と輝度計を用いて比較した場合
  → 照度は、表面が黒色でも白色でも同じ値
  → 輝度は、表面の反射率の違いにより数値が変化＝白色面＞黒色面

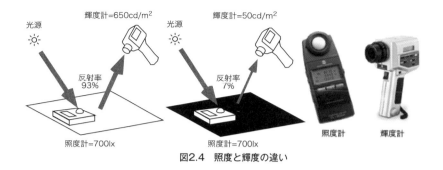

図2.4　照度と輝度の違い

（3）測光量（光度・照度・光束発散度・輝度）の相互関係

光度Iと照度E：$E = I/r^2$

❖光度Iと輝度L：$L = I/A$　A…見かけの面積

❖照度Eと輝度L：$L = (\rho/\pi)E$　ρ…反射率、$L = (\tau/\pi)E$　τ…透過率

❖照度Eと光束発散度M：$M = \rho E$、$M = \tau E$

光源

光束 F [lm]

$I \propto F$

$L = I/A$

輝度L
[cd/m² = lm/sr・m²]

$M = \pi L$

光度 I
[cd = lm/sr]

$L = (\rho/\pi)E$
$L = (\tau/\pi)E$

$E = I/r^2$

| ρ：反射率 [－] |
| τ：透過率 [－] |
| r：光源からの距離[m] |
| A：見かけの面積[m²] |

受照面　照度 E
[lx = lm/m²]

$M = \rho E$
$M = \tau E$

光束発散度 M
[rlx = lm/m²]

図2.5　光の測光量の相互関係

（4）照度に関す重要な法則

❖逆二乗の法則

・光度I[cd]の点光源からr[m]の距離における法線面の照度E[lx]：

$$E = I/r^2 \text{[lx]}\quad \cdots 距離の二乗に反比例$$

❖余弦の法則

・光度I[cd]の点光源からr[m]の点Pの水平面照度E'[lx]：

$$E' = (I/r^2)\cos\theta \text{ [lx]}$$

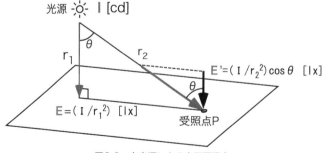

光源 I [cd]

θ

r_1　r_2

$E' = (I/r_2^2)\cos\theta$ [lx]

$E = (I/r_1^2)$ [lx]

受照点P

図2.6　点光源による水平面照度

照度計　　輝度計

光度と輝度
出題　H20

逆二乗の法則・余弦の
法則
出題　H27・R05

18

2.3　明視

❖明視　　　　：物体や文字などの見やすさ

❖明視の4条件：「明るさ」、「輝度対比」、「大きさ」、「視速度（時間）」

（1）明るさ

❖室内の明るさ

・明るい → 視力が増し、疲労も少ない

・明るさにむらがあり、明るさの差が大きい → 疲労度アップ

→ 事務室や教室などでは、作業面の照度がなるべく均一で、照度の均斉度がなるべく高いほうが良い

❖照度の均斉度

均斉度
出題　H26

$$照度の均斉度 = \frac{作業面の最低照度}{作業面の最高照度} \quad または \quad \frac{作業面の最低照度}{作業面の平均照度}$$

❖均斉度の適正範囲

・人工照明採光による場合で1/3以上

・側窓採光による場合で1/10以上

・平均照度を分母とする場合は6/10以上

（2）輝度対比

❖輝度対比Cは、次式で表示（視対象の輝度：L_0、背景の輝度：L_b）

輝度比
出題　H23

$$輝度対比： C = \frac{|L_b - L_0|}{L_b} \qquad 輝度比：C' = \frac{L_0}{L_b} \quad (L_0 > L_b)$$

❖一般の室内での視作業

・作業面と周囲との輝度の差が大き過ぎる → 見やすさ低下、疲労度アップ

・極端な場合はグレアを感じる

❖特に明るい窓を背景

→ 背景と対象物の輝度対比が過大となり、シルエット現象を生じる

※シルエット現象

明るい窓を背景とした対象物の細部が見えにくくなり、シルエット（影絵）のように見える現象をいう

❖視対象より周囲の輝度が高い → 一般に、視力が低下

❖高齢者は、白内障や視野の黄変化等により、コントラスト判別機能が低下

→ 輝度比1.5 〜 2.0が適切

（3）視対象の大きさ

❖目に見える視対象の大きさ

→ 視角（視対象の大きさと視距離）によって決まる

（4）視速度

❖視速度：対象を見るのに要する最短時間の逆数 → 急速に動くものは見えにくい

2.4 グレア（まぶしさ）

❖グレア：視野内の高輝度な点・面、**極端な輝度対比**などにより引き起こされた視力低下、目の疲労・不快感などの障害

グレア
出題　H20・H29

（1）直接グレア

❖視線から**30°以内**に高輝度光源などがある → まぶしさを感じ、見えにくい

・高輝度の光源 → **ルーバーや拡散パネル**などのカバーを設置

（2）反射グレア

❖**ガラス反射グレア**：ショーウインドーやショーケースの前面ガラスが**鏡面**となり、内部が見えにくい現象

・外部よりも**内部が暗い**場合に発現

　→ 対策＝「展示物を照明し外部よりも明るくする」、「ガラスの角度を変える」等

❖**VDT反射グレア**：OA作業環境下ではVDT面の直角に近い位置に照明器具など**高輝度**のものがあると、VDTに器具が映り込むといった現象

　→ 対策＝「視線の反対側の**30°以内**の方向に、高輝度な照明等の設置を回避」

　　※VDT面への鉛直面照度は100 〜 500lx程度に調整

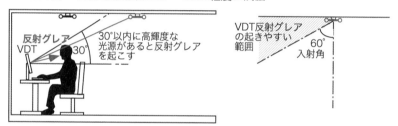

図2.7　VDT面への反射グレア

（3）光幕反射

❖**光幕反射**：**入射角70°以上**の光により、黒板等が鏡面となり窓からの光を反射

　※反射グレアとは区別

・教室の黒板などで入射角が大きい角度から見た時に光幕反射が起きる

　　→ 対策＝「窓にカーテンを設ける」、「反射面を凹面または粗面にする」等

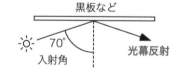

入射角が70°より大きくなると**光幕反射**する
図2.8　光膜反射

（4）不快グレア

❖**不快グレア**：不快感は引き起こすが、視覚能力の目立った減退には結び付くとは考えられないグレア

　　　　　　　→ 窓や照明器具などグレアを生じさせるものが**高輝度**になるほど、見込まれる**立体角**が大きいほど**不快感**が増大

（5）照明器具のグレア

❖照明器具からのグレア防止法

　①器具発光部の輝度を規定値以下に制限

　②照明設備の下面に**ルーバー**を設置

　・ルーバーはグレア防止に効果があるが、**室全体が暗くなる**

　・ルーバーを設置するとワット数(消費電力)が大きい照明器具を使用する必要があり、**照明消費エネルギー**は増大する

ルーバーと照明エネルギー
出題　H22

❖グレアの分類

　・一般の蛍光灯器具では、**ルーバー**や**パネル**の有無等による**各鉛直角**における**最大輝度**の値によりグレアを分類

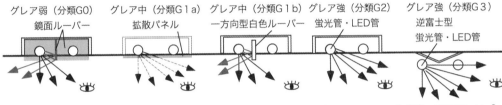

グレア弱（分類G0） 鏡面ルーバー	グレア中（分類G1a） 拡散パネル	グレア中（分類G1b） 一方向型白色ルーバー	グレア強（分類G2） 蛍光管・LED管	グレア強（分類G3） 逆富士型 蛍光管・LED管
75°：2,000cd/m²	75°：4,600cd/m²	75°：7,300cd/m²	85°：17,000cd/m²	90°：35,000cd/m²

図2.9　蛍光灯器具のグレア分類と輝度制限値

2.5　採光

❖**採光**：太陽光を室内に取り入れて、明るさを得ること

　　　　　→ 照明装置による**人工照明**に対し、自然照明あるいは**昼光照明**と呼称

（1）直射日光と天空光

❖**直射日光照度**：直射日光による法線面照度＝**100,000 lx**前後

　　　　　　　→ 時間、天候による**変動が大きい**

❖**全天空照度**　：周囲に障害物のない開放した場所での**天空光**による**水平面照度**

直射日光と天空光
出題　H21
全天空照度
出題　H26

表2.1　設計用全天空照度

条件	全天空照度 [lx]
特に明るい日(薄曇り)	50,000
普通の日	15,000
暗い日	5,000
快晴の青空	10,000
直射日光(法線面)	100,000

第2章
採光・照明

21

（2）昼光率

❖天候等の影響に関係しない室内の明るさを示す指標

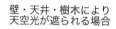

$$昼光率\ D = \frac{室内のある点における水平面照度\ E}{全天空照度\ Es（直射日光は含まない）} \times 100\ （\%）$$

昼光率
出題　H20・H21・H23
　　　H24・H25・H28
　　　H30

❖全天空照度が時刻や天候で変化しても、室内のある点における水平面照度もその変化
　と同じ割合で変化するため昼光率は一定となる

全天空照度 Es
建物・雲・植栽や壁・天井など
天空光を遮るものが全くない場合

室内のある点における水平面照度 E
壁・天井・樹木により
天空光が遮られる場合

壁・天井・雲により
天空光が遮られる場合

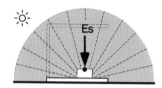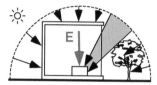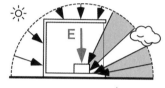

図2.10　全天空照度と昼光率

❖昼光率D＝直接昼光率Dd＋間接昼光率Dr

　直接昼光率Dd：窓面から直接、受照点に入射する直接光のみによる昼光率

　間接昼光率Dr：室内の仕上げ面等に反射して受照点に入射する反射光による昼光率

①直接昼光率Dd

❖直接昼光率Ddは、次式で求められる（天空輝度が一様で、窓の外に障害物がない場合）

　　直接昼光率Dd = ZMRU

　　　Z：窓ガラスの透過率

　　　M：保守率（汚れなどによる劣化）

　　　R：窓面積有効率（窓枠等を除いた有効割合）

　　　U：立体角投射率（形態係数とも同義）

❖窓ガラスの透過率・保守率および窓枠・壁厚を無視すれば、

　　直接昼光率Dd ＝立体角投射率U　　（直接昼光率は立体角投射率と一致）

❖一般的な矩形側窓の立体角投射率は、次のグラフにより求められる

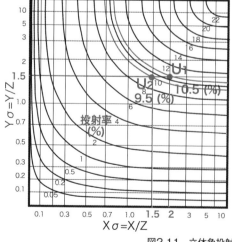

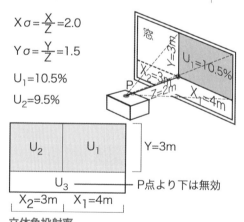

$X\sigma = \dfrac{X}{Z} = 2.0$

$Y\sigma = \dfrac{Y}{Z} = 1.5$

$U_1 = 10.5\%$

$U_2 = 9.5\%$

立体角投射率
$U_{Total} = U_1 + U_2 = 10.5 + 9.5 = 20.0\%$

図2.11　立体角投射率の算定図

②間接昼光率Dr

❖間接昼光率Drは、室内の仕上げ面等の反射率によって異なるが、通常1 ～ 2%程度

❖室内のどこでもほぼ一定のため、室内の奥の方では直接昼光率Ddよりも大きい

昼光率・室内の反射率
出題　H21・H24・H28
　　　 H30

図2.12　直接昼光率と間接昼光率

（3）天空輝度と昼光率

❖昼光率 → 天空輝度の相対的な輝度分布によって変化

　※試験では「天空輝度は一様である」前提で出題されるので注意

開けた視界の天空輝度:高
樹木付近の天空輝度:低
→昼光率:高

開けた視界の天空輝度:低
樹木付近の天空輝度:高
→昼光率:低

図2.13　天空の相対的な輝度分布による昼光率の変化

（4）基準昼光率

❖基準昼光率：全天空照度を普通の日の15,000 [lx]とした昼光率

　→ JISの照度基準、設計の目安（＝全天空照度の2%）

基準昼光率
出題　H21・H26・H29

表2.2　基準昼光率室・作業の種別

室・作業の種別	基準昼光率(%)	昼光による室内の水平面照度 [lx]		
		明るい日	普通の日	暗い日
精密製図・精密工作・縫製	5.0	1,500	750	250
製図・長時間読書	3.0	900	450	150
普通教室・事務・読書	2.0	600	300	100
講堂・病院・会議	1.5	450	225	75
図書倉庫・自動車車庫	1.0	300	150	50
居間・食堂	0.7	210	105	35
廊下・階段	0.5	150	75	25
物置・納戸	0.2	60	30	10

（5）立体角投射率（U）と照度（Eo）

❖面光源Sに対するPo点の水平面照度Eoは、次のように求める

①Poを中心に半径rの半球を描く

②Po点から見た面光源Sを半球上に投影したものをS'とする

③S'を更に水平面に投影したものをS"とすると、**立体角投射率U**は、全大空水平投影

面積πr^2に対するS"の面積比となる

立体角投射率
出題　H20・H30・R04

$$立体角投射率\ U = \frac{S"}{\pi r^2} \times 100 \ [\%]$$

（立体角投射率は、**光源が曲面**の場合でも適用可能）

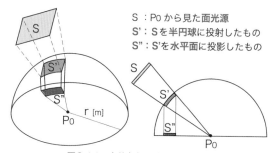

S　：Po から見た面光源
S'：Sを半円球に投影したもの
S"：S'を水平面に投影したもの

図2.14　立体角投影率の算定方法

④Sを一様な輝度Lとすると、点Poの照度Eoは次のように算出される

$$E_0 = \frac{\pi L \times U}{100} = \frac{LS"}{r^2} \ [lx]$$

この時、r＝1の半円球とすると

$$E_0 = L \cdot S"$$

となる（この式を**立体角投射の法則**という）

❖S'を建築物の窓と考えた場合、**同一面積の窓（$S_1 = S_2$）でも、低い位置にある窓S_1より

高い位置にある窓S_2の方が、水平投影面S"は大きくなるので採光上有利**

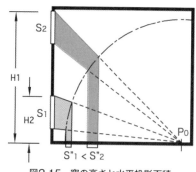

図2.15　窓の高さと水平投影面積

❖一般にrが光源Aの直径の5倍以上あれば、光源Aは**点光源**とみなす
→ 点光源とみなした場合の**水平面照度E**は、光源Aを一様な**輝度L（＝光束I/光源面積S）**とすると、次式の関係になる

$$E = \frac{LS}{r^2} = \frac{(I/S) \cdot S}{r^2} = \frac{I}{r^2} \ [\text{lx}]$$

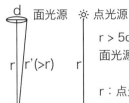

面光源　☀点光源

r > 5dの時、
面光源は点光源と近似する

r：点光源までの距離
r'：面光源の縁までの距離

図2.16　面光源の点光源への近似

※面光源は面の縁までの距離r'が点光源の中心までの距離rより大きくなるため、点光源とみなした輝度Eの近似値は、**面光源として求めた値よりも大きくなる**

（6）天空率と天空比
❖天空比
・**天空比**：「全天空の立体角」に対する「ある地点から見える天空の立体角」の比

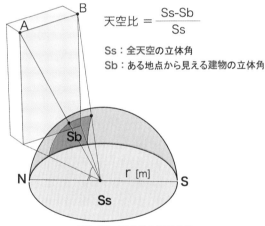

$$天空比 = \frac{Ss-Sb}{Ss}$$

Ss：全天空の立体角
Sb：ある地点から見える建物の立体角

図2.17　天空比の算出方法

❖天空率

・天空率：「全天空の立体角の水平投射面積As」に対する「ある地点から見える天空の立体角の水平投射面積（As－Ab）」の比

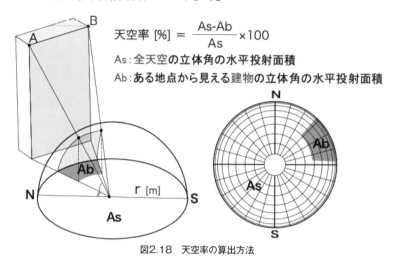

$$天空率 [\%] = \frac{As-Ab}{As} \times 100$$

As：全天空の立体角の水平投射面積

Ab：ある地点から見える建物の立体角の水平投射面積

図2.18　天空率の算出方法

❖天空率の適用した高さの緩和

・採光を表す指標として最も一般的であり、開放性の指標としても用いられ、総合的に環境を把握できる基本的指標

・天空率は、その「建築物」の立体角が「道路斜線で規制される高さの建築物」の立体角より小さくなれば道路斜線による高さの規制が緩和される

　（建築基準法第56条第7項）

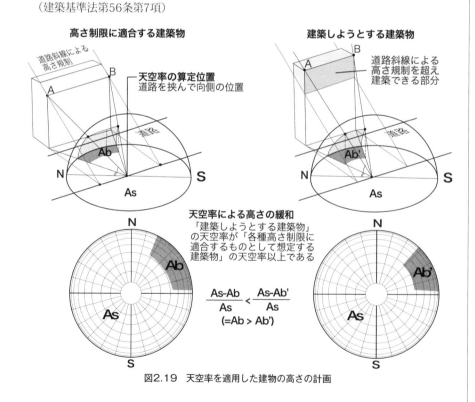

図2.19　天空率を適用した建物の高さの計画

2.6　採光計画

❖昼光（自然採光）を利用する照明計画の注意点
　→「明るさ（天空輝度）の変動」
　　「過剰な明るさや眩しさ（グレア）」
　　「日射熱による空調負荷の増加」　などに配慮する必要がある

（1）窓の面積

❖建物の居室等の採光に関する関係法令（建基法第28条、建基令第19、20条）
　窓の採光面積：学校の教室＝床面積の1/5、住宅・老人福祉施設の居室＝床面積1/7
　→ 照明など一定の要件を満たせば、床面積に対する窓の面積比が緩和される
　→ 単純開口率と方位別開口比により窓面積を評価
　　（「住宅の品質確保の促進等に関する法律」に基づく住宅性能表示制度）
　※単純開口率
　　居室の外壁または屋根に設けられた開口部の面積の床面積に対する割合
　※方位別開口比
　　居室の外壁または屋根に設けられた開口部の面積の各方位ごとの比率

（2）窓の高さ

❖窓は、高い位置にあるほど均斉度は高くなる

　①側窓
　　場所：低い位置にある側窓
　　特徴：窓付近の床面の採光量 → 大きい、採光の均斉度 → 低い
　②頂側窓（ハイサイドライト）
　　場所：天井面近くの高い位置に設けられた鉛直や鉛直に近い向きで設置される窓
　　特徴：北側に設置すると照度分布が均一、安定した天空光環境になる
　　　　　→ 頂側窓は天窓よりも雨仕舞が良い（例：美術館の展示室などに適する）
　③天窓（トップライト）
　　場所：天井面に設置する窓
　　特徴：天窓は採光上は有利だが、夏の日射、雨仕舞い、破損、眺望などは不利

　　均斉度：低い　　　均斉度：やや高い　　　均斉度：高い
　　　　側窓　　　　　　　頂側窓　　　　　　　　天窓
　　　　　　図2.20　窓の種類・高さと均斉度

（3）窓の形

❖壁の中央にある側窓 → 縦長窓よりも横長窓の方が均斉度は高い

（4）室内仕上やガラス材質の違いによる均斉度の違い

❖天井や壁 → なるべく反射率の大きい明るい色が均斉度は高い
❖ガラス窓 → 光の拡散性の高いガラス（すりガラス等）を用いる方が均斉度は高い

窓の高さ
出題　H21・R03

頂側窓
出題　H24

ガラスの拡散性
出題　H23

（5）光線の方向

❖教室は手暗がりを生じないよう、窓からの**主光線は左前方**からとする

→ 美術館は変化の激しい直射日光の入る南側採光を避け、安定した**北側採光**を採る

2.7　照明方式

（1）全般照明と局部照明

①全般照明：部屋全体を一様に明るくする照明（**アンビエント照明**、ベース照明）

　→ 設備費、運用費は局部照明よりも高い

②局部照明：作業面等必要箇所のみを明るくする照明（タスク照明）

　→ 周囲と明暗の差が大きいと目が疲れやすいので注意する

③併用方式：**タスクアンビエント照明**

・省エネルギーを目的とする

→ 机や戸棚などに組み込んだ照明器具（局部照明）により局部的に作業面を照射

→ グレア防止を考慮して、局部照明の1/3 ～ 1/10の照度の全般照明を併用

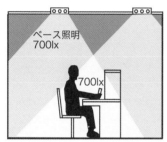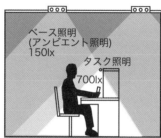

図2.21　全般照明とタスクアンビエント照明

アンビエント照明
出題　H28・H29

タスクアンビエント照明
出題　H23・H24

（2）直接照明と間接照明

①直接照明：光源から出る直接光の90％以上で照明

　→ 設備費・電力費は安いが、「陰影」や「むら」が出現

②間接照明：光束の90％以上を**上に向け**、天井や壁からの**反射光**で照明

　→ 照度分布が平均化され、眩しさは少なく、落ち着いたムードになる

　　一方、立体感が弱められ、照明効率は悪くなる

③中間的方式：半直接照明、**全般拡散照明**、半間接照明

器具の分類		直接照明	半直接照明	全般拡散照明	半間接照明	間接照明
光束比	上	0	10	40	60	100
	下	100	90	60	40	0
照明器具例						
配光曲線						

図2.22　照明器具の分類と配光

（3）配光曲線
- 配光：光源の各方向に対する光度（光束）分布
- 配光曲線：光源を中心に、空間に広がる光度の分布を極座標上に表した曲線

配光曲線
出題　H22・H28・R03

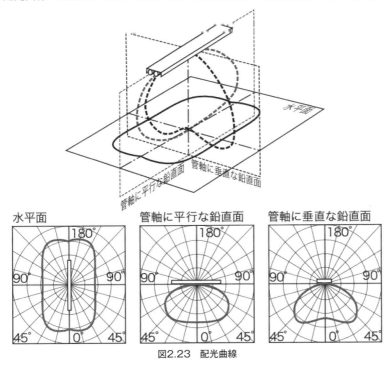

図2.23　配光曲線

（4）照明器具の役割
　①光源の配光を変え、必要方向への光束を増大（反射笠など）
　②高輝度の光源のまぶしさを防止（半透明のカバー、ルーバーなど）
　③光源の支持と保護（ブラケット、防水・防湿・防爆など）
　④室内の雰囲気に合わせた装飾（シャンデリアなど）

2.8　光束法による平均照度計算

（1）水平面照度
❖水平面照度：作業面における**水平面照度E**（机上や床上面の平均照度）

$$E = \frac{FNUM}{A} \ \text{[lx]}$$

　　　F：ランプ1個の光束[lm]　　　N：ランプの個数[−]
　　　U：照明率[−]　　　M：保守率[−]　　　A：床面積[m²]

（2）照明率
❖照明率：照明器具から発する光のエネルギーが作業面に有効に届く割合
　　　　→①室指数、②天井や周壁の反射率、③器具の配光・効率によって変化
　　　　　一般的に照明率は　間接照明＜全般拡散照明＜直接照明の順
①室指数
　・室指数：部屋の形状・寸法の影響を考慮する係数
　　　　　→同一面積の場合、天井が低いほど大きい値となる

平均照度
出題　H25

照明率
出題　H24・H27

室指数と平均照度
出題　H20・R03

②天井や周壁の反射率

・良好な輝度分布を得るための反射率

→ 天井面：60%以上、壁面：30 〜 70%、床面：10 〜 30%、机上面：30 〜 50%

照明率 U= $\dfrac{\text{Is}}{\text{I}}$

Is：作業面に到達する光束

I：光源から発する光束

室指数 = $\dfrac{XY}{H(X+Y)}$ ［−］

X：部屋の間口　Y：部屋の奥行き

H：作業面から光源までの高さ

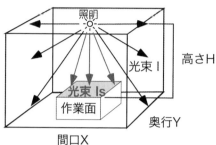

図2.24　照明率と室指数

（3）保守率

❖保守率：ランプの経年劣化やほこり等による照明器具の効率の低下をあらかじめ見込
んだ定数

→ 器具の設置場所や器具や周壁の清掃等保守の状況などによって異なる

蛍光管保守率：0.75 〜 0.8

保守率 M ＝ $\dfrac{\text{ある期間使用後の作業面の平均照度}}{\text{初期の作業面の平均照度}}$

保守率
出題　H22・H28

（4）照明設備の制御

①タイムスケジュール制御

・タイマー等により減光・消灯する制御

→ オフィスの昼休み、店舗では開店前や閉店後などで使用

②人感センサーによる検知制御

・人感センサー：赤外線等で人の所在を感知し、減光・消灯制御

→ トイレ、洗面所、廊下、会議室などの、常に人がいるわけではない空間で使用

人感センサー
出題　H28

③適正照度維持制御（初期照度補正制御）

・設置当初やランプ交換時など、ランプ点灯初期の余分な明るさを自動的に調光制御

→ 点滅（消灯、点灯を行う）制御ではない

初期の照度を調整、消費電力の削減が可能

適正照度維持制御
出題　H24・H27
初期照度補正制御
出題　H23・H29

④昼光利用照明制御

・昼光の分だけ照明光を減光する制御

→ 外の明るさにより、消灯、点灯も自動で行う

昼光利用照明制御
出題　H28

（5）照明器具の間隔と高さ

❖照明器具の水平間隔

→ 照度分布を考慮して、作業面から照明器具までの高さの1.5倍以内

壁際の場合は、この1/2 〜 1/3程度

照度分布
出題　H22・H28

❖照明器具の高さ → 吊下形器具の場合：作業面から天井までの高さの2/3程度

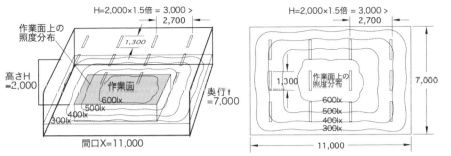

図2.25 机上面照度分布[単位：lx]

2.9 照明基準（JISZ9110）

（1）室内の水平面照度の測定位置

❖JISに規定されている推奨照度 → 基準面の平均照度

❖基準面を特定できない場合 → 床上80cm(机上視作業)、床上40cm(座業)、床面(地面)のいずれかを基準面と仮定

照度の基準
出題 H20

（2）各施設の主要な室等における推奨照度

表2.3 推奨照度(JISZ9110より抜粋)

照度[lx]	0	50	100	200	500	1000
事務所		屋内非常階段			製図室、事務室 玄関ホール	
学校				教室	実験室、図書室 電子計算室	
保健医療機関			病室	内視鏡検査室		
住宅			書斎	居間		
ホテル・旅館			客室		フロント	
劇場・ホール			廊下	ロビー		
美術館・博物館				日本画	洋画・木彫刻	彫刻
物品販売店				店内EVホール	陳列棚	

2.10 光源の種類と特徴

（1）発光効率

$$発光効率（lm/W）= \frac{発散光束[lm]}{消費電力[W]}$$

※発散光束は、光源の分光分布と比視感度によって異なる

31

（2）演色性

❖光源色の評価：平均演色評価数、色度、色温度等によって評価

❖演　色：照明による物体色の見え方 → 光源の**分光分布**により影響される

❖**演色性**：物体色の見え方を決定する**光源の性質** → JISに演色性の評価方法を規定

・演色性が高いほうがよい照明例

　　　①洋服の色あいが重要なブティックの照明

　　　②患者の顔色などをみて診断する病院や診療所の照明

❖平均演色評価数Ra

・演色評価数：照明基準光源と試料光源で照明した時の色ずれ（色度の差）を100から差
　　　　　　　し引いたもの

・**平均演色評価数Ra**：8色ほどの試験色の平均値 → 100に近いほど**演色性が高い**

❖演色性の性質

・三波長蛍光管RGBの光を赤い物体に照射 → 赤く見える

・GBだけの二波長光源を赤い物体に照射　→ 黒く見える（R波長がないため反射不可）

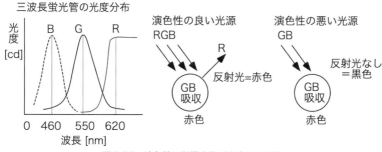

図2.26　演色性に影響を及ぼす光源の種類

（3）色温度

❖**色温度**：光源の出す光の色を、これと等しい光色を出す**黒体の絶対温度(K)**によって
　　　　　表したもの

　　　　　＝その光の持っているエネルギーレベルの指標

　　　　　・6000K以上　青白い色で高いエネルギーの光

　　　　　・3000K程度　黄色味がかった色で低エネルギーの光

表2.4　主な光源の色温度(K)

色温度[K]	2,000	3,000	5,000	6,000	7,000		15,000
光色	赤	橙	黄	白	青白	青	
光の感じ	暖色		中間	冷色			
昼光光源	夕日 1,850			直射日光 5,250	曇天光 6,250		北天青空光 12,300
人工光源		白熱電球 2,850	白色蛍光管 4,500	昼白色蛍光管 5,500	昼光色蛍光管 6,500		

❖蛍光ランプの色温度

・電球色2,850[K] → 温白色3,500[K] → 白色4,500[K] → 昼白色5,500[K]
　　→ 昼光色6,500[K]の順に高い

❖照度と色温度

・色温度が低い光源(赤味を帯びた光色)

　→ 低照度では落ち着いた暖か味のある雰囲気 → 高照度になると暑苦しい感じ

・色温度が高い光源(青味を帯びた光色)

　→ 高照度では涼しく爽快な雰囲気 → 低照度になると陰気な感じ

(4)代表的な光源の特徴

表2.5　代表的な光源の種類

光源の種類	白熱電球	ハロゲン電球	蛍光ランプ	水銀ランプ	メタルハライドランプ	高圧ナトリウムランプ	LEDランプ
発光原理	フィラメントを熱し発光(温度放射)		低圧放電時発生の紫外線による蛍光物質からの発光(ルミネッセンス)	高輝度放電（HID）			発光ダイオードの光電変換
特徴	発光効率は低い演色性が非常に良い高輝度、表面温度が高い		周囲の温度によって効率が変化する20-25℃程度が効率が良い	水銀蒸気中の放電による発光	水銀に金属ハロゲン化物を添加し、分光エネルギー分布を調整	ナトリウムガス中の放電による発光(橙色)	格段に長寿命消費電力、発熱が少ない小型・軽量
特徴	フィラメント温度放射の基本型	ハロゲンガスを封入しフィラメントの寿命改良型	フィラメント方式の寿命を改良	HID基本型温度放射タイプ（白熱電球等）より効率が良い	HID演色性改善型	HID効率重視型演色性は悪い	電子の軌道移動に対応する波長なので紫外線が出ない
用途	暖かみのある光色が好まれる場所調光・集光を要する劇場投光照明		居室全般、作業場、事務室寒冷地の屋外には適さない	高天井の空間や屋外などの照明に用いられる			居室全般、作業場、事務室
消費電力	～ 1,000W	75 ～ 1,500W	4 ～ 220W	40 ～ 2,000W	125 ～ 2,000W	150 ～ 1,000W	1 ～ 100W
発光効率	15 ～ 20 lm/W	15 ～ 20 lm/W	標準型 60 ～ 91 lm/W Hf型　約100 lm/W	40 ～ 65 lm/W	70 ～ 95 lm/W	130 ～ 160 lm/W	75 ～ 100 lm/W
始動時間	0	0	2 ～ 3sec	5min	5min	5min	0
寿命	1,000 ～ 2,000h	2,000h	7,500 ～ 40,000h	6,000 ～ 12,000h	6,000 ～ 9,000h	9,000 ～ 12,000h	20,000 ～ 100,000h
平均演色評価数Ra	100	100	64	44	65	28	67 ～ 84
色温度	2,850K	3,000K	4,500 ～ 6,500K	3,900K	3,800K	2,100K	3,500 ～ 15,000K
設備コスト	安い	比較的高い	比較的安い	やや高い	やや高い	やや高い	高い
維持コスト	比較的高い	比較的高い	比較的安い	比較的安い	比較的安い	安い	安い

❖LEDの効率は、通常、器具効率(80 ～ 90%)を考慮した値で表記される

　→ 蛍光灯のランプ効率とは、単純に比較できないので注意

(5)標準光源

❖**標準光源**：CIE(国際照明委員会)が規定

　→ 日常生活に関連する代表的な照明光として、昼光と白熱電球を選択

　(日本では、CIEの3種の光のほかに、**JISの北空昼光**の自然光でもよい)

表2.6　標準光源の種類

標準光源の種類	A光源	C光源	D光源
特徴・用途	白熱電球で照明された物体色の評価等に使用	直射日光を除く北空昼光を模擬したもので、可視波長域の平均的な昼光に近いJISでは規定されていない	紫外線域を含む種々の状態での自然昼光に近い光昼光で照明された物体色の表示に使用
色温度	2,856K	6,774K	6,504K

2.11　照明計画

（1）照明計画の留意点

①光源を選択：用途に応じた適当な**照度**を決め、演色性や効率を考慮して選定

②光源の位置や器具の形式を決定：まぶしさ（**グレア**）に配慮

③照度差に配慮：手暗がりや作業面の**照度差**が少なくなるように、**光の拡散性**を考慮

④モデリング：光の方向性と拡散性を考慮し照明によって物の立体感や質感を表現

・方向性の強い光を**斜め**から当てる → 表面の凹凸を示す**細かな陰影**

・**拡散性**の強い光 → 素材の柔らかさを演出

⑤室内のデザインを考慮

⑥目の順応状態や輝度分布を考慮

・目が順応している**照度**により得られる**明るさ感**は異なる

→ 目の順応照度が高くなるほど、同じ照度を与えても暗く感じる

❖人は空間に**入室した直後に感じる明るさ**に基づいて、照明の点灯・消灯を判断

→ 省エネのためには、入室までの**アプローチ空間**も一体化した照明計画が不可欠

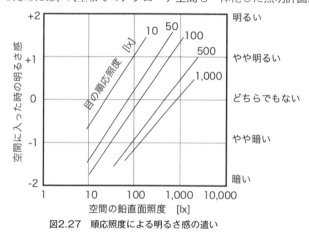

図2.27　順応照度による明るさ感の違い

（2）PCB使用安定器の取り扱い

❖日本では1970年代前半までに製造された**照明器具の安定器（絶縁油）**には、PCB（ポリ塩化ビフェニル）を含むものが存在するため建築物の改修に当たっては注意が必要

→ PCB＝海洋や河川等の底泥や土壌、生物汚染を引き起こす原因

モデリング
出題　H22・H23

34

第3章

色彩

3.1 色彩の表示

■ 3.1.1 色の三属性

❖物体の表面色がお互いに独立に持っている基本的な性質 → 色相、明度、彩度

　①色相（Hue）

　　・赤、黄、緑などの色の類別 → 波長が関係

　②明度（Value）

　　・明るさの程度 → 反射率が関係

　③彩度（Chroma）

　　・色の鮮やかさ（清濁） → 色の純粋さが関係

　　・黒－灰－白＝無彩色 → 明度だけが関係（これに対して普通の色＝有彩色）

明度
出題　H30

■ 3.1.2 色の三原色

❖原色：混色して様々な色を作り出すことができる元の色

　→ 代表的な混色は、加法混色（光源色）と減法混色（光の物体の表面における反射色）

　　（三原色によってすべての色を表現可能）

（1）加法混色の三原色

　・加法混色：色光を混色

　　→ 混ぜ合わせる光が増すごとに、明るさが増加して白色に接近

　　→ 加法混色（光）の三原色：赤（R）・緑（G）・青（B）

（2）減法混色の三原色

　・減法混色：色料等の色を吸収する媒体を重ね合わせて別の色を合成

　　→ 混ぜ合わせを増すごとに、明るさが減少して黒色に接近

　　→ 減法混色（色料：着色材料）の三原色：シアン（C）・マゼンタ（M）・イエロー（Y）

太陽光の反射と色
出題　H30

加法混色
出題　H27・R02

減法混色
出題　H23・H29・R01
　　　R03

R：赤　　M：マゼンダ(赤紫)

G：緑　　Y：イエロー(黄色)

B：青　　C：シアン　(青緑)

加法混色　　減法混色

図3.1　加法混色と減法混色

3.2 代表的な表色系

■ 3.2.1 物体色を表示する表色系

（1）マンセル表色系（マンセル（米国の画家）が創案）

❖修正マンセル表色系（アメリカ光学会が改良）→ 日本でもJISに採用、広く使用

❖修正マンセルによる色の表示（マンセル記号）

マンセル表色系
出題　H22・H24・H28

- 有彩色7.5YR5/4
  - → 7.5YRは色相、5は明度、4は彩度、この順序で表示
    （「**色明彩**（しきめいさい）・ヒバク（ヒュー・バリュー・クロマ）」と暗記）
- 無彩色N5
  - → Nは無彩色を示し、5は明度を示す

①色相（Hue）

- 10色相を円周上に等間隔に配置し、その間を10等分
  （一部の色相に慣用色名とずれが存在）

②明度（Value）

バリュー（明度）
出題　R02

- 反射率0%の完全な黒を0、反射率100%の完全な白を10とし11段階に区分

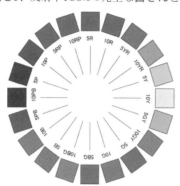

図3.2　マンセル色相環

表3.1　マンセルバリューと反射率

マンセルバリュー	0	1	2	3	4	5	6	7	8	9	10
反射率(%)	0.0	1.18	3.05	6.39	11.7	19.3	29.3	42.0	57.6	76.7	100.0
計算式V(V-1)の値	0.0	0.0	2.0	6.0	12.0	20.0	30.0	42.0	56.0	72.0	90.0

※マンセルバリュー（明度）をVとすれば、
明度Vが3〜8の場合、反射率は$\rho \fallingdotseq V(V-1)$（%）で概算可能

マンセル反射率
出題　H25・H30・R03

彩度
出題　H29

③彩度（Chroma）

- 無彩色が0、中心の白黒の軸から遠ざかるほど増大
- 純色：各色相のなかで彩度が最高のもの
- 純色の彩度（＝彩度の最高値）は、色相、明度によって異なる
  （マンセル色立体は不規則な形になる）
- 純色の彩度は10以上になることもある

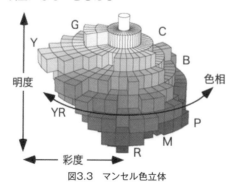

図3.3　マンセル色立体

（2）オストワルト表色系

- オストワルト（ドイツの物理化学者）が創案
    → 改良されCHM（Color Harmony Manual）、DIN（ドイツ工業規格）
- オストワルトは、色彩を理想的な黒色（B）、理想的な白色（w）、オストワルト純色（C）
  の3つの量の混合によって構成、その和が1（100％）となると発案
    → 縦軸に明度、円錐底辺の円周に24色相の純色を配した色立体を制作

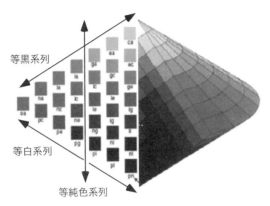

等黒系列

等白系列

等純色系列

図3.4　オストワルトの色立体

（3）NCS（Natural Color System）表色系

- スウェーデンで規格化された表色系（オストワルト表色系に類似）
    → 人間の感覚的な評価によって色票の配列を決定
    → 色票は純色（黄・赤・青・緑）、白色、黒色の6色の感覚的な混合比で表現

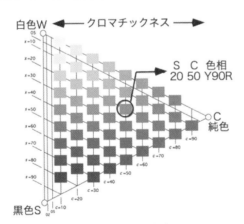

白色W ◀―― クロマチックネス ――▶

S　C　色相
20　50　Y90R

C
純色

黒色S

図3.5　NCS表色系

（4）PCCS（Practical Color Co-ordinate System）

- （財）日本色彩研究所が開発
- 色の三属性（色相、明度、彩度）が基本だが、配色への応用が目的
    → 色相とトーン（明度＋彩度）による二次元のシステムとして使用可能
    （インテリアや服飾などのデザインの分野で広く採用）

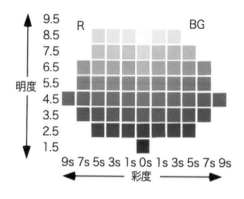

図3.6　PCCS表色系

■ 3.2.2　光源色を表示する表色系

（1）CIE（国際照明委員会）のXYZ表色系

❖光の三原色（赤R・緑G・青B）に基づく加法混色の原理がベース

　→分光分布（物理的な刺激）と色感覚（人間の目の感覚）を考慮した表色系

❖光源色ばかりでなく色も表現可能

　→Xは赤、Yは緑、Zは青に対応、光の明るさはYのみが表し、XとZは明るさ
　　を持たない抽象的な光

❖三刺激値X、Y、Zの関係をx、y、（z＝1-x-y）で表現

　①XYZを比例配分してxyzを決定

$$x＝X/(X＋Y＋Z)、y＝Y/(X＋Y＋Z)、z＝Z/(X＋Y＋Z)$$

　②x、yの2軸で明るさを持たない色合い（色度）を表現

　③Yの値で明るさを示す

　　→Yの物理量としては、物体色は視感反射率、光色は光束の測光を使用

❖xy色度図

・釣鐘状のほぼ中央の点（白色）を中心とし、釣鐘の外周上に時計廻りで色相（380nm〜
　780nmの波長）を示す

・中心から周囲に向かって彩度が高くなるように配置

・原点に近い色は青、x方向への増大で次第に赤が強くなり、y方向への増大で次第に緑
　が強くなる傾向

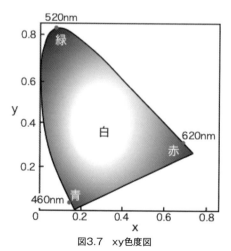

図3.7　xy色度図

色度
出題　H29

XYZ色度系
出題　H29・R05

・2つの色の加法混色の結果は、xy色度図上の2つの色の位置を示す2つの点を結んだ直線上に表示

・xy色度図は、物理的に等間隔な座標で表示
（xy色度図上の色度点間の距離と人間の感覚的色差は必ずしも一致しない）

3.3 色の特性

■ 3.3.1 色の心理的効果

❖色彩感情：色彩は人に寒暖感、距離感、重量感など感情を与える

距離感
出題 H23

表3.2 色彩感情の効果

感覚に影響する因子		寒暖感	距離感		重量感	色彩感情効果
色相	赤・橙・黄	暖 色	膨張色	進出色	軽量色	暖かい・活動的
	緑・緑青	中性色				平静
	青・紫	寒 色	収縮色	後退色	重量色	冷たい・沈静的
明度	高	暖 色	膨張色	進出色	軽量色	陽気・明瞭
	中	中性色				落着き
	低	寒 色	収縮色	後退色	重量色	陰気・重厚
彩度	高					新鮮・溌剌
	中					寛ぎ・温和
	低					渋み・落着

■ 3.3.2 色の見え方

❖色の見え方

・色の見え方：その色を照明する光源の種類や分光分布、色の面積、見る方向、背景の色、その直前まで長時間見ていた色により変化

※面色　：平面色ともいい、青空のように距離感が曖昧で肌理が感じられない色

※開口色：小さな穴を通して見る色で距離感が曖昧で肌理が感じられない色

色の見え方
出題 H25

面色・開口色
出題 H28

❖色の恒常性：人間の目は照明の光が少々変化しても、その光が一様に物体に当たっていれば、物体の色を同じ色に認識可能（視覚恒常性）

色の恒常性
出題 H23・H30

（1）面積効果

❖面積効果：大面積の色は小面積に比べて明度、彩度とも高く感知（特に彩度の影響大）

　→ 小さな色票で広い壁面の色を決める時は、彩度を低めに設定する

❖色票を用いた視感による測色で測色面積が大きい場合

　→ 面積効果を生じさせないよう、無彩色のマスクを使って視角（見える大きさと観察距離）を揃える

面積効果
出題 H22・H28

（2）照度効果

❖高照度の場所：明度、彩度とも高く感知される

　→ 低照度の場所では視感度にずれを生じ、青〜青緑色を最も強く感知される（プルキンエ現象）

プルキンエ現象
出題 H26・H28

（3）色順応

❖色順応：光源の色が変わると感じ方が変化するが、目が馴れると元の色に近づいて見える現象

（4）補色残像

❖補色残像：ある色をしばらく見てから、白い壁などに目を移した時、もとの色の補色が見える現象

（5）記憶色（記憶上の色彩）

❖記憶色：さまざまな対象物において、イメージとして記憶されている色

 → 一般に実際の色彩に比べて、彩度が高くなり、対象となる**色が強調され、好ましく感じられる方向に変化する**傾向がある

記憶色
出題　H26・R04

（6）色彩の同化

❖同化：ある色が他の色に囲まれている（挟まれている）時、囲まれた（挟まれた）色が周囲の色に似て見える現象

 → 囲まれた色の**面積が小さく**、配色された色の**色相・明度・彩度が近似している**ほど同化しやすい

同化
出題　H26・R01

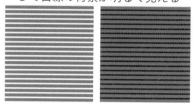

同化：白または黒線の色に背景の色が同化
して白線の背景が明るく見える

図3.8　周囲の色の違いによる色の同化

（7）色彩の対比

❖対比：ある色が他の色に囲まれている（挟まれている）時、囲まれた（挟まれた）色とその周囲の色との相違が、強調されて見える現象

①色相対比

・2つの色を対比 → 色相環の円周に沿って色相が離れて見える

 → 補色対比（補色関係の2色）は、彩度が高まって見えるが色相にずれは生じない

②明度対比

・明度の低い色を背景にした場合 → 実際の色よりも明度が高く見える

 → 反対に、明度の高い色を背景にした場合、実際の色よりも明度が低く見える

③彩度対比

・背景色が鮮やかだと目的物はくすんで低彩度に見える

 ⇔ 背景色がくすんでいると、目的物は鮮やかに高彩度に見える

明暗対比：周囲が暗いとが明るく見える　　　彩度対比：周囲が暗いと鮮やかに見える

図3.9　周囲の色の違いによる**明暗対比と彩度対比**

（8）視認性

❖視認性：同じ条件下での色の見えやすさの度合い

 → 一般に、対象と背景との**明度の差が大きい**ほど視認性が高い

視認性
出題　H25

（9）誘目性誘目性

❖誘目性：たくさんの色の中での目立ちやすさ

 → 一般に、無彩色よりも有彩色のほうが高い

 ・色相では**赤が最も高く**、青がこれに続き、**緑は最も低い**

 ・明度、彩度が高いほど誘目性は高い

誘目性
出題　H23・H27・H30

3.4 色彩調節

■ 3.4.1　目的と効果

❖色彩調節の目的 → 快適で能率的な環境を作ること

・色彩調節により期待される効果

　①視神経の疲労防止、作業能率向上

　②整理整頓、事故防止に役立つ

　③目的に応じた室内の雰囲気の獲得

　④白色系**外壁面**の場合の遮蔽効果

　　→ 可視光線域の反射率が大きいので、色彩により太陽からの**放射エネルギー**の吸収を抑制できる**遮熱効果**がある

❖JISによる物体色の色名

・JISの物体色における有彩色の系統色名

　基本色名に**有彩色の明度・彩度に関する修飾語**と**色相に関する修飾語**を付加

　例)「明るい緑みの黄色」「濃い青みの緑」などのように表す

外壁や屋根の色
出題　H24

■ 3.4.2　色調(トーン)

❖色調(トーン)：色の濃淡、明暗や鮮やかさなど色の調子

　→ **明度**と**彩度**とを合わせた概念

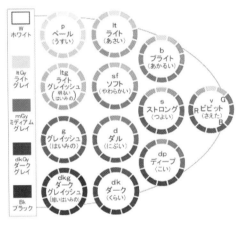

図3.10　トーン(色調)

■ 3.4.3　色彩の調和

❖先人(ムーン&スペンサーやオストワルトなど)の**色彩調和論**を総括したジャッドによる四つの原理に基づき「色彩の調和」について整理

(1)秩序性の原理

　・色彩体系上、一定の法則に基づいて秩序的、幾何学的関係にある配色は調和

　　→ 例えば、**補色同士の配色**や**色相環における等間隔配色**は調和

(2)親近性の原理(なじみの原理)

　・自然界の色に見られる連続性や変化など人々がよく見慣れた配色

　　→ なじみがあるため調和

　・物の陰影に現れる色の変化など同色相の明暗・濃淡による配色 → 調和

色彩調和の秩序性の原理
出題　R02

（3）共通性の原理

　・色の感じ、色相や色調（トーン）に**共通性のある色**の組合せは調和

（4）明瞭性の原理（秩序性の原理を拡大）

　・色の関係があいまいではなく、**明瞭な関係にある色**は調和

　→ 明度差が少なすぎると、あいまいになる傾向

■ 3.4.4　色彩計画

（1）建築空間の色彩

❖建築空間に使用される色彩は、黄赤系の高明度・低彩度色が多い

・部位別にみると、床 → 壁 → 天井の順に明度が高く、彩度が低い色が用いられる傾向

（2）**配色**

①**基調色**（ベースカラー）

❖全体的に統一感を出すために、共通性を持たせて使用する色

　→ 建築空間の場合、天井・壁・床など固定的で大面積を占める部分の色＝基調色

②**配合色**（アソートカラー）

❖基調色に**従属**して用いられる色

　→ 建築空間の場合、家具やカーテンなど

③**強調色**（アクセントカラー）

❖基調色や配合色に対して、変化を与える小面積で、移動可能な色

　→ 強調色は、基調色を引き締め、**アクセント効果**を生むポイント

アクセント効果
出題　H26

■ 3.4.5　安全色と対比色

（1）**安全色**（赤、黄赤、黄、緑、青、赤紫）

❖安全に関する意味が明確に与えられている高彩度の有彩色

　→ JISの安全色は、具体的な事物や抽象的概念を連想させる色彩連想を根拠に規定

（2）**対比色**（白、黒）

　→ 安全色を引き立たせる効果や、文字、記号などに使用する無彩色

安全色
出題　H25・H29

注意色
出題　R05

表3.3　安全色と対比色

安全色	表示事項（一般表面色）	対応可能な対比色	配管の識別表示
赤	防火・禁止・停止・高度の危険	白・黒	消火標識（白線）蒸気（暗い赤）
黄赤	危険・航海の保安施設	黒	電気（薄い黄赤）油（暗い赤・茶）
黄	注意	黒	ガス（薄い黄）
緑	安全・避難・衛生救護・進行	白・黒	―
青	指示・誘導	白・黒	水
赤紫	放射能	黒	放射能

室内気候と気象

4.1　気象

（1）気温
❖気温：大気の温度
　→ 日射などの放射（ふく射）の影響のない日陰で風通しの良い場所で計測

（2）デグリーデイ（単位：度日 or ℃−day）
❖その地域の寒暖を表すバロメーター → 暖房（冷房）期間中の暖房（冷房）設定室温と日
　　　　　　　　　　　　　　　　　　　平均外気温との差を累積したもの
　→ その値が大きくなるほど暖房（冷房）負荷が増加
　→ 冷暖房の熱負荷量の地域差の比較などに用いられる
❖暖房時の設定室温を20℃とし、日平均外気温が18℃以下の日に暖房する場合の
　度日数が3,000℃・dayである時 → D_{20-18}＝3,000℃・dayと表記
❖住宅の省エネルギー基準における地域区分 → 基準における地域区分はD_{20-18}で区分

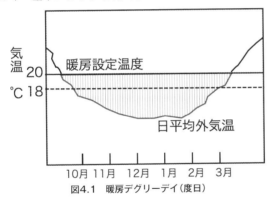

図4.1　暖房デグリーデイ（度日）

❖日較差　1日の最高気温と最低気温との差（晴天日は雲天日よりも大きくなる）

（3）TAC温度（米国Technical Advisory Committeeが提唱した温度）
❖実際の気象データを統計処理して得られた値
　（超過確率を設定、猛暑等の稀な要因を除去）
❖冷房負荷算定用外気温にその地域の最高気温をとると、設備が過大となる
　→ 冷房用外気温をTAC温度で設定して冷房設備を計画
❖TAC5% ＝ 35℃：冷房期間（120日）の5％（6日間）だけ35℃を超過の場合の表記
　→ 冷房の場合、超過確率を小さくとるほど、TAC温度は上昇

（4）湿度
❖相対湿度：ある温度の空気中に水蒸気（気体）として含むことのできる最大量（飽和水
　蒸気分圧）に対して、実際に含んでいる水蒸気量の割合（水蒸気分圧）を％で表示
　→ 絶対的な水蒸気の量は、絶対湿度[kg/kg(DA)]・水蒸気分圧[kPa]などで表示

TAC温度
出題　H22・H29

（5）クリモグラフ（気湿図）

❖クリモグラフ：月平均の気温と湿度をプロットし、12ヵ月分を結んだもの

（気湿図：気候図の一種）→ 各都市の年間の大まかな気候状態を把握

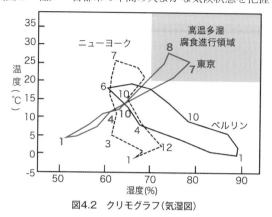

図4.2　クリモグラフ（気湿図）

（6）風向・風速

❖風向：16方位から風の吹いてくる方向

❖風速：単位時間当たりに空気が移動した距離

→ 地上気象観測では、障害物のない平坦な場所の地上10mの高さにおける10分間の
平均風速（m/s）のこと

→ **市街地では高い密度で建築物があるので、地上10mよりも高い位置で計測**

（都市部と郊外で、地表の凹凸や風速の高さ方向の分布特性などが異なるため）

①季節風

❖日本列島全体の季節風

・冬季はシベリア高気圧からの**北西の風**

・夏季は太平洋高気圧から**南ないし南東の風**

（ただし、局地的には自然環境（海・河や山など）や人工的環境（大きな建物など）の
影響で、季節風の風向が最多風向（卓越風）とはならない場合もある）

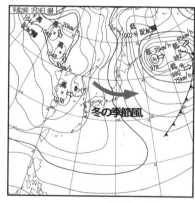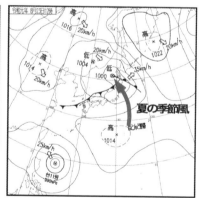

図4.3　季節風（出典：気象庁ホームページ）

②風速増加率

❖風速増加率：高層建築物の建設などによって、周辺の地上風速が建設する前の何倍に
増加するか → ビル風の影響を表現

・風速増加率＝建設物を建設した後の地上風速/建設物を建設する前の地上風速

❖高層建築物を建設した場合

・周囲に建築物がない場合と比較し、周囲に低層建築物がある場合

→ 低層建築物により妨害され弱い風速環境であるため、高層ビルを建築すると風速増加率は大きくなる

建築物による風特性
出題 H21・H22・H23
H28

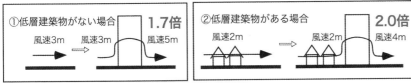

図4.4 風速増加率の考え方

❖低層から高層までの同一形状の平面の建築物 → 強風域が広い

❖高層建物の底部に大きな低層部を持つ建築物 → 強風域が狭い(屋根部で減速)

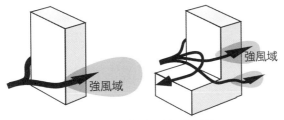

図4.5 ビル形状によるビル風の緩和

❖建築物の向きや建物相互の関係によって風速増加領域は変化

❖高層建築物による風害(ビル風)を防ぐ

→ 風の発生しやすい方向に対して**受風面(見付面積)を小さく計画する**ことが重要

剥離流
出題 H29

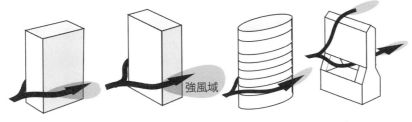

見付面積が大きいとビル風は強くなる　　楕円形状や風穴によるビル風の緩和

図4.6 受風面(見付面積)と強風領域

見付面積
出題 R03

❖2棟の高層建築物を並べて配置する場合(2棟の間に発生する強風)

建築物の間隔を狭くする → 風速の増加する領域は狭くなるが、風速増加率は上昇

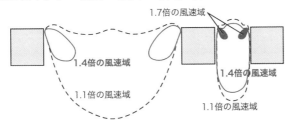

図4.7 建築物が隣棟する場合の風速増加領域

❖超高層建築物

・強風によって**周期の長い(ゆっくりした)揺れ**が生じ、**船酔い症状**を起こす

❖建築物の影響：風向・風速のほか、日照、電波障害、交通騒音の伝搬等の環境問題

床傾斜、周囲の景観、圧迫感や閉鎖感等の心理的感情等の面にも影響

第
4
章

室内気候と気象

（7）日照時間と日射量

❖気象データとして日照時間と日射量を観測

時期	北面	東西面	南面
夏至	7時間30分	7時間15分	7時間
春分・秋分	0分	6時間	12時間
冬至	0分	4時間45分	9時間30分

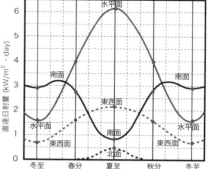

図4.8　日照時間と日射量

（8）降水量

❖降水量＝雨量計などにたまった水深mm（雪は溶かして）で表示

・農業用水や上水道などの水源　　→ 月単位、日単位の降水量が問題

・堤防や下水道、雨樋などの設計 → 時間単位、分単位の最大降水量が必要

・積雪荷重の算定　　　　　　　　→ 最深記録が問題

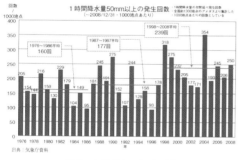

出典：気象庁ホームページ

図4.9　日本の年間降水量

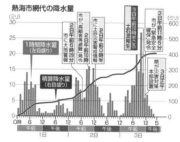

出典：熱海市ホームページ

図4.10　熱海の時間毎降水量

❖日本の年間平均の降水量＝ 1,500mm前後

　→ 梅雨、台風、積雪期の降水量の比率が高い

（9）地球温暖化

❖地球温暖化　　：温室効果ガスが大気中に大量に放出され、地球全体の平均気温が急上昇する現象

　温室効果ガス：大気中に含まれる水蒸気、二酸化炭素、オゾン、メタン、亜酸化窒素、フロン、代替フロン

> **温室効果ガスの能力(二酸化炭素基準)**
> 二酸化炭素：1、メタン：21、トリフルオロメタン(代替フロン)：11,700
> (代替フロンガスはオゾン層破壊力は減少しつつも、温室効果は激増する)

❖地球規模で気温が上昇 → 海水の膨張や氷河などの融解によって海面が上昇

❖気候メカニズムの変化によって異常気象が頻発する恐れ

　→ 自然生態系や生活環境、農業などへの影響が懸念

❖現在のペースで温室効果ガスが増加 → 予測では2100年に平均気温が約2℃上昇

（10）ヒートアイランド現象

ヒートアイランド現象
出題　H24・H25

❖ヒートアイランド現象：都市部の気温が郊外よりも島状に高くなる現象

・都市部では、郊外に比べて、都市活動に伴う建築物や自動車からの排熱がきわめて大きく、建築物や地盤（舗装道路）への日射の蓄熱（吸収）量も大きい

❖舗装道路の増加に伴う緑地や水面の減少 → 植物の蒸散作用による冷却効果が低下

❖結果として、都市部は周囲の郊外に比べて3 ～ 4℃程度気温が上昇

屋上の高反射塗料
出題　H23

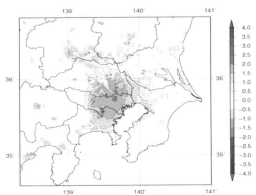

図4.11　関東地方における都市化の影響による8月の平均気温における周辺地域との温度差の分布
（2009 ～ 2017年）

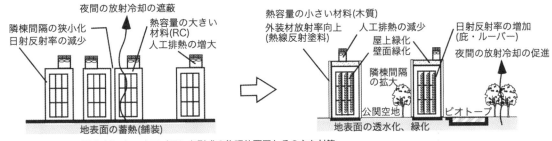

図4.12　ヒートアイランド形成の物理的要因とその主な対策

❖ダストドーム：ヒートアイランド現象によって上昇気流が生じ、汚染物質が都市上空をドーム状に覆う現象をいう（大気汚染、温暖化の原因）

❖アルベド　　：地球に入射する太陽の放射エネルギーに対する反射するエネルギーの割合をいう
　　　　　　　　→ 反射率を高め（高アルベド化する）ことによってヒートアイランド現象を緩和できる

第4章　室内気候と気象

47

4.2 室内気候と人体の温冷感

■ 4.2.1 人体の熱的平衡

❖人体と周囲環境とは、生産熱量と、対流・放射(ふく射)・水分蒸発などの放熱量によって熱の授受がされる

熱収支式　　M＝C＋R＋E

　　M：**代謝量**＝人間の活動による生産熱量

　　C：対流による**放熱量**(受熱の場合はマイナス)

　　R：**放射**(ふく射)による**放熱量**(受熱の場合はマイナス)

　　E：**水分蒸発**による放熱量

❖M＞C＋R＋Eのとき＝**暑い状態**

・血流が増し、また、発汗によって放熱を促進するように人体が反応

❖M＜C＋R＋Eのとき＝**寒い状態**

・血管が収縮して血流を減少させて放熱を防ぎ、また、震えなどによって発熱量を増やすように反応

❖M＝C＋R＋Eのとき＝**熱平衡状態**

・一般に"快適"とされる状態で、最も生理的負担(熱ストレス)が低下

・熱的平衡状態にあっても、**不均一放射、ドラフト、上下温度分布、床表面温度**などの理由で、局所的な**温冷感**による不快が存在すると快適ではない

■ 4.2.2 温熱環境に関する6要素

❖温熱的快適性に関係する要素：環境側の要因

①**気温**(室温)、②**湿度**、③**気流**、④**放射**(ふく射)の4要素

❖総合的温熱環境には、人体側の要因として⑤**代謝量**、⑥**着衣量**の2要素を追加

温熱環境6要素
出題　H23

・気温(室温)28 〜 30℃以上　→ 発汗

・気温(室温)10 〜 8℃以下　　→ 指先がかじかみ、活動が不活発

①気温(室温)

室内の上下温度差
出題　H23・R03・R05

・椅座位の場合の室内の上下温度差

くるぶし(床上0.1m)と**頭**(床上1.1m)との上下温度差は、**3℃以内**が望ましい

(**天井**と**床**の上下温度差**10℃以内**が好ましい)

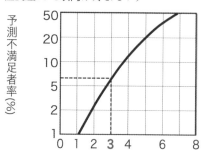

図4.13　室内の上下温度差と不満足者率

②湿度

- 高温でも低湿 → 発汗量が増加し涼しく感じる
- 低温でも高湿 → 寒さが和らぐ

③気流

- 高温でも風がある → 涼しく感じる
- 低温で風が強い　 → 体熱が奪われてより寒く感じる
- ❖ドラフト

    気流の乱れや吹出し温度差が過大である → 平均風速が低くても不快
- ドラフト＝在室者が不快な「望まれない局部気流」
- コールドドラフト＝「暖房時の窓面を下降する冷気流」

コールドドラフト
出題　R05

④放射（ふく射）

- 室内の空気温度が同じでも暖炉や日射がある → 周壁温度が高いと温かく感じる
- 逆に周壁の温度が低い → 涼しく感じる（人体表面からの熱損失が増加する）

❖ISO（国際標準化機構）における規定

- 冷たい窓や壁面に対する（放射温度の差）＝10℃以内
- 暖かい天井に対する放射の不均一性の限界は5℃以内

放射の不均一性
出題　H23・H26

❖通常の室内の床表面温度　 → 19 ～ 26℃程度

- 床暖房は低温火傷を考慮 → 床表面温度は29℃以下（上限は30℃程度）

床暖房/床表面温度
出題　H22・H27

❖天井の照明器具等からの頭への温かい放射は不快感が強い

→ 暖かい壁面、冷たい天井に関しては不快感が少ない

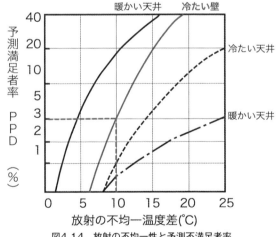

図4.14　放射の不均一性と予測不満足者率

❖グローブ温度（**GT**：Globe Temperature）：放射の影響を考慮した温度

- 銅製で表面が黒つや消しの球の内部の温度を計測
- グローブ温度は風速、気温、放射熱に影響される

❖平均放射温度（**MRT**：Mean Radiant Temperature）

- 放射の影響を考慮した指標
- 対流と放射の影響を受ける**グローブ温度**に、**空気温度**および**気流速度**から対流の影響を求めて換算することで、簡易的算出が可能

平均放射温度
出題　H25・H29・R03

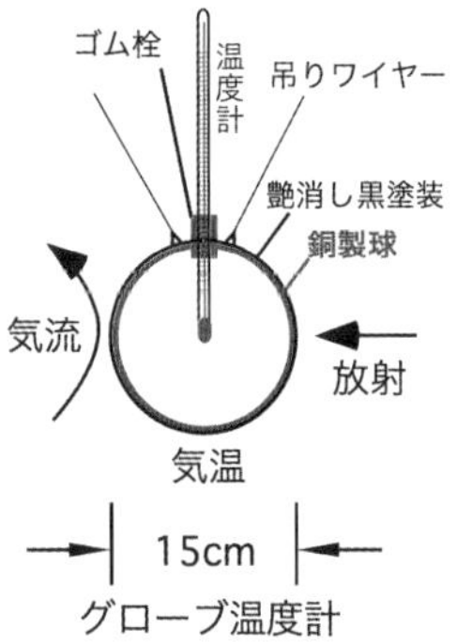

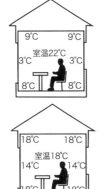

グローブ温度：気温、気流、放射を加味した**実測温度**

作用温度(OT)：気温、気流、平均放射温度(MRT)
の３要素を総合した温熱指標
… 概念的には、**体感温度(湿度は加味しない)**
≒ グローブ温度計の値を採用する

平均放射温度（MRT）… 全方向(壁から)の放射熱の平均値

室内は**気流がない**と仮定すると
作用温度(グローブ温度) ≒ (室温+MRT)/2 となる

ゴム栓　温度計　吊りワイヤー
艶消し黒塗装
銅製球
気流　放射
気温
15cm
グローブ温度計

図4.15　グローブ温度、作用温度(OT)、平均放射温度(MRT)の関係

❖体感温度

・気流がない静寂な室内の場合

体感温度＝気流のない室内における作用温度

9℃　9℃
室温22℃
3℃　3℃
8℃　8℃

冷えた室内を急速暖房した室内

(室温22℃＋MRT 8℃)/2=15℃

室温は22℃でも**体感温度は15℃**

18℃　18℃
室温18℃
14℃　14℃
18℃　18℃

長く暖房して壁面が十分に温まった室内

(室温18℃＋MRT 18℃)/2=18℃

室温は18℃で**体感温度は18℃**

図4.16　平均放射温度(MRT)の違いによる体感温度

⑤代謝量

❖代謝量：作業や運動などによって人体が生産するエネルギー
→ 成人の椅座安静時の代謝量に対する比で表す、単位は[met]
1 [met] ＝ 体表面積1 m^2当りの熱量 [w/m^2]

代謝量＝作業時の代謝量/椅座安静時の代謝量 [met] （1met=**58.2 [W/ m^2]**）

エネルギー代謝
出題　H30

・標準的な体格の成人の体表面積は、一般に、1.6 ～ 1.8m^2程度
→ 椅座安静状態における成人の代謝量は、概ね100 [W/人]程度

❖人体からの発生熱
→ 体表面からの対流、放射による**顕熱**と汗などの水分蒸発による**潜熱**

❖作業の程度に応じて代謝量が増加 → 顕熱、潜熱ともに増加
→ 顕熱よりも潜熱の増加の割合が大きく、全熱に占める**潜熱の割合が増加**
→ 作業状態が同じ場合、室温が変化しても**全熱(顕熱と潜熱の和の値)は、ほぼ一定**

成人の代謝量
出題　R03

代謝量の顕熱、潜熱
出題　H22・H26

表4.1　平均的な日本人の人体からの発生熱量（単位W/人）

状態	24℃		26℃		28℃	
	顕熱	潜熱	顕熱	潜熱	顕熱	潜熱
	全熱		全熱		全熱	
静座	73	24	64	34	51	47
	97		98		98	
事務所業務	81	40	69	53	55	66
軽作業	121		122		121	

(注) 夏期：相対湿度50%、気流速度0.2m/s、着衣量0.6clo

出典：空気調和・衛生工学便覧 第14版 抜粋

⑥着衣量

❖着衣の熱的抵抗を**クロ値（clo）**で表示

・1clo：気温21℃、相対湿度50%、気流速度0.1[m/s]の室内で、着席安静にした人が
快適（平均皮膚表面温度 33[℃]）である着衣量の熱抵抗（0.155[m²・K/W]）

→ 標準的な背広が約1clo、夏服が0.6clo、冬服が1.5clo程度

表4.2　執務域の適切な温熱環境を確保するために検討すべき温熱環境要素

条件	冷房		暖房	
	従来空調	クールビズ空調	従来空調	ウォームビズ空調
室温	26℃	28℃	22℃	19℃
相対湿度	50%	検討	40%	検討
気流速度	0.5m/s以下	検討	0.5m/s以下	検討
平均放射温度	未設定	検討	未設定	検討
着衣量	0.7 clo	0.5 clo	0.7 clo	1.0 clo
代謝量	1.2 met	1.2 met	1.2 met	1.2 met
温度環境目標		PMV≦＋0.6		PMV≧-0.8

出典：官庁施設によるクールビズ/ウォームビズ空調システム導入ガイドライン

■ 4.2.3　温熱環境指標（快適指標）

温熱環境を評価するための指標とその考慮されている要因を表4.3にまとめる

表4.3　温熱環境指標とその考慮されている要因

	温度	湿度	気流	放射	代謝量	着衣量	特徴
PMV（予測平均温冷感申告）	○	○	○	○	○	○	温熱感を申告値－3～＋3で表示
ET（有効温度）	室温	100%	無風	×	×	×	任意の環境の室温を無風、湿度100%の室温で換算
CET（修正有効温度）	MRT	100%	○	○	×	×	ETの室温の代わりにMRTで換算
ET*（新有効温度）	MRT	50%	静穏0.1m/s	○	○	○	任意の環境の室温を静穏、湿度50%のMRTに換算
SET*（標準新有効温度）	MRT	50%	静穏0.1m/s	○	1.0～1.2met	0.6 clo	ET*の各条件を標準化しMRTに換算
DI（不快指数）	○	○	×	×	×	×	夏の蒸し暑さの指標
OT（作用温度）	○	×	○	○	×	×	静穏条件下ではグローブ温度（気温とMRTの平均）と一致
GT（グローブ温度）	○	×	○	○	×	×	気温、放射、気流を黒体球により測定された温度
WBGT（湿球グローブ温度）	乾球温度	湿球温度	○	○	×	×	

51

（1）PMV（Predicted MeanVote：予測平均温冷感申告）

❖PMV（Predicted MeanVote：予測平均温冷感申告）：P. O. Fanger,1967年

・温熱環境6要素を定性的に考慮した総合温熱環境指標

　→ ISO（国際標準化機構）採用

　・人体周りの熱平衡式と多数の被験者による生理的実験から導く

❖PMVの評価指数

　・−3（非常に寒い）〜＋3（非常に暑い）までの温熱感スケールで表示

　　→ 温熱感スケールに対応した予測不満足者率（PPD）も表示

❖PMVは、多数の在室者の平均的な温冷感を表すもの

　→ PMV＝0となる環境条件下でも温熱的に不満足な人は5%程度存在（PPD＝5%）

❖ISOにおける定義

　快適　＝　−0.5＜PMV＜＋0.5の範囲（PPD＜10%）

❖PMVは、もともと熱的中立状態を基本として導かれたもの

　望ましい範囲　＝　−1＜PMV＜＋1の範囲

PMV
出題　H22・H25・H27
　　　H28・H29・R02
　　　R03・R05

表4.4　PMVの温熱評価スケールとPPDの関係

PMV評価指数	−3	−2	−1	0	+1	+2	+3
温熱評価	非常に寒い	寒い	やや寒い	快適	やや暑い	暑い	非常に暑い
PPD（予測不満足者率）	99%	75%	25%	5%	25%	75%	99%

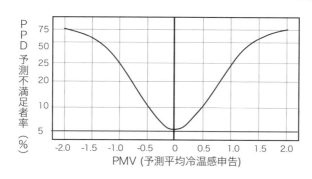

図4.17　予測平均冷温感申告と予測不満足者数

（2）ET（有効温度）、CET（修正有効温度）：C.P.Yaglou, 1957年

❖有効温度（ET：Effective Temperature）

・ET（℃）：ある任意の温度・湿度・風速の環境にいる人間が、それと同じ温熱感覚に
　　　　　　なる風速0 m/s・相対湿度100%の室温

　→ ETは室温・湿度・気流の3要素を対象（放射の影響が含まれていない）

❖修正有効温度（CET：Corrected Effective Temperature）

・気温、湿度、風速に放射の影響も考慮し、人が感じる暑さ、寒さの感覚を表した指標

・CET（修正有効温度）;Yaglouが多数の被験者実験から算出

　→ 室温の代わりにグローブ温度を用いて測定

・CETの快適な範囲は、夏期：22 〜 23 [CET℃]、冬期：18 〜 20 [CET℃]

（3）ET*（新有効温度）、SET*（修正有効温度）：C.P.Yaglou,1967年

❖新有効温度（ET*, New Effective Temperature）

ET*（℃）：温熱4要素を室内環境の要素とし、これに人間側の要素として作業量、
着衣量を加えたもの

・有効温度ET：湿度100%を基準 → 新有効温度ET*は湿度50%、風速0 m/sを基準

・新有効温度ET*：任意の作業量、着衣量で個々に算出され、同一の作業量、着衣量の
時だけしか快適度を比較出来ない

❖標準新有効温度（SET*, Standard New Effective Temperature）

・SET*：標準新有効温度は、SET温度の条件を相対湿度50%、気流は静穏（風速0.1 m/s）、
着座状態（1.0 〜 1.2met）、着衣量0.6 cloの状態に標準化し、MRTの温度に換算

・異なる作業量、着衣量の時にもそれぞれの快適度を比較可能とした

・SET*の「快適、許容できる」温冷感の範囲＝22 〜 26SET*（℃）

新有効温度
出題　H23

標準新有効温度
出題　H23

（4）OT（作用温度）

❖作用温度（OT：Operative Temperature）

・作用温度（効果温度）：人体周辺の放射熱源と気温、気流が人体に与える影響を評価

　→ 主に発汗の影響が小さい環境下における熱環境に関する指標

・一般的には体感温度という場合もある

❖気温taと平均放射温度MRTの重みづけ平均と定義され、重みづけ係数として
対流熱伝達率 α_c と放射熱伝達率 α_r を用いる

　→ 静穏な気流下では、室温とMRTとの平均値で表され、グローブ温度とほぼ一致

作用温度
出題　H24・H27・R01

> 室内は気流がないと仮定すると
> 　　作用温度OT＝$(\alpha_c t_a + \alpha_r MRT)/(\alpha_c + \alpha_r) \fallingdotseq (t_a + MRT)/2$

❖事務室における作用温度の設定範囲

　→ 冬期に暖房を行う場合、作用温度で20 〜 24℃

　→ 夏期の場合は、作用温度で23 〜 26℃

（5）DI（不快指数）：Gagge et al.,1986

❖DI（不快指数）

（DI or THI：discomfort index or temperature-humidity index）

DI ＝ 0.81T＋0.01H(0.99T－14.3)＋46.3　T：乾球温度（℃）、H：相対湿度（%）

表4.5　不快指数の範囲と体感

不快指数	体感	代表例	
		温度・湿度	不快指数
55 〜 60	肌寒い	18℃・15%	60
60 〜 65	何も感じない	21℃・25%	65
65 〜 70	快適	22℃・50%	70
70 〜 75	不快感を持つ人が出始める	27℃・55%	75
75 〜 80	半数以上が不快に感じる	30℃・65%	80
80 〜 85	全員が不快に感じる	32℃・75%	85

※不快指数85で93%の人が不快と感じる

第
4
章

室内気候と気象

（6）WBGT（湿球黒球温度）

❖湿球黒球温度（WBGT：Wet Bulb Globe Temperature）

・1954年、米軍軍隊訓練の熱中症予防の目的で提案

・暑さ指数（WBGT）は人体と外気との熱のやりとり（熱収支）に着目した指標

・人体の熱収支に与える影響の大きい気温、湿度、気流、放射の4要素を考慮した指標

表4.6　WBGT（湿球黒球温度）指数に基づく作業者の熱ストレスの評価－暑熱環境

注意すべき生活活動の目安	注意事項
すべての生活活動でおこる危険性あり	高齢者においては安静状態でも発生する危険性大外出はなるべく避け、涼しい室内に移動
外出時は炎天下を避け、室内では室温の上昇に注意	
中等度以上の生活活動でおこる危険性	運動や激しい作業をする際は定期的に充分に休息を取り入れる
強い生活活動でおこる危険性	一般に危険性は少ないが激しい運動や重労働時には発生する危険性あり

■ 4.2.4　室内空気の汚染源

（1）室内空気質

❖シックビル症候群（シックハウス症候群）

・建築材料に含まれる化学物質・ガス・放射性物質などの物質が、人間に対して病（ガンやアレルギー反応）を引き起こすこと

表4.7　室内空気汚染物質

汚染物質	発生場所	症状
レジオネラ属菌	冷却塔や土壌、24時間風呂など	劇症肺炎を起こし死亡することもある
アスベスト（石綿）	断熱材料、防火材料、吸音材料など	空中に浮遊し、塵肺や肺ガンを起こす
ホルムアルデヒド	合板、接着剤、仕上げ加工材など	シックハウス症候群アレルギー的炎症、発ガン性
有機リン系化学物質	壁紙の難燃剤、害虫駆除剤、防虫剤	シックハウス症候群意識混濁、視力低下、発ガン性
VOC：Volatile Organic Compound（揮発性有機化合物）	ワックス、塗料、洗剤開放型燃焼器具など	シックハウス症候群化学物質過敏症アレルギー的炎症、発ガン性、無気力
ラドン	放射性物質、土壌、骨材、石炭など	肺ガンを起こす
オゾン	乾式コピー機など	目、鼻、のどに炎症

・シックハウス症候群　：建築材料等から発散する化学物質による室内空気汚染が原因
　　　　　　　　　　　　（めまい、吐き気、頭痛、喉の痛み等の健康被害）

・ホルムアルデヒド　：超揮発性有機化合物に分類
　　　　　　　　　　　（VVOC：Very Volatile Organic Compound）

・二酸化炭素（炭酸ガス）：無色無臭だが、0.1%に達すると呼吸困難を起こす

（2）人体と衣服

❖室内に人間がいる

　→ 呼吸で酸素は減少、二酸化炭素と水蒸気が増加

→ 体熱の放散によって室温が上昇、**体臭**や衣服などからの**塵埃** → **汚染、不快の原因**

　　→ 喫煙は空気汚染に重大な影響

（3）火の使用

❖燃焼により酸素を消費、二酸化炭素や水蒸気が発生

・酸素が19%以下になると**不完全燃焼**を起こし、毒性の強い**一酸化炭素**（0.1%では2時間で死亡）が発生

・燃料の種類によっては煙、灰、臭気も発生

（4）電気機器

❖照明などの電気機器の使用電力は、熱として室内に放熱され室温が上昇

・電動機や変圧器の過熱 → 制御機器や電子機器の故障の原因

■ 4.2.5　室内空気環境基準

❖建築基準法やビル衛生管理法（建築物における衛生的環境の確保に関する法律）
　　および大気汚染防止法に基づく室内空気環境基準を次表に示す

表4.8　室内空気環境基準

評価項目	許容値	備考
温度	18℃～28℃	
相対湿度	40%～70%	
気流速度	0.5m/s以下	・夏季において空調を行っていない室の気流速度は、もっと高いほうが快適と感ずる
二酸化炭素 CO_2（炭酸ガス）	1,000ppm以下 （0.1%以下）	・無色・無臭、室内汚染のバロメーター ・空気中の二酸化炭素濃度が、4%を超えると呼吸困難、頭痛、めまいなどの症状
一酸化炭素 CO	6ppm以下 （0.0006%以下）	・主に、不完全燃焼で発生する ・天然ガスを主成分とする都市ガスには、ほとんど含まれていないので、ガス漏れによる中毒が生じることはない ・0.32%で30分で死亡 ・1%では数分以内に死亡
浮遊粉塵	0.15mg/m³以下	・粒子径10μm以下の粉塵が対象 ・一般に粒子径が0.1～1.0μmの粒子は、肺胞内に沈着する率が高く健康障害を発症
ホルムアルデヒド	0.1mg/m³以下 （30分平均値）	・家具、建材から発生 ・タバコの煙や燃焼排気中にも含まれる ・温度、湿度が上昇 → 建材等から放散量増加 ・室温23～25℃で換算すると0.08ppm以下
クロルピリホス	原則使用禁止	・白蟻の駆除剤として建材に添加
二酸化窒素	0.04～0.06ppm以下	・大気汚染の原因物質の1つ

❖大気には21%酸素が含まれる

・燃焼器具を用いる環境で酸素濃度が18～19%に減少

　　→ **不完全燃焼**を起こして一酸化炭素の発生量が急増し、一酸化炭素中毒発生

　　　0.1%では2時間、0.32%では30分で**死亡**

❖燃焼器具を用いない環境における酸素濃度による人体への影響

　　→ 酸素濃度が15%以下で呼吸困難、7%以下で死亡

相対湿度とカビの繁殖率
出題　H27

二酸化炭素濃度
出題　H24

一酸化炭素濃度
出題　H27・R05

浮遊粉塵
出題　H22・H29

ホルムアルデヒド
出題　H27

酸素濃度と不完全燃焼
出題　H23・H29

第5章

換気

❖換気：人体や燃焼に必要な新鮮な空気を供給し、汚染物質等を排除または希釈し、許容値以下にすることが目的

5.1 必要換気量と換気回数

■ 5.1.1 呼吸によるCO₂の増加と必要換気量Q

❖ある部屋において、換気量をQ [m³/h]、人間から出るCO₂の発生量をk [m³/h]とし、定常状態で室内のCO₂濃度が定常濃度（増えも減りもしない）とすれば、

定常状態：P_0Q（入ってくるCO₂の量）＋ k（CO₂の発生量）＝P_iQ（ 出ていくCO₂の量）

$$Q = \frac{k}{P_i - P_0}$$ ザイデルの式

Q：換気量 [m³/h]

k：CO₂の発生量 [m³/h]　　事務作業時は0.02 [m³/（人・h）]

P_i：室内空気のCO₂の濃度　　許容値は0.001＝0.1 [%]＝1,000 [ppm]

P_0：外気のCO₂の濃度　　一般に0.0003＝0.03 [%]＝300 [ppm]

ppm：parts per million 百万分率（100万分の一）

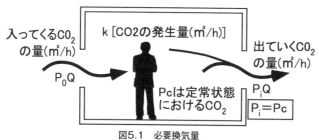

図5.1　必要換気量

❖必要換気量：上式P_iに許容値を代入した時のQを必要換気量といい、通常、1時間当たりの必要換気量[m³/h]で表す

❖一般居室の必要換気量＝30 [m³/（人・h）]

❖喫煙の多い場所の必要換気量＝40 ～ 50 [m³/（人・h）]

■ 5.1.2 汚染物質排出のための必要換気量Q

❖室内の浮遊粉塵などの汚染物質濃度を許容値以下にするための必要換気量Q[m³/h]

$$D = Q(m_i - m_0) \rightarrow Q = D/(m_i - m_0)$$

D ：汚染物質の発生量[mg/m³]

m_i ：室内の汚染物質の許容濃度[mg/m³]

m_0 ：外気の汚染物質濃度[mg/m³]

■ 5.1.3 排熱のための必要換気量Q

❖室温をt_i(℃)に保つための必要換気量Q[m³/h]は、近似的に次式で計算可能

$$H = 1.2Q(t_i - t_0) \rightarrow Q = H/1.2(t_i - t_0)$$

質量保存則
出題　H25

CO₂排出の必要換気量
出題　H27・H29

必要換気量の計算
出題　H28

喫煙による必要換気量
出題　H24

H：室内の発熱量[kJ/h]　　1.2：空気の容積比[kJ/m³•K]

t_i：室内の許容温度[℃]　　t_0：外気温度[℃]

■5.1.4　排湿のための必要換気量Q

❖室内の絶対湿度X_iを許容値以下にするための必要換気量Q(m³/h)は次式で計算可能

$$W = \rho Q(X_i - X_0) \rightarrow Q = W/\rho(X_i - X_0)$$

W：水蒸気の発生量[kg/h]

X_i：室内の重量絶対湿度の許容値[kg/kg(DA)]　　DA：乾燥空気

X_0：外気の重量絶対湿度[kg/kg(DA)]

ρ：空気密度(÷1.2)[kg/m³]

■5.1.5　換気回数N

❖換気回数N [回/h]は、換気量Q [m³/h]を室の容積V [m³] で除した値

→ 1時間当たりの回数で示す

$$N = Q/V \rightarrow Q = N \times V \, [m³/h]$$

※付室の場合は、一般に、換気回数から必要換気量を求める場合が多い

表5.1　付室および施設室の必要換気量の参考値

室名	換気回数基準(回/h)	換気上必要な因子
ボイラー室	6〜8	熱・燃焼ガス
機械室	6〜6	熱
高圧ガス・冷凍機・ボンベ室	6〜6	熱・危険ガス
変電室	6〜15	熱
自家発電機室	6〜15	熱・燃焼ガス
エレベーター機械室	6〜15	熱
便所(使用頻度大)	6〜15	臭気
浴室(窓なし)	6〜5	湿気
給湯器室	6〜10	熱・燃焼ガス
厨房(営業用)	6〜60	熱・臭気・湿気・燃焼ガス
屋内駐車場	10以上	有毒ガス
更衣室	4〜6	臭気・湿気
体育館	4〜8	熱・臭気
屋内プール	6〜12	湿気

❖自然換気回数

・ 自然換気回数：建具周りの隙間等から室内外の空気が自然に入れ替わる回数

　　→ サッシや壁体等の気密性と外部の風速および室内外の温度差によって異なる

・ 住宅の場合の自然換気回数

　　木造：0.5回/h程度、RC造：0.3回/h程度、超高層ビル：0.1回/h程度

　　→ 建築物の気密性を高めることで隙間風などの漏気による空調負荷を低減可能

■5.1.6　室容積と室内濃度

❖換気量Q [m³/h]、室内での汚染質発生量k[m³/h]、外気の汚染質濃度P_0が一定の条件においては、最終的な定常状態における室の汚染物質濃度P_iに室容積は影響しない

　　→ 室容積が大きい場合は、室容積が小さい場合に比べて、一定の室内濃度P_iに達するまでに時間がかかる

室容積と室内濃度/換
気回数
出題　H25・H29

57

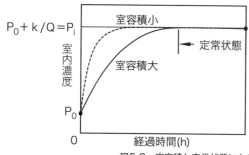

定常状態の汚染物質濃度　P_i

$$P_i = P_0 + \frac{k}{Q}$$

※**室体積V [m³] は定常状態の
濃度式には現れない
→ 室体積は影響しない**

図5.2　室容積と定常状態になるまでの時間

❖換気回数N、室内での汚染質発生量k、外気の汚染質濃度P_0が一定の条件では
室容積V [m³] が換気量Q [m³/h] に比例

・室内の濃度P_iは換気量Qの多くなる大きな室の方が、小さな室より低くなる

・排熱の場合の室内温度、排湿の場合の室内重量絶対湿度と室容積との関係も同じ

■ 5.1.7　燃焼に必要な空気量と排ガス量

❖燃焼に必要な理論的空気量と理論排ガス量（表5.2）

❖**理論排ガス量＝理論空気量の約1.1倍**

→ 実際の燃焼には理論空気量の2割ほど余計な空気が必要、排ガス量も増加

表5.2　燃焼に必要な理論空気量と理論排ガス量

燃料	発熱量	理論空気量	理論排ガス量
都市ガス13A	46MJ/m³	0.86m³/kW·h	0.93m³/kW·h
プロパンガス	102MJ/m³	0.83m³/kW·h	0.93m³/kW·h

※ 値はすべて0℃、1気圧の状況に置き換えたものである。

■ 5.1.8　燃焼器具の分類

燃焼器具は、燃焼に必要な空気の取り入れと排ガスの放出の点から、4種に分類

（1）開放型燃焼器具

❖**燃焼に室内空気を用い、排ガスも室内に放出するタイプ**

＝ガスコンロや開放型ストーブなど

→ 燃料消費に対する理論排ガス量の**40倍以上の換気量が必要**（建築基準法）

開放型燃焼器具
出題　H28

（2）半密閉型燃焼器具

❖**燃焼には室内の空気を使用する**が、煙突などから排ガスを外へ放出するタイプ

＝排気筒付き**CF型**湯沸かし器、**FE（強制給排気）型**湯沸かし器、ボイラーなど

→ 燃料消費量に対する理論排ガス量の**2倍以上の換気量が必要**

半密閉型燃焼器具
出題　H26

（3）密閉型燃焼器具

❖燃焼に必要な空気を外から取り入れ、排ガスも外へ放出するタイプ

＝**FF（強制給排気）型**ストーブ、**BF（バランス式給排気）型**風呂湯沸かし器など

→ 室内空気は汚染しないので、燃焼による室内の換気は**不要**

・排気筒には**逆風止（バフラー）**が必要

密閉型燃焼器具
出題　H28・H29

（4）屋外型燃焼器具

❖燃焼器具を屋外に設置するタイプ

＝**RF型**風呂湯沸かし器など

→ 本体は屋外に設置するため、室内空気は汚染しない

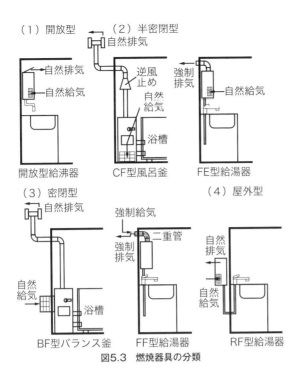

図5.3　燃焼器具の分類

■ 5.1.9　換気扇等の有効換気量

❖火を使用する室における機械換気設備の有効換気量は、次式で求める。

$$V=NKQ\ [m^3/h]$$

V：換気扇等の有効換気量[m^3/h]

N：フードの形状等による掛率

開放型燃焼器具	排気フードなし	N＝40	（一般家庭台所等）
開放型燃焼器具	排気フードI型	N＝30	（一般家庭台所等）
開放型燃焼器具	排気フードII型	N＝20	（業務用厨房等）
半密閉型燃焼器具		N＝2	（バランス釜等）

排気フードI型
出題　R05

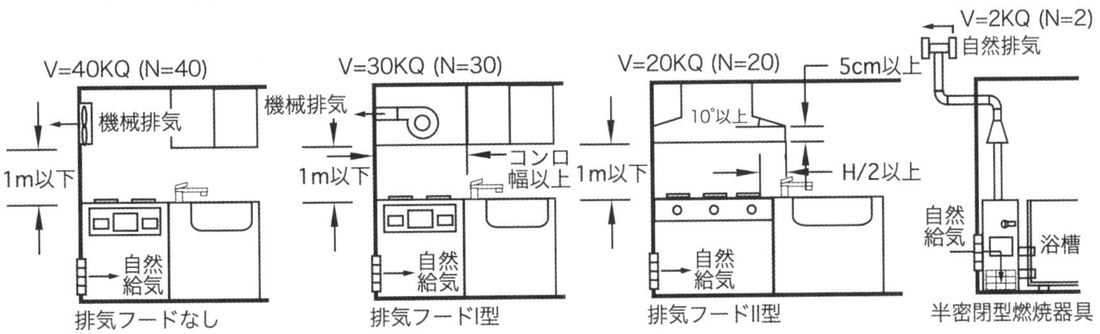

K：燃料の単位燃焼量当りの理論排ガス量[m^3/kW・hまたはm^3/kg]

Q：火を使用する設備又は器具の実情に応じた燃料消費量[kWまたはkg/h]

図5.4　火を使用する室における機械換気設備

5.2 換気効率

■ 5.2.1 換気効率

❖換気効率：室内にある空気が換気システムからの新鮮空気と入れ替わるかを示す尺度

$$換気効率 = \frac{換気回数1回分の給気をするのに要する時間}{室内の空気がすべて外気に置き換えられるのに要する時間}$$

❖完全混合＝室内に流入した汚染物質が室全体に瞬時に混合する現象（**換気効率0.5**）

❖ピストンフロー＝空気が全く混合せずに押し出すように流れる現象（**換気効率1.0**）

（1）空気齢

❖空気齢：建物内に入った外気が室内の**ある地点Pまで到達する**のに要する平均時間
　→ 空気の新鮮度を示すもの（空気齢が小さいほど新鮮で**換気効率がよい**）

（2）空気余命

❖空気余命：室内のある点の空気が排気口に至るまでの平均時間
　→ 汚染質の発生点における空気余命が小さいほど、汚染質が室内に拡散しにくい

空気齢
出題　H22・H24・R01
　　　R04

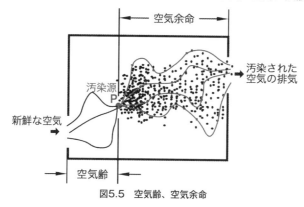

図5.5　空気齢、空気余命

（3）汚染質の濃度分布

❖室内における汚染質の濃度分布 → 室内の**気流性状の分布**の影響を受ける

❖室内の気流性状の分布は、給気口や排気口の**位置**、給気口からの吹出し**速度**、吹出し温度などによって異なり、汚染質の濃度分布に影響を与える

❖室内に温度分布が形成される場合や喫煙や臭気などが局所的に発生する場合
　→ 排気口の位置によって汚染質の濃度分布が異なる

■ 5.2.2 置換換気（ディスプレイスメント・ベンチレーション）方式

❖置換換気

室下部に設置された吹出口から緩やかな気流（**面風速0.5m/s以下**）で吹出された室温よりも低温の空気が、人体・器具等からの**発熱を伴う汚染空気の浮力による上昇を妨げ**ることなく室下層部から拡がり、居住域で発生した汚染質の混合を抑制して室上部に押し上げ、排出する方式

置換換気
出題　H22・H02・H25
　　　H28・H30・R02

60

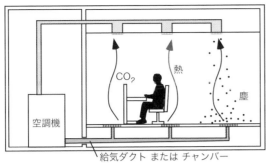

図5.6 置換換気の概念図

❖同じ換気量でも従来の混合換気に比べて、居住域の**空気齢は短く**、**換気効率は高く**なるので、居住域の空気質を高める

→ 汚染物質が**周囲空気より高温**又は**軽量**な場合や小空間に大風量の給気をする場合に有効

5.3 換気方式

■5.3.1 局所換気と全般換気

❖汚染源の位置が特定できない場合の換気方針

→ 室全体に対して換気を行い、汚染質の濃度を一様に薄める**全般換気**（希釈換気）を基本とする

❖汚染物質の発生源がはっきり確定されている場合の換気方針

→ その汚染源近くにフード等を設け、直接汚染物質を排除する**局所換気**を併用する方が効率が良く、省エネルギー

全般換気
出題　H27・H30

■5.3.2 自然換気と機械換気

（1）自然換気

① 風力換気　：風による室内外の**風圧力**の差を利用した換気

② 温度差換気　：空気の温度差がつくり出す**浮力**によって生じる圧力差を利用した上下の開口部によって行われる換気

❖居室の計画的な自然換気を行うためには、建築物の周囲の風圧、建築物内外の温度差を考慮して換気口の大きさ、位置等を決定

→ 一般に、**床面近くに給気口、天井面近くに排気口**を設置

（2）機械換気：ファンによって生じる圧力差による換気

（3）ハイブリッド換気：自然換気の省エネルギー性と機械換気の安定性の両方の長所を活かした換気

第1種換気方式
出題　H29・H30
第2種換気方式
出題　H29
第3種換気方式
出題　H26

ボイラー室などの機械換気
出題　H28・H30
営業用厨房の機械換気
出題　H30・R02
屋内駐車場の換気方式
出題　R02

■5.3.3 換気方式

❖通常、換気は空気の入り口（給気口）と出口（排気口）の両方がなければ効率よく行われない → その方法により、表5.3のように分類

表5.3　換気方式

方式	第1種換気方式	第2種換気方式	第3種換気方式	第4種換気方式
設置	機械給気 機械排気 室内圧自由設定	機械給気 自然排気 室内正圧 貯湯槽 ボイラー	自然給気 機械排気 室内負圧 トイレ アンダーカット	自然給気 自然排気 室内やや負圧 ストーブ
内圧	自由設定	正圧	負圧	やや負圧
給気	機械給気	機械給気	自然給気	自然給気
排気	機械排気	自然排気	機械排気	自然排気
特徴	・室内圧、室内気流も容易に調節可能 ・高気密住宅や屋内駐車場などに採用	・室内が正圧になる ・外部からの汚染物質の流入を抑制する ・クリーンルームや燃焼用空気が必要なボイラー室に採用	・室内が負圧になる ・臭いや水蒸気の他室への拡散防止が可能 ・トイレや厨房、浴室などに採用	・換気量は安定しない ・補助的に煙突やベンチレーター類を取り付ける ・室内発熱の大きな工場、室内燃焼機のある室などに採用

ボイラー室の換気
出題　R05

5.4　開口部前後の圧力差と換気量

■ 5.4.1　圧力差と通気量

❖空気が流動するには、開口部の前と後とで圧力差が必要

❖開口面積A [m²]を通過する空気量Q[m³/h]は、開口部前後の圧力差ΔP [Pa]の時

$$Q = \alpha A \sqrt{\frac{2}{\rho}\Delta P} \times 3600 \ [\text{m}^3/\text{h}]$$

Q：開口を通過する空気量（換気量）[[m³/h]

ΔP：開口部前後の圧力差[Pa]

ρ：空気密度（＝1.2）[kg/m³]　　α：流量係数（流速係数）

A：開口面積[m²]　　　　　　　　αA：総合実行面積

※開口面積Aに比例し、圧力差ΔPの平方根に比例

❖開口の流量係数αは、通常、端部が直角な窓の場合 → 流量係数 α ＝0.6 〜 0.7

❖流入部分に丸みをつけ、開口断面が滑らかに縮小していくベルマウス形状の開口

　→ 流れの縮小が生じないので、その流量計数αは、約1.0

表5.4　開口部の形状と流量計数α

名称	通常の窓	ベルマウス	ルーバー
形状			θ
流量係数α	0.6 〜 0.7	約1.0	θ＝70° → 0.58 θ＝30° → 0.23

❖建具まわりの隙間から流入・流出する漏気量

　①隙間前後の圧力差の1 〜 1/2乗に比例

流出入する漏気量
出題　H25

■ 5.4.2 総合実効面積（実効面積の合成）

❖実際の建築物では、開口部が複数存在するので、換気を考える場合には開口部各々の実効面積を合成して、総合実効面積（合成 αA）を求める必要

（1）並列合成

$\alpha_1 A_1$、$\alpha_2 A_2$ の並列合成　　$\alpha A = \alpha_1 A_1 + \alpha_2 A_2$

（2）直列合成

$\alpha_1 A_1$、$\alpha_2 A_2$ の直列合成　　$\alpha A = \dfrac{1}{\sqrt{\left(\dfrac{1}{\alpha_1 A_1}\right)^2 + \left(\dfrac{1}{\alpha_2 A_2}\right)^2}}$

・直列合成後の合成 αA の値は、小さい方の実効面積の値を越えることはない

→ 最大となるのは、$\alpha_1 A_1 = \alpha_2 A_2$ の場合　$\alpha A = \dfrac{1}{\sqrt{2}} \alpha_1 A_1$

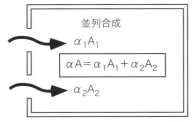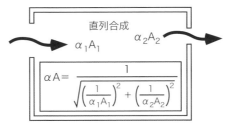

図5.7　実効面積の並列合成・直列合成

5.5　風力換気

❖建物壁面に風が当たると風上側では壁を圧縮する力（**正圧**）、風下側では壁を風下に引張る力（**負圧**）が働く

→ その圧力の大きさは**風圧係数C**を使って表される

❖図5.8のような風圧係数の建築物に開口部がある場合

→ 風上側で計算式、風下側で計算式の風圧力がかかる

・建築物前後の風力による**圧力差**ΔP_Wは

$$\Delta P_W = P_1 - P_2 \quad [\text{Pa}]$$

$$\Delta P_W = (C_1 - C_2) \left(\frac{1}{2}\rho V^2\right) \quad [\text{Pa}]$$

ρ：空気密度（$=1.2$）[kg/m³]　　V：風速[m/s]　　C_1：風上側風圧係数
C_2：風下側風圧係数

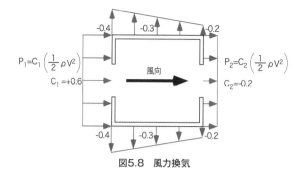

図5.8 風力換気

換気量Q [m³/h] は、5.4節で求めたように

$$Q = \alpha A \sqrt{\frac{2}{\rho} \Delta P} \times 3600 \quad [m^3/h]$$

であるから、ΔPにΔP_Wを代入し、風力による換気量Q_W[m³/h]が求められる

$$Q_W = \alpha A \sqrt{\frac{2}{\rho}(C_1 - C_2)\left(\frac{1}{2}\rho V^2\right)} \times 3600 \quad [m^3/h]$$

$$Q_W = \alpha A V \sqrt{(C_1 - C_2)} \times 3600 \quad [m^3/h]]$$

上式より、風力による換気量は、

① 風速Vに比例

② 風圧係数の差の平方根 $\sqrt{(C_1 - C_2)}$ に比例

風力換気
出題　H23・H27・H30

5.6　温度差換気（重力換気）

❖空気は、室体積が一定であるため、

・高温になると軽く・高圧になる

・低温になると重く・低圧になる → 圧力差が生じる

図5.9のような上下に高低差hのある2つの開口部の温度差による圧力差ΔP_tは

$$\Delta P_t = (\rho_o - \rho_i) gh \quad [Pa]$$

ρ_o：外気密度[kg/m³]

ρ_i：室内空気密度[kg/m³]

g：重力加速度[m/s²]

h：開口部の高低差[m]

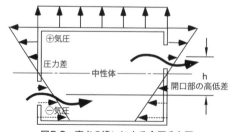

図5.9　高さの違いによる全圧分布図

換気量Q [m³/h] は、5.4節で求めたように

$$Q = \alpha A \sqrt{\frac{2}{\rho} \Delta P} \times 3600 \ [\text{m}^3/\text{h}]$$

換気量の式のΔPにΔP_tを代入し、**温度差による換気量Qt**$[\text{m}^3/\text{h}]$が求められる

$$Q_W = \alpha A \sqrt{\frac{2}{\rho} \Delta P_t} \times 3600 \ [\text{m}^3/\text{h}]$$

$$Q_W = \alpha A \sqrt{\frac{2}{\rho_o} (\rho_o - \rho_i) gh} \times 3600 \ [\text{m}^3/\text{h}]$$

空気密度ρは絶対温度Tに反比例($\rho \propto 1/T$)するので、Qtは

$$Q_t = \alpha A \sqrt{2gh \frac{t_i - t_o}{t_i}} \times 3600 \ [\text{m}^3/\text{h}]$$

$\quad (t_i - t_o)$：室内外の温度差[K]　　　t_i：室内の絶対温度[K]

上式により、温度差による換気量は、

① 開口部の高低差の平方根 $\sqrt{h}$ に比例

② 室内外の温度差の平方根 $\sqrt{t_i - t_o}$ に比例

温度差換気(重力換気)
出題　H24・H29・H30
温度差換気量の比較
出題　H26・R01

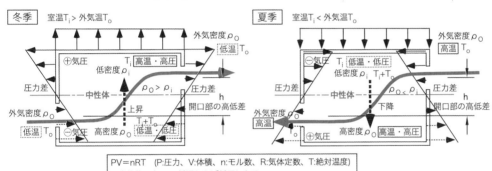

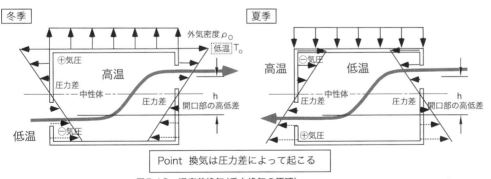

図5.10　温度差換気(重力換気の原理)

❖室の上下に開口部を設けた場合

・実効面積αAが大きいほど → **内外圧力差ΔPは小さくなる**

・換気量は、上下の開口部の中心部相互の垂直距離の平方根に比例

・温度差換気において、上の開口と下の開口を通過する空気量Qは等しい

開口面積と内外圧力差
出題　H22

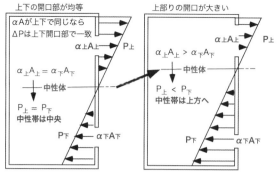

図5.11　温度差換気における開口面積と内外圧力差の関係

❖上部に大きな開口 → **中性帯は上に移動**

❖下部に大きな開口 → **中性帯は下に移動**

❖建築物の吹抜け部分等

　→ 建築物内外の温度差による浮力によって、**上昇気流（煙突効果）**

・冬季の超高層ビル

　内外の温度差、上下の高低差が極めて大きい

　→ **煙突効果**が促進され、1階出入口では多量の空気が流入する

・吹抜け上部にオリフィス型の風洞を設置

　→ **ベンチュリー効果**による風速の増大が起こり、吹抜け部の上昇気流も**誘引**される

・ソーラーチムニー

　→ 太陽光集光機能のある排煙筒（チムニー）により温度差換気を促進する方法

・1階出入口の外気の侵入防止効果

　→ **風除室（二重扉）** < **回転扉**（非常に多い百貨店等では**エアカーテン**）

中性帯
出題　H27・H30

ソーラーチムニー
出題　R05

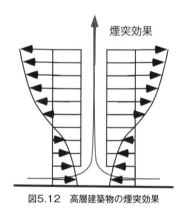

図5.12　高層建築物の煙突効果

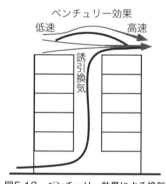

図5.13　ベンチュリー効果による換気

5.7　機械換気

❖送・排風機によって機械的に圧力差を作り出す

　→ 動力を要するが、自然換気の困難な地階や無窓階、換気量が多く確実な換気の必要な厨房や便所、居室等のシックハウス対策に有効

■ 5.7.1　機械換気の種別

❖第1種～第4種の4種類の機械換気方式（表5.3参照）

- 第1種機械換気：機械給気－機械排気 → **駐車場**など
- 第2種機械換気：機械給気－自然排気 → **クリーンルーム、ボイラー室**など
- 第3種機械換気：自然給気－機械排気 → **トイレ、厨房**など
- 第4種機械換気：自然給気－自然排気 → **室内燃焼機のある**居室、工場など

■ 5.7.2　送・排風機の種類

（1）軸流式

❖換気扇などプロペラ形のファン、軸方向に送風する形式
- → **大風量**に向くが、**静圧範囲が低い**
- ・風量の割に**安価、換気扇や冷却塔**などで使用

（2）遠心式

❖羽根車の回転による遠心力の作用で、中心から半径方向に送風する形式
- → **ダクト**を有する場合に適合、軸流送風機に比べて**静圧範囲が高い**

❖遠心送風機には二種類ある
- ・羽根が前方に曲がっている**多翼型送風機(シロッコファン)**
  - → 軸流式に比べて**効率が良く、静圧範囲が高く、騒音も少ない**
- ・羽根が**後方**に曲がっている**後向型送風機(ターボファン)**
  - → 多翼型に比べてさらに**効率が良く、騒音も少ない**
  - → 羽根の構造上高速運転にも耐えるので、**静圧範囲もさらに高い**

表5.5　送風機の形式と用途

種類	一般名称		形状	静圧範囲	用途
軸流式	プロペラ式	有圧式	モーター　羽根	15 〜 1,000Pa	扇風機 換気扇 冷却塔ファン
遠心式	多翼式	シロッコ	モーター　羽根	30 〜 1,300Pa	一般空調用 排煙用 一般換気用
	後向式	ターボ	モーター　羽根	300 〜 6,000Pa	省エネ空調用 一般空調用 排煙用 一般換気用

■ 5.7.3　送・排風機の圧力

❖圧力には全圧、静圧、動圧の3種類

　　　　全圧＝静圧＋動圧(単位：[Pa])

- ・全圧P_T：空気の流れに**正対した方向**の圧力
- ・静圧P_S：ダクトや装置を押しダクトから空気を吐き出したり吸い込む力
  - → 空気の流れに**直交した圧力**を測定することで検知
- ・動圧P_V：流れる空気の風速が生む圧力
  - → 箇所の**全圧と静圧の差**として検知

❖送風機の全圧：送風機の吸込口と送風機の吹出口との全圧差

軸流送風機と遠心送風
機の比較
出題　H23・H29

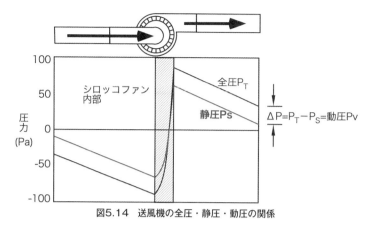

図5.14 送風機の全圧・静圧・動圧の関係

❖ダクト径か細い形状に変化

→ 圧力損失が大きくなる

動圧Pv（風速）が大きくなり、静圧が小さくなる（ベンチュリー効果）

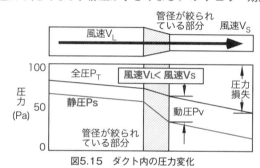

図5.15 ダクト内の圧力変化

■ 5.7.4 円形ダクトの圧力損失

❖円形ダクトの直管部の**全圧損失**（圧力損失）ΔP_T [Pa]は、次式で求められる

$$\Delta P_T = \frac{\lambda L}{d} P_V = \frac{\lambda L}{d} \frac{1}{2} \rho V^2 \text{ [Pa]}$$

λ：ダクト摩擦係数（ラムダ）　　L：ダクトの直管部の長さ[m]　　Pv：動圧[Pa]

d：ダクトの内径[m]　　　　　　　ρ：空気の密度[kg/m³]　　　　V：平均風速[m/s]

上式より、直管部の**全圧損失**は、

① ダクトの長さに比例し、ダクトの内径に反比例

② 動圧に比例（すなわち流速の二乗に比例）

ダクトの圧力損失
出題　H22・H27

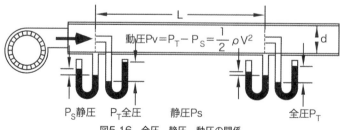

図5.16 全圧、静圧、動圧の関係

❖ダクトの曲がりや断面変化部分に生じる**局部全圧損失**ΔP_Tは、次式で求められる

$$\Delta P_T = \zeta P_V = \zeta \frac{1}{2} \rho V^2 \ [Pa]$$

局部圧力損失
出題　H24・H29

　　　ζ：局部の全圧損失係数（ゼータ）

　　　P_V：動圧[Pa]　　　ρ：空気の密度[kg/m^3]　　　V：平均風速[m/s]

上式より、動圧は①**風速の二乗に比例する**

■ 5.7.5　送風機の軸動力

❖送風機の主軸の回転に必要な**軸動力**W_S[kw]は、次式で求められる

$$W_S = \frac{1}{\eta} \cdot \frac{P_T Q}{1,000} \ [kW]$$

　　　η：送風機の全圧効率（イータ）　P_T：送風機の全圧[Pa]　Q：送風量[m^3/s]

❖送風機の主軸の回転に必要な軸動力は

送風機の軸動力
出題　H26

　①「送風機の全圧」と「送風量」との積に比例

　② 回転数の3乗に比例

■ 5.7.6　送風機の運転点と装置抵抗曲線

❖送風機の風量は、**静圧**との関係で変化

　→ ダクトや装置に送風するとき、固有の空気抵抗が生じ、送風機はそれに打ち勝つ

　　圧力（静圧）を持たないと**送風量が低下**

　→ 送風機の性能は、**流れる風量と静圧**で表記

❖送風機は、カタログなどにある**送風機の特性曲線**を調べて選定

　→ **装置抵抗曲線**はダクトや装置の固有の送風抵抗を表す曲線

　→ この抵抗曲線と送風機の静圧曲線との交点が**最適運転点**

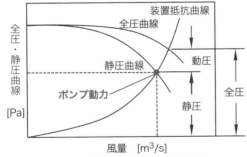

図5.17　送風抵抗と送風機圧力の関係

■ 5.7.7　送風機の並列運転、直列運転

❖同一ダクト系において、同一性能の送風機を

　①2台並列運転した場合　②2台直列運転した場合の風量

　　→ いずれも**1台を単独運転する場合の2倍の風量には達しない**

送風機の並列運転風量
出題　H29

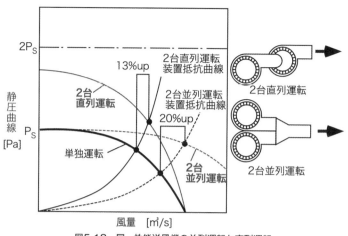

図5.18　同一性能送風機の並列運転と直列運転

5.8　通風

■ 5.8.1　通風と換気の相違点

換気：気流を感じない程度に空気を入れ替え、室内の汚染物質を排除する

　　　　①気流速度：0.5m/s以下

通風：可感風速以上の気流を取り入れ、人体からの放熱を促進させて涼しさを

　　　　感じさせるように、大量の空気を入れ替える

　　　　①人間が感じる気流速度：0.25m/s程度以上

　　　　②はっきりわかる気流速度：0.5m/s程度

❖気流速度が速い

　→ 机の上の紙が飛んだり、ドラフト(不快な局部気流)になりやすい

■ 5.8.2　通風計画

❖卓越風向と通風(通気)輪道を考慮することが重要

　卓越風：季節風の風向が最多風向(夏季の最多風向に給気窓を設置すると効果的)

　風輪：室内に形成される比較的風速が速い部分(図5.19の太線矢印部)

　→ 室の形状と窓など開口部の配置から、実際には室内で風速分布が発生

　→ 通風の効果が得られる領域とそうでない領域が存在

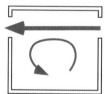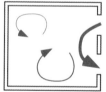

図5.19　通風輪道と渦の発生

5.9 住宅の気密性とシックハウス対策

■ 5.9.1 住宅の気密性能

❖建築物に存在する隙間の実際の面積測定は困難
　→ 建築物の内外に一定の圧力差を生じさせて空気の流量Qrを測定し、隙間面積に相当する値に換算したものが相当隙間面積（C値）

$$C = \frac{\alpha A}{S} \div \frac{0.7Qr}{S} \ [cm^2/m^2]$$

　C　：単位床面積あたりの相当隙間面積 [cm²/m²]
　αA　：相当隙間面積[cm²]
　Qr　：住宅の内外圧力差が0.98Paの時の隙間を通過する風量[m³/h]
　S　：住宅の床面積　[m²]

❖C値≦2.0 → 高気密住宅、C値≦5.0 → 気密住宅、C値≒10.0 → 一般住宅

■ 5.9.2 シックハウス対策

【対策I】内装仕上げに関するホルムアルデヒド発散建築材料の使用制限

❖ホルムアルデヒド発散建築材料は、室温28℃、相対湿度50%の時のホルムアルデヒドの発散速度により、4種類に分類され、内装仕上げの使用が制限される

表5.6　ホルムアルデヒド発散建材の分類建築材料の区分

建築材料の区分	表示記号	ホルムアルデヒドの発散速度	内装仕上げの使用制限
建築基準法の規制対象外	F☆☆☆☆	0.005mg /(m²・h)以下	使用制限なし
第三種ホルムアルデヒド発散建材	F☆☆☆	0.005〜0.020mg /(m²・h)	使用面積が制限される
第二種ホルムアルデヒド発散建材	F☆☆	0.020〜0.120mg /(m²・h)	
第一種ホルムアルデヒド発散建材	表示なし	0.120mgmg /(m²・h)超	使用禁止

※シックハウス対策：建築基準法施行令第20条の5〜9 国土交通省告示第273号、第274号

【対策II】換気設備設置の義務付け

❖住宅等の居室に対しては0.5回/h、住宅等の居室以外の室にあっては0.3回/hの設備容量のある機械換気設備の設置が必要（いわゆる24時間機械換気システム）

❖一つの住戸全体に対して24時間機械換気システムを用いる場合
　→ 建物の気密化を図り、各居室がまんべんなく換気されるように、全ての居室及び居室と一体的に換気される廊下等に明確に給排気のための換気経路を設ける

シックハウス対策
換気回数、天井高
出題　H24

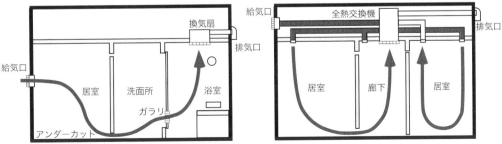

図5.20　24時間機械換気システムの概念

【対策Ⅲ】天井裏等の制限

❖天井裏等から居室へのホルムアルデヒドの流入を防止するため、次のうちのいずれかの対策が必要

① 第一種、第二種ホルムアルデヒド発散建築材料を使用しない

② 気密層や通気止めを設けて居室と天井裏を区画する

③ 換気設備を適切に用いて、居室内の圧力を天井裏等より低くしない

（天井裏換気）

天井裏等の対策
出題　H22・H25

【注意1】全般換気の換気経路とする部分に設ける建具

❖居室と廊下等の間に建具を設けて全般換気の換気経路とする場合

　→ 建具の有効開口面積(ガラリ等)は100 ～ 150cm²程度必要

❖建具の有効開口面積(cm²)は、建具の両側の圧力差が9.8Paの時に通過する風量[m³/h]に、0.7を乗じて求める相当隙間面積と近似(5.9.1節参照)

　→ 通常、開き戸(ドア)の四周にも隙間が存在

　→ 追加的に換気ガラリや高さ1cm程度のアンダーカットを設けることにより必要な通気を確保

計画換気と機密性
出題　H22・H24

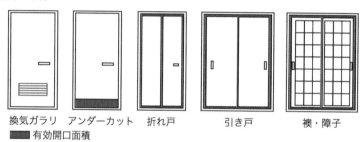

換気ガラリ　アンダーカット　折れ戸　引き戸　襖・障子
■■ 有効開口面積
図5.21　通気が確保される建具

【注意2】全般換気の換気経路としない部分に設ける建具

❖第一種換気方式によって居室ごとに個別に換気を行う場合

・全般換気の換気経路としない部分に設ける建具

　→ 当該建具が全般換気の換気経路(特に居室への換気経路)とならないように配慮

　→ 開き戸を用いる場合には、アンダーカットやガラリ等の措置が講じられていないものを採用

・便所、浴室等の出入口に設ける建具

　→ 当該室の局所換気の給気のための措置として換気ガラリ等を設置

　→ その措置により、局所換気を行わない時に全般換気に悪影響が生じないよう配慮

第6章

熱・結露

6.1 熱の移動

❖熱は高温側から低温側に流れる

❖熱の移動の3つのプロセス：熱伝導、熱対流、熱放射

■ 6.1.1 熱伝導

❖熱伝導：熱エネルギーが固体中を高温側から低温側に移動する現象

→ 固体中を移動する熱流q [W/m] → フーリエの熱伝導の基本式で求める

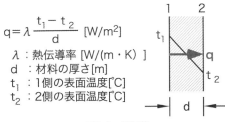

$$q = \lambda \frac{t_1 - t_2}{d} \ [W/m^2]$$

λ ：熱伝導率 [W/(m・K)]
d ：材料の厚さ[m]
t_1 ：1側の表面温度[℃]
t_2 ：2側の表面温度[℃]

図6.1　熱伝導

❖熱伝導＝均質な材料の単位面積を毎時通過する熱流は、

　①材料の熱伝導率 λ と、両面間の温度差(t_1-t_2)に比例

　②材料の厚さdに反比例

■ 6.1.2 熱対流

❖固体表面と周囲流体との間の熱移動の一つ、空気や水などの流体自体が浮力などによって移動して熱を運ぶ現象

❖壁体表面よりも周囲の空気の温度が低い場合

　→ 壁体表面から空気に熱が伝えられ、加熱された空気は浮力を生じて対流が起き、熱が移動

❖壁体表面よりも周囲の空気の温度が高い場合

　→ 下降気流が生じ、熱が移動

❖熱対流によって移動する熱流q_C [W/m²] → ニュートンの冷却則で求める

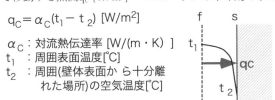

$$q_C = \alpha_C(t_1 - t_2) \ [W/m^2]$$

α_C ：対流熱伝達率 [W/(m・K)]
t_1 ：周囲表面温度[℃]
t_2 ：周囲(壁体表面から十分離れた場所)の空気温度[℃]

図6.2　熱対流

❖対流熱伝達率α_c → 流体の差異、流体の流速、固体表面と流体温度の差異、流れの方向、固体表面の状態によって変化

❖平滑な壁体の表面付近に形成される温度境界層において、表面に極めて近い部分では層流となり、表面から離れた部分では乱流にとなる

温度勾配
出題　H29

第**6**章

熱・結露

73

■ 6.1.3 熱放射

❖物体表面から射出される**赤外線**(電磁波)によって熱が移動する現象

❖物体の表面から射出される放射量

　①材料の放射率に比例

　②物体の表面の絶対温度の4乗に比例

$$E = \varepsilon \sigma T^4 \quad [W/m^2]$$

物体の放射量
出題　H20

E ：物体表面からの放射熱量 [W/m²]
ε ：材料の放射率　[−]　$0 \leqq \varepsilon \leqq 1$
σ ：シュテファン・ボルツマンの定数
　　　$= 5.67 \times 10^{-8}$ [J/(m²・K⁴)]
T ：物体表面の絶対温度 [K]

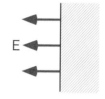

図6.3　熱放射

❖長波長放射率

長波長放射率
出題　H25・H30

$$長波長放射率 = \frac{赤外線域においてある部材表面から発する単位面積当たりの放射エネルギー}{その部材表面と同一温度の完全黒体から発する単位面積当たりの放射エネルギー}$$

❖放射率 ε は、放射エネルギーを有効に授受できるかという係数

　→ $\varepsilon = 1.0$ のときの上式を**シュテファン・ボルツマンの法則**

表6.1　各種材料の放射率(ASHRAE guide book 1969抜粋)

等級	材料例	放射率 ε [1]	日射吸収率[1]
0	完全黒体	1	1
2	アスファルト、黒塗装	0.93	0.93
3	コンクリート、赤煉瓦	0.9	0.73
6	窓ガラス	0.9	0
8	トタン板・鉄板	0.3	0.5
10	アルミ箔	0.03	0.2

[1] 代表的な値

❖平行平面間の放射伝熱量

　→ 互いに放射熱を放出しあい、差し引いたものが高温側から低温側に伝熱

❖**キルヒホッフの法則** = ほぼ同一温度の向かい合う物体表面間では、

放射率 ε ÷ 吸収率 α となる

$$q_{12} = \varepsilon_{12} \sigma (T_1^4 - T_2^4) \quad [W/m^2]$$

q_{12} ：Ⅰ面からⅡ面への放射伝熱量　[W/m²]
σ ：シュテファン・ボルツマンの定数
ε_{12} ：Ⅰ面からⅡ面への有効放射率

$$\varepsilon_{12} = \frac{1}{(1/\varepsilon_1 + 1/\varepsilon_2) - 1}$$

ε_1、ε_2：各々の面の放射率　$(0 < \varepsilon < 1)$

図6.4　平行平面間の放射伝熱

❖**放射熱伝達率** α_r [W/(m²・K)] = 上式で求めた q_{12} [W/m²] を $(t_1 - t_2)$ [℃] で除した値

❖固体表面における熱放射によって移動する**熱流** q_r [W/m²] は、次式で表される。

$$q_r = \alpha_r (t_r - t_s) \quad [W/m^2]$$

α_r：放射熱伝達率　[W/(m²・K)]　　t_s：壁体表面温度[℃]
t_r：周囲（壁体表面から十分離れた場所）の空気温度[℃]

6.2 壁体の伝熱

■ 6.2.1 定常伝熱の考え方

❖**熱貫流**：室内外に温度差 → 高温側から低温側へと熱が流れる現象

　　　　　　例えば、壁が単一の材料からなり、外気温よりも室温が高い場合

　　　　　　→ 室内から屋外へ流れる貫流熱流q(W/m^2)は、次式で求められる

$$q = K(t_i - t_o) = \frac{1}{R}(t_i - t_o) \quad [W/m^2]$$

壁体の定常電熱
出題　H29・R05
熱貫流率
出題　H24
熱貫流抵抗と材料厚
出題　H28

K : **熱貫流率**　　[W/(m²・K)]

R : **熱貫流抵抗**　[m²・K/W] (R=1/K)

t_i : 室温（℃）、　　t_o外気温度（℃）

$R = r_i + r_k + r_o$ [m²・K/W]

r_i : 室内側熱伝達抵抗[m²・K/W]

r_k : 壁の熱伝導抵抗　[m²・K/W]

r_o : 室外側熱伝達抵抗[m²・K/W]

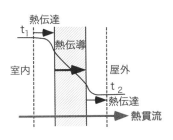

図6.5　伝熱と熱貫流

❖壁の貫流熱流

　→ 内外温度差に比例し、熱貫流抵抗に反比例（熱貫流率に比例）

　　熱貫流＝熱伝達＋熱伝導＋熱伝達

　　壁厚を2倍（質量則：熱伝導のみ2倍）→ 熱貫流は2倍にはならない

■ 6.2.2　熱伝達率

貫流熱と材料の厚さ
出題　H23・H28

❖**熱伝達率** α [W/(m²・K)]

　熱伝達率は、壁体などの固体表面と空気などの流体との熱の伝わりやすさを示すもの

　→ 対流と放射の影響を受けるが、**対流（風速）の影響の方が大きい**

❖設計値

　・風の影響を受ける屋外表面の総合熱伝達率 $\alpha_o = 23 \sim 35$ [W/(m²・K)]

　・屋内表面の総合熱伝達率 $\alpha_i = 7 \sim 9$ [W/(m²・K)]

熱伝達率と風速
出題　H23・H28

❖表面が粗面になるほど、表面積が大きくなるので**熱伝達率は大きくなる**

❖自然対流熱伝達率＝熱流下向きよりも**熱流上向きの方が大きくなる**

❖室温が表面温度より高い

　→ 天井面付近の熱流は上向き

　→ 床面付近よりも自然対流熱伝達率は大きくなる

対流熱伝達率
出題　H28
自然対流熱伝達率
出題　H25

表6.2　熱伝達率 [W/(m²・K)]の常用値

総合熱伝達率
出題　H23・H24・H26
　　　H28・H29・H30

壁表面の位置		状況	対流熱伝達率αc	放射熱伝達率αr	総合熱伝達率
屋内	天井面	暖房時	4.70	4.7 〜 5.8	7 〜 9（常用値）
		冷房時	1.74		
	壁面	冷暖房時	3.50		
	床面	暖房時	1.74		
		冷房時	4.70		
屋外	屋根面壁面	微風時	5.80		23（常用値）〜 35
		風速3m/s	17.40		
		風速6m/s	29.10		

■ 6.2.3 熱伝導率

❖熱伝導率 λ：固体内の熱の通りやすさ → 主な材料の熱伝導率 λ（表6.3）

表6.3　主な材料の熱伝導率

材料分類	材料名	熱伝導率[W/(m・K)]	比熱[kJ/(kg・K)]	密度[kg/m³]
金属	鋼材	45	0.50	7,860
	アルミニウム	210	0.92	2,700
セメント	コンクリート	1.6	0.80	2,300
	ALC	0.15	1.10	600
ガラス	板ガラス	1.00	0.80	2,540
木質	木材	0.15	1.30	600
断熱材	グラスウール	0.047	0.84	15
	硬質ウレタンフォーム	0.027	1.05	40
その他	水	0.59	4.20	997
	空気	0.026	1.00	1.2

❖主な材料の熱伝導率 λ [W/(m・K)]の特徴

①密度（比重）が大きい材料ほど熱伝導率 λ は大きくなる

　金属＞コンクリート＞板ガラス＞木材＞グラスウール

②同じ材料でも、一般に、カサ比重が大きくなるほど熱伝導率 λ は大きくなる

③グラスウールなどの繊維系断熱材は、カサ比重が大きいほど、断熱材内部の空隙が小さくなり、空気が流動（対流）しにくく、熱が伝わりにくくなるので、熱伝導率 λ は小さくなる

グラスウールの熱伝達率
出題　H23・H28
発泡断熱材の熱伝達率
出題　H30

④発泡性の保温材の場合、空隙率が同じでも、材料内部の気泡寸法が小さいものほど、気泡内部の対流による熱移動が減少するため、熱伝導率 λ は小さくなる

⑤同じ材料でも、結露などで水分を含むと熱伝導率 λ は大きくなり、断熱性能は低下する

断熱材の結露と断熱性能
出題　H22

⑥同じ材料でも、高温になるほど熱伝導率 λ は大きくなる

❖熱伝導比抵抗＝熱伝導率 λ の逆数（1/λ）

　熱伝導抵抗＝熱伝導比抵抗に材料の厚さdを乗じたもの（d/λ）

❖多くの用語単位を整理すると表6.4のようになる

表6.4　伝熱・透湿に関する単位

部位	対照	「抵抗」で表現される係数		「率」で表現される係数		両者の関係
全体	熱	熱貫流抵抗R	[m²・K/W]	熱貫流率 κ	[W/(m²・K)]	逆数R＝1/K
壁境界		熱伝達抵抗r	[m²・K/W]	熱伝達率 α	[W/(m²・K)]	逆数r＝1/α
壁内部		熱伝導抵抗R	[m²・K/W]	熱伝導率 λ	[W/(m・K)]	r＝d/λ（d:厚[m]）
		熱伝導比抵抗	[m・K/W]			逆数 1/λ
全体	湿気	湿気貫流抵抗	[m²・s・pa/kg]	湿気貫流率	[kg/(m²・s・pa)]	逆数
壁境界		湿気伝達抵抗	[m²・s・pa/kg]	湿気伝達率	[kg/(m²・s・pa)]	逆数
壁内部		湿気伝導抵抗 r'（透湿抵抗）	[m²・s・pa/kg]	湿気伝導率λ'（透湿率）	[kg/(m・s・pa)]	r'＝d/λ'（d:厚[m]）
				透湿係数	[kg/(m²・s・pa)]	逆数

■ 6.2.4　空気層の熱抵抗

❖壁体内に密閉した空気層があると**熱抵抗**r_a [m²・K/W]が向上
- → 空気層の**断熱効果**は、空気層の厚さが**2 〜 4cm**程度までは増加する
- → それ以上は空気層の厚さを増しでも、断熱効果は少しずつ減少
- （空気の対流により伝熱が促進されるため）

空気層の熱抵抗
出題　H25・R01

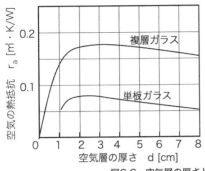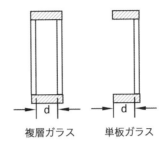

図6.6　空気層の厚さと熱抵抗の関係

❖空気層による断熱効果の増強等の留意事項は、下記のとおり
- ①空気層を二重、三重に設ける
  - → 熱抵抗は2倍、3倍になる
  - → ガラスの場合は、**単層ガラス**から**複層ガラス**にすると**熱抵抗は約2倍**に
- ②複層ガラスの中空層 →結露防止のため、**乾燥空気を密封**
- ③複層ガラスの中空層を真空とした**真空ガラス**
  - → **対流**による熱移動を低減する（放射は残る）ことにより、断熱性を向上
    真空ガラスは、通常の**複層ガラスの約2倍**（単板ガラスの4倍）の熱抵抗
- ④空気層の片面あるいは両面に**アルミ箔**を入れる
  - → 放射による熱移動が小さくなり、熱抵抗が2倍以上に

複層ガラスの熱貫流率
出題　R01

アルミ箔と熱抵抗
出題　H26

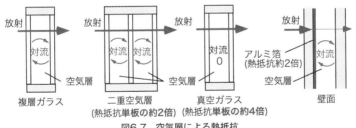

図6.7　空気層による熱抵抗

■ 6.2.5　各層の熱伝導抵抗と温度分布

❖均一な壁において、**定常状態**（時間的に温度が変化しない状態）
- → 壁のどの部位でも熱流は一定

温度勾配と断熱材
出題　H24

温度勾配と熱伝導率
出題　H24

$$（室内側の熱伝達）\quad q = \alpha_i (t_i - t_1) \quad [W/m^2]$$

$$（壁各層の熱伝導）\quad q = \lambda_1 \frac{(t_i - t_1)}{d_1} = \lambda_2 \frac{(t_2 - t_3)}{d_2} = \lambda_3 \frac{(t_3 - t_4)}{d_3} \quad [W/m^2]$$

$$（室外側の熱伝達）\quad q = \alpha_o (t_4 - t_0) \quad [W/m^2]$$

$$（壁全体の熱貫流）\quad q = K (t_i - t_0) \quad [W/m^2]$$

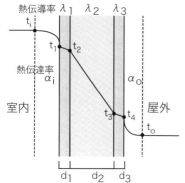

q	：熱伝達量 [W/m²]
K	：熱貫流率 [W/(m²・K)]
α_i	：室内/内壁境界部熱伝達率 [W/(m²・K)]
α_o	：屋外/外壁境界部熱伝達率 [W/(m²・K)]
$\lambda_{1\sim3}$	：各壁面熱伝導率 [W/(m²・K)]
$t_{1\sim4}$	：各壁面境界温度 [℃]
t_i	：室内温度 [℃]
t_0	：屋外温度 [℃]
$d_{1\sim3}$	：各壁厚 [m]

図6.8 各層の温度差と熱伝達、熱伝導

❖壁体内部における温度分布
- ・熱伝導比抵抗の大きい材料ほど → **温度勾配が急になる**
  （＝熱電動率の小さい材料ほど）

❖各層の温度差は、熱流q_x×各層の熱伝導抵抗r_xとなるので、次式で求められる

$$\Delta t_x = q_x \cdot r_x = \frac{1}{R}(t_i - t_0) r_x \quad [W/m^2]$$

Δt_x：x層目の壁両端の温度差[℃]

q_x：x層目の熱流[W/m²]　　r_x：x層目の熱伝導抵抗[m²・K/W]

R：熱貫流抵抗[m²・K/W]　　$t_i - t_0$：内外温度差[℃]

❖各層の温度差
→ **熱貫流抵抗Rに対する各層の熱抵抗の比（r_x / R）で内外温度差（$t_i - t_0$）を比例配分**

・一般の使用条件における透明（6mm）板ガラスの**熱貫流抵抗** → 約0.160 [m²・K/W]

・透明（6mm）板ガラス自体の**熱伝導抵抗**　　　　　　　　→ 約0.006 [m²・K/W]

→ 単板ガラスの熱貫流抵抗のうち、ガラス自体の熱伝導抵抗は3.8%程度
（ガラス自体の**熱伝導抵抗**よりも屋内外の**熱伝達抵抗**の割合が非常に大きい）

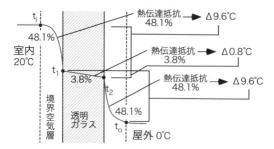

図6.9 単板ガラスの熱貫流抵抗、熱伝導抵抗、熱伝達抵抗

■ 6.2.6　複層壁の熱貫流率

❖多層で空気層が含まれる複層壁の熱貫流抵抗・**熱貫流率**K[W/(㎡・K)]は、下記のように表される

$$R = r_i + \Sigma r_x + r_a + r_o = \frac{1}{\alpha_i} + \Sigma \frac{d_x}{\lambda_x} + r_a + \frac{1}{\alpha_o} \ [\text{m}^2 \cdot \text{K/W}]$$

$$K = \frac{1}{R} = \frac{1}{\dfrac{1}{\alpha_i} + \Sigma \dfrac{d_x}{\lambda_x} + r_a + \dfrac{1}{\alpha_o}} \ [\text{W/(m}^2 \cdot \text{K)}]$$

r_i：内表面熱伝達抵抗　[㎡・K/W]　　　α_i：内表面熱伝達率[W/(㎡・K)]

r_o：外表面熱伝達抵抗　[㎡・K/W]　　　α_o：外表面熱伝達率[W/(㎡・K)]

r_x：x層目の熱伝導抵抗[㎡・K/W]　　　λ_x：x層目の熱伝導率[W/(㎡・K)]

r_a：中空層の熱抵抗[㎡・K/W]　　　　　d_x：x層目の厚さ[m]

❖各部材の**熱伝達率**及び**熱伝導率**が大きくなる → 熱貫流率は**大きくなる**
❖**熱伝達抵抗**及び**熱伝導抵抗**が大きくなる　　→ 熱貫流率は**小さくなる**
❖各材料とその厚さ、室内外の温度、対流、熱放射等の条件がそれぞれ同じである場合
　→ 各材料の**位置・配置順列**が違っても**熱貫流率は同じ**である

外壁の熱貫流率
出題　R02
熱伝導抵抗と熱貫流率
出題　R02

第**6**章

熱・結露

■ 6.2.7　貫流熱量

❖室からの貫流による熱損失
　→ 壁・天井・床および窓など各々の壁体の**熱貫流率K**（熱貫流抵抗R）、**壁面積A**から
　　壁体ごとに**貫流熱量**を求め、室全体で合計

$$\overline{q} = \Sigma KA \ (t_i - t_0) = \Sigma \frac{A}{R} (t_i - t_1) \ \ [\text{W}]$$

$\overline{q}$：貫流熱量　[W]　　　K：熱貫流率[W/(㎡・K)]　　　A：壁体の面積[㎡]

Σ：壁体ごとに求めた合計

❖日射がある場合の冷房時における冷房負荷計算をする場合
　→ 通常の**外気温**の代わりに、相当外気温度SATを用いて計算

$$\overline{q} = \Sigma KA \ (SAT - t_0) = \Sigma \frac{A}{R} (SAT - t_1) \ \ [\text{W}]$$

SAT：相当外気温度[℃]

・日射を受ける外壁や屋根の表面温度 → 外気温度よりも**高くなる**

・室内に侵入する熱量 → 日射がない場合よりも**かなり増大**

■ 6.2.8　平衡含湿率（平衡含水率）

❖平衡含湿率（平衡含水率）：一定の温湿度において、材料が含むことのできる最大の水
　分量の割合を示す指標 → 材料の比熱や熱伝導にも影響を与える
❖任意の材料を一定の温湿度湿り空気中に長時間放置
　→ 含湿量（含水量）が**平衡状態**に達したときの、材料の乾燥質量に対する含湿量の割
　　合として求められる
　・周囲の**相対湿度が高い**ほど材料の**平衡含湿率は高くなる**

平衡含湿率
出題　H26

■ 6.2.9 相当外気温度SAT

相当外気温度(SAT)
出題　H30

❖相当外気温度SAT（Sol-Air Temperature）[℃]

外壁等に日射が当たる場合の影響を外気温度に換算した温度

→ 外表面に当たる日射の効果を外気温の上昇として捉えたもの（日射の等価気温上昇）に外気温を加えた値で表す

$$SAT = t_o + \frac{a_s J}{\alpha_o}$$

t_o ：外気温 [℃]

a_s ：日射吸収率

J ：外壁が受ける全日射量 [W/m²]

α_o：屋外の総合熱伝達率 [W/(m²・K)]

❖総合熱伝達率は風速の影響を受ける

→ 相当外気温度SATは、日射吸収量のほか、風速の影響も受ける

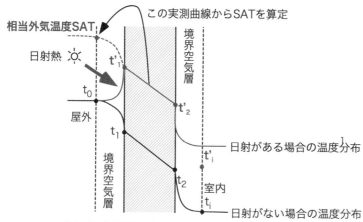

図6.10　相当外気温度（外壁表面温度から推定した外気温）

■ 6.2.10　実効温度差ETD

実効温度差(ETD)
出題　H27

❖実効温度差ETD（Effective Temperature Difference）[℃]

相当外気温度SATに、外壁の熱容量による時間遅れを考慮したもの

→ 日射の影響を受ける熱容量の大きなコンクリート外壁等の冷房負荷計算を行う際に用いる

6.3　隙間風と換気による熱量

■ 6.3.1　隙間風

❖窓の周囲などに隙間が多い

→ 冬は冷たい空気が侵入し室温が低下し、暖房負荷が大きくなる

→ 冷房時も同様で、高温多湿の空気が侵入し、冷房負荷が大きくなる

■ 6.3.2　換気等による負荷

❖換気や隙間風による暖冷房時の負荷

→ 次式に示す室温と外気温の温度差に基づく**顕熱負荷**と、加湿・除湿に要する**潜熱負荷**とを合計した**全熱負荷**

顕熱負荷　$q_S = C_P \rho Q (t_o - t_i) = 1.2 Q (t_o - t_i) [kJ/h] \fallingdotseq 0.33 Q (t_o - t_i) [W]$

潜熱負荷　$q_L = r \rho Q (X_o - X_i) = 2700 Q (X_o - X_i) [kJ/h] = 750 Q ((X_o - X_i) [W]$

C_P：空気の定圧比熱 $1.0 [kJ/(kg \cdot K)]$

ρ：空気の密度 $1.2 [kg/m^3]$

t：　乾球温度 $[℃]$

r：　水の蒸発潜熱 $2,250 [kJ/kg] = 597 [kcal/kg]$

X：　重量絶対湿度 $[kg/kg(DA)]$

Q：　換気量 $[m^3/h]$

❖顕熱：実際の乾球温度 $[℃]$

❖潜熱：$100℃$の水 $+ 537 kcal/kg = 100℃$の水蒸気

（$0℃$の水 $- 80 kcal/kg = 0℃$の氷）

つまり、水蒸気は結露する時に $537 kcal/kg$ の熱を放出する。このように乾球温度は同じ $100℃$ なのに温度が下がる時に現れてくる熱量を潜熱という。

ヒント：簡単に理解するには、「**気温が顕熱、湿気が潜熱**」と考えれば良い

6.4　暖房時の室内負荷と熱損失係数

■ 6.4.1　暖房時の室内負荷

❖ある室の暖房負荷（熱損失＝貫流熱量q）

＝ 窓や壁など熱貫流率の各部位ごとの**貫流熱損失**＋換気・隙間風等による**熱損失**

熱損失の計算
出題　H27

熱損失係数
出題　H22

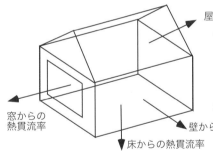

屋根からの熱貫流率

$q = \Sigma KA(t_i - t_0) + 0.33 Q (t_i - t_0)$

貫流熱損失 $= \Sigma KA(t_i - t_0) [W]$
換気・隙間風による熱損失 $= 0.33 Q (t_i - t_0) [W]$

q：貫流熱量　　[W]　　K：熱貫流率 $[W/(m^2 \cdot K)]$
A：壁体の面積 $[m^2]$　　Q：換気量 $[m^3/h]$
Σ：屋根・壁・床・窓ごとに求めた合計

窓からの熱貫流率

壁からの熱貫流率

床からの熱貫流率

図6.11　暖房時の熱損失

■ 6.4.2　熱損失係数

❖**熱損失係数の定義**：室温に比べて外気温が1℃だけ低いと仮定した場合の建築物内部から外部へ逃げる単位時間当たり・床面積$1m^2$当たりの熱損失

→ 熱損失係数が小 → 床面積$1m^2$当たりの熱損失が少なく、エネルギー消費も少ない

❖**熱損失係数** $[W/(m^2 \cdot K)]$

建物（住宅）の断熱性、気密性を統合した熱的性能の評価指標として用いられるもの

→ 各室の貫流熱損失および換気・隙間風等による**熱損失の合計**を求め、これを**延べ床面積と室内外の温度差で割った**値で表す

$$熱損失係数 = \frac{\Sigma KA(t_i - t_0) + 0.33 Q (t_i - t_0)}{延べ床面積 A_f \cdot (t_i - t_0)} = \frac{\Sigma KA + 0.33 Q}{延べ床面積 A_f} [W/(m^2 \cdot K)]$$

K：熱貫流率 $[W/(m^2 \cdot K)]$　　A：壁体の面積 $[m^2]$　　Q：換気量 $[m^3/h]$

t_i：室内温度　　t_0：外気温度

■6.4.3　外皮平均熱貫流率UA

❖外皮平均熱貫流率(U_A)

外皮平均熱貫流率(U_A)[W/(m^2・K)]

：住宅の内部から屋根(天井)、外壁、床、及び開口部などを通過して外部へ逃げる熱量を外皮全体で平均した値

→ 外皮全体の熱損失量(q)を外皮面積の合計(ΣA)で除して求める

※ 熱損失係数とは違い、**換気による熱損失**は計算に含めない

$$外皮平均熱貫流率＝\frac{外皮熱損出量\ q}{外皮総面積\ \Sigma A}\ [\ W/(m^2 \cdot K)\ ]$$

外皮平均熱貫流率
出題　R04

6.5　防寒設計・防暑設計

❖冬は暖かく、夏は涼しい建築物を造るためには、建築的に次のような方法がある

■6.5.1　防寒設計

①外壁や屋根などの**断熱性を良くする**(熱貫流抵抗を大きくする)

②熱の逃げやすい窓などの面積を小さくする

③建築物の外表面積をなるべく小さくする

④隙間風を少なくし、過大な換気を行わない

⑤日当たりの良い場所に居室を設けるなど、間取りや配置を考慮する

■6.5.2　防暑設計

①窓からの日射熱流入を少なくする

②外壁や屋根などの**断熱性を良くする**ほか、防寒設計の②、③が効果的

③多量の熱を発生する機器類を隔離する

④冷房のない建築物は通風を良くするように間取りや配置を工夫する

⑤冷房のある建築物は気密性を良くし、換気量が過大にならないようにする

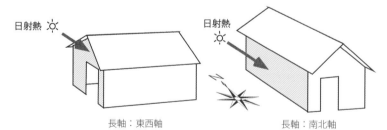

長軸：東西軸　　　　　　　　長軸：南北軸

※夏季は東壁、西壁の受熱が大きい → 防暑の面では**長軸が東西軸**の方が有利

図6.12　平面形と防暑設計

❖防寒、防暑を考慮した建築物

→ 暖冷房負荷が少なくなるので、**設備費やエネルギー費が安価**となる

❖壁体等の断熱性能を高める

→ **室温と室内表面温度の差を小さくする**ことにつながる

室内の上下の温度差も小さくなり、放射の不均一などの温熱環境も改善

断熱による温熱環境の改善
出題　H22・H27・H30

6.6 熱容量と室温変動

■ 6.6.1 比熱C

❖比熱C [kJ/（kg・K）]：1kgの物質の温度を1℃上昇させるのに必要な熱量

■ 6.6.2 熱容量Q

❖熱容量Q：熱容量Q [kJ/K]＝比熱[kJ/（kg・K）]×質量[kg]
- 熱容量が大きい　→ 温度を上昇させるのに多くの熱量が必要であるが冷めにくい
- 質量が大きくなる → 温度を上昇させるのに必要な熱量は増加

■ 6.6.3 熱容量と室温変動

熱容量と室温変動
出題　H24

❖熱容量の大きいRC造の場合
　　→ 外気温度や日射の影響を受けにくく、室温の変動が緩慢で、変動幅も小さい
　　→ 外気温度の最高点と室温の最高点には時間遅れが大きくなる(最低点でも同様)

❖一方、熱容量の小さい金属板などの薄壁構造
　　→ 外気温度や日射の影響が直ちに室内に顕れ、変動幅も大きい

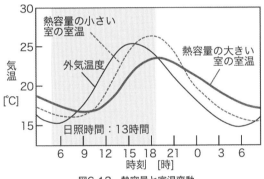

図6.13　熱容量と室温変動

■ 6.6.4 暖房時の室温変動

暖房時の室温変動
出題　R02

❖気密性能が同じで断熱性、熱容量の異なるA ～ D室の、暖房時における室温変動

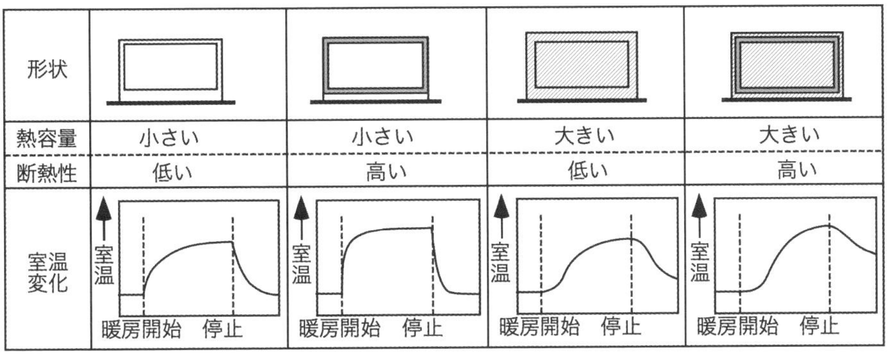

形状				
熱容量	小さい	小さい	大きい	大きい
断熱性	低い	高い	低い	高い
室温変化				

図6.14　暖房時の室温変動

- 室温の最高温度(定常になる温度) → 断熱性の高低によって決まる
- 断熱性が同じ場合 → 熱容量が大きいほど、暖まりにくく、冷めにくい

6.7 湿り空気と露点温度

■ 6.7.1　湿気（湿り空気）

❖水分（水蒸気）が少量含まれる空気 → 湿り空気

■ 6.7.2　絶対湿度と相対湿度

❖絶対湿度：ある状態の空気中に含まれる水蒸気の絶対量を表すもの

　→ 重量絶対湿度と容積絶対湿度の2種類がある

　・**重量絶対湿度**＝（水蒸気の質量 [kg（DA）]/乾き空気の質量1kg [kg（DA）] ）×100%

　・**容積絶対湿度**＝（空気中1m³中の水蒸気量[kg/m³]）×100%

　　※DA＝ドライエアー（乾燥空気）

❖相対湿度：「湿り空気の水蒸気量（水蒸気分圧）」と「その温度における飽和空気の水蒸気量（水蒸気分圧）」との比を百分率（%）で示したもの

　・相対湿度＝（湿り空気の水蒸気分圧 / 飽和空気の水蒸気分圧）×100%

■ 6.7.3　湿り空気線図

飽和絶対湿度
出題　H25

相対湿度と水蒸気量
出題　R02
相対湿度と露点温度
出題　R02
相対湿度と乾球温度
出題　R02
相対湿度と水蒸気分圧
出題　R02

❖湿り空気線図：湿り空気の熱的状態を示した線図

　→ 空調の負荷計算や空気の状態変化の解析に用いられる

・乾球温度・湿球温度・絶対湿度・相対湿度・エンタルピーの中で、いずれか2つを定めれば、他の値が読み取れる

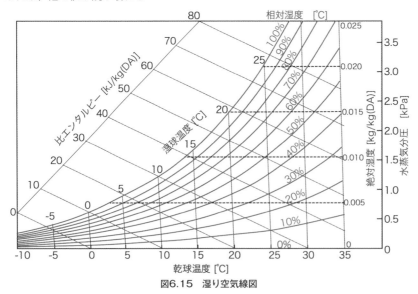

図6.15　湿り空気線図

※エンタルピー：0℃乾き空気を基準として、ある任意温度 t[℃]の湿り空気が有する全熱量（顕熱＋潜熱 ）

※比エンタルピー：1kgの物質が持っている全熱

　＝ 顕熱（乾球温度[℃]）＋2.250（水の蒸発潜熱[kJ/kg]）×重量絶対湿度[kg/kg（DA）]

■ 6.7.4　露点温度

❖露点温度（℃）：ある湿り空気を絶対温度を一定に保ちながら冷却した場合、相対湿度が100%となる温度（飽和状態となる温度）

■ 6.7.5　顕熱比（SHF：Sensible Heat Factor）

❖顕熱比：湿り空気の状態変化

　→ 全熱量変化（顕熱量変化＋潜熱量変化）に対する顕熱量の変化の割合

【計算例】湿度40%・気温15℃の空気が湿度50%・気温25℃に変化する

　顕熱比＝（36－26[顕熱量変化]）/（52－26[全熱量変化]）＝0.384

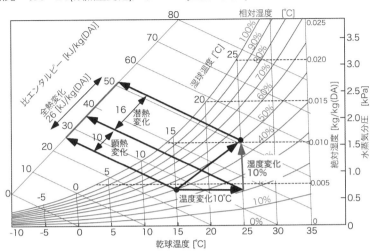

図6.16　全熱が変化する場合の顕熱比（SHF）の例

■ 6.7.6　熱水分比

❖熱水分比：比エンタルピーの変化量と絶対湿度の変化量の比

　→ 温水や蒸気を噴霧して加湿する場合、空気線図上で熱水分比と平行に状態変化

$$u = \frac{dh}{dx}$$

　u：熱水分比　　　　　dh：比エンタルピー（全熱量）の変化量[kJ/kg（DA）]

　dx：絶対湿度の変化量[kg/kg（DA）]

【計算例】湿度30%・気温20℃の空気が湿度60%・気温20℃に変化する

　熱水分比＝（43－32[全熱量変化℃]）/（0.085－0.045[絶対湿度変化℃]）＝275

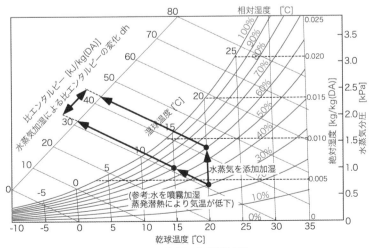

図6.17　加湿による状態変化

■ 6.7.7　飽和効率

❖飽和効率(%)：湿り空気の加湿のしやすさを表すもの

【計算例】A：27.5℃ ,0.005[kg/kg(DA)]、A'：20℃ ,0.005[kg/kg(DA)] → それぞれに
　　　　　0.028[kg/kg(DA)]加湿した時の飽和効率

・加湿装置入口温度27.5℃ Aの飽和効率(B50%－A20%)/(C100%－A20%))＝37%

・加湿装置入口温度20℃ A'の飽和効率(B'80%－A'33%)/(C'100%－A'33%))＝70%

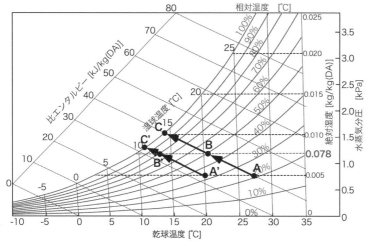

図6.18　水加湿の加湿装置の入口温度の違いによる飽和効率の差

❖加湿装置入口温度が低い空調機

　→ 飽和効率の高い(能力を持った)加湿装置が必要

6.8　結露

❖結露：高湿度な湿り空気が冷却され、水蒸気が凝縮され一部が水滴となる現象
　　　　結露が発生し始めるの温度を露点温度という

【計算例】室内温度30℃の湿り空気が、ガラス表面近傍14℃で冷やされる

　→ ガラス表面温度14℃が室内空気の露点温度(20℃)よりも低くなる

　→ 飽和状態を超える水蒸気は水滴となり、結露が発生する

露点温度
出題　H30
表面結露の発生
出題　H22・H26

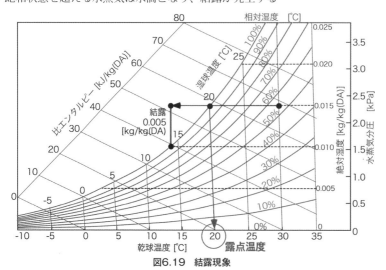

図6.19　結露現象

■ 6.8.1 表面結露と内部結露

❖結露は2種類

・表面結露：冬季に窓ガラスなどの表面が曇り、水滴となって流れ出す

・内部結露：透湿性のある材料の壁体内部に浸入した水蒸気が凝縮して水滴になる

　→ 壁や天井などが湿り、かびの発生や汚れ、雨漏りと同様に流れ出すこともある

❖結露は冬季に起こりやすい

　→ 湿度の高い梅雨時、地下室などでは夏季にも生じる

■ 6.8.2 表面結露の防止対策

表面結露の防止策
出題　H29

❖表面結露：壁体表面温度t_{si}が、室内空気の露点温度t_d以下になると生じる

　→ 表面結露を防止するには、$t_{si} > t_d$となるようにt_{si}を高くするか、t_dを低くする

❖t_{si}は次式で求められる

$$t_{si}=t_i-\frac{K}{\alpha_i}(t_i-t_o)=t_i-\frac{r_i}{R}(t_i-t_o)$$

K：壁体等の熱貫流率[W/(m³・K)]　　　R：壁体等の熱貫流抵抗[m²・K/W]

α_i：室内側熱伝達率[W/(m³・K)]　　r_i：室内側熱伝達抵抗[m²・K/W]

t_i：室温[℃]　　　　　　　　　　　t_o：外気温[℃]

❖表面結露防止の施策

（1）熱貫流の大きい部分の断熱強化

　❖下記のような部位は、熱貫流率を小さくし、室内側壁表面温度が低くならないように断熱を強化する

　①暖房室につながる非暖房室

　　→ 暖房室から流入した高温・高湿の空気が、非暖房室の壁体表面で露点温度以下になり表面結露しやすい

　②ヒートブリッジ部分

　　→ 窓サッシ枠などは熱流が大きく、その室内側表面温度は、一般に、他の部分の室内側表面温度に比べて、外気温度に近くなり、結露が生じやすい

　③外壁の隅角部

　　→ 2面から熱貫流があり（熱流の密度が大）結露が生じやすい

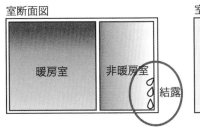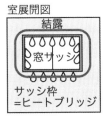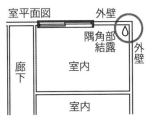

図6.20　ヒートブリッジ等の熱貫流による結露発生機構

（2）絶対湿度を下げる手法

　①水蒸気の発生源となるものを控える（開放型ストーブなど）

　②厨房や浴室はもちろん、在室者が多い居室も水蒸気発生量が多くなる

　　→ 換気（顕熱交換器）を行い絶対温度を下げる

　③冬期の室内の表面結露を防止する

　　→ 全熱交換装置よりも顕熱交換装置を用いる方がよい

　④冬期の二重サッシ間の結露を防止 → 室内側サッシの気密性を高くする

暖房機器の水蒸気抑制
出題　H28
浴室の水蒸気抑制
出題　H28

二重サッシの結露防止
出題　H30

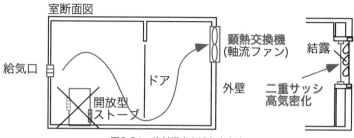

図6.21　絶対湿度を減らす方法

（3）壁体表面の空気流動により結露を防ぐ方法

　①窓下に暖房の吹出口を設け、壁に沿って温風を流す

　　→ 表面温度が上昇し、結露、コールドドラフトを防止

　※カーテンは対流を止め、かえって結露を促進する

　②収納（押入）の中や家具と壁との間は空気が停滞する

　　→ 換気を良くして壁面近くの空気の流通を促進

カーテンと結露
出題　H24・H30

押入れ内の結露防止
出題　H30

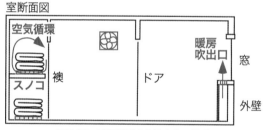

図6.22　表面結露の生じやすい場所

■ 6.8.3　内部結露の防止対策

❖壁体内部に、高温高湿の室内空気を侵入させないようにすることが重要

　・断熱材は熱を通しにくいが、湿気を通す

　・壁体内に断熱材を入れると表面結露は防止できるが逆に内部結露が発生しやすい

❖具体的な内部結露防止策

・冬期は室内のほうが屋外よりも絶対湿度が高い

　①繊維系の断熱材（グラスウールなど）を用いた外壁の壁体内の結露防止

　　→ 室内空気に含まれる水蒸気が壁体内部に浸入し結露しないよう、断熱材の室内
　　　側に防湿層（アルミ箔）を設ける

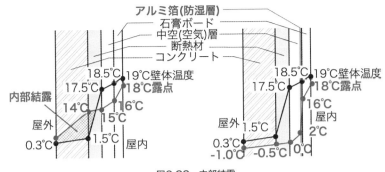

図6.23　内部結露

②外装材と断熱材の間に通気層を設け、壁体内に浸入した湿気を外に排除
　→壁体内の断熱材に直接冷気が入らないように透湿防風層を設置（断熱性能を失わない配慮）

※屋根を断熱する場合 → 屋根材と断熱材の間に通気層を設けて湿気を排出

防湿層の位置と内部結露
出題　H24・H28

木造小屋浦の結露防止
出題　H28

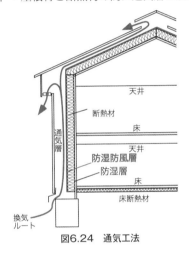

図6.24　通気工法

③外断熱構造にする
　→ 内部結露に対しては、内断熱に比べて外断熱のほうが有利

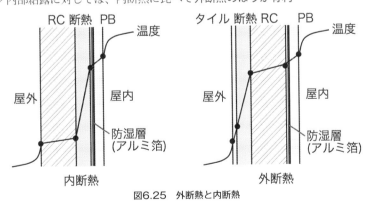

図6.25　外断熱と内断熱

※防湿措置を講じない内断熱の場合
　→ コンクリート部分の屋内側表面の冬期結露を促進するおそれ

※床暖房を行う場合
　→ コンクリートの床スラブの下面を断熱（外断熱）

→ 内部結露を防止できるとともに、床下面からの熱損失も低減

■ 6.8.4　木造住宅の断熱工法

（1）木造軸組工法における断熱工法

・外張り断熱と充填断熱がある

❖**充填断熱工法**　：柱、梁等と外壁、内壁の隙間に断熱材を施す工法

❖**外張り断熱工法**：柱、梁等の構造躯体の外側に断熱材を施す工法

　→ 断熱材で外周をすっぽり覆うので、柱や筋かいの間に断熱材を充填していく充填
　　断熱工法よりも隙間が少なく、断熱性能が高い

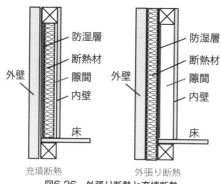

図6.26　外張り断熱と充填断熱

（2）木造の基礎断熱工法

❖床断熱工法 → 床断熱工法の場合は、**床下換気口**が必要
　「壁の長さ**5m**ごとに布基礎に換気用の穴（**300cm^{2}以上**）を設けて、その換気孔にねず
　みの侵入を防止するための**格子**などを付けること」

❖**基礎断熱工法**：床下を全面土間コンクリート床として、基礎部分を断熱する工法
　→ 基礎より内側を室内として扱う考え、外気に直接通じる**床下換気口は設けない**
　※床下の地盤からの湿気を防止するために地盤面に**防湿層**を設ける

木造の基礎断熱工法
出題　H25

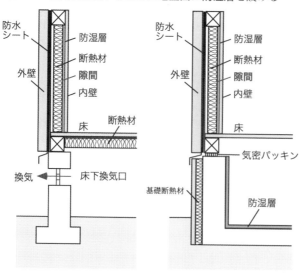

図6.27　床断熱工法と基礎断熱工法

7.1 音の基本的性質

■ 7.1.1 音の物理的性質

（1）音波
　❖音波：物体の振動によって空気などの弾性体に生じる疎密波

（2）周波数と波長
　❖周波数：疎密の1秒間のくり返し回数(Hz)
　❖波長：1サイクルにおける1波の長さ(m)

（3）音速
　❖音速C(m/s)＝331.5＋0.6t(t：気温℃)
　❖気温15℃で、約340m/s、気温が1℃高くなると0.6m/s速くなる
　❖音速：C(m/s)、周波数：f(Hz)、波長：λ(m)とする → C＝f×λ

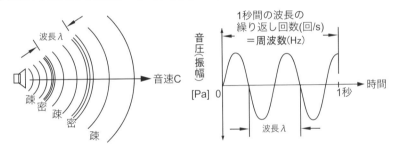

図7.1　音の波長と周波数

（4）反射・吸収・透過
　❖壁体で反射・吸収・透過が生じる（材質や表面の状態(凹凸など)、音波の入射角や
　波長などによって割合は異なる）
　　→ エネルギーでみると、入射音＝反射音＋吸収音＋透過音の関係

（5）屈折
　❖屈折：音波が温度の異なる空気の境界面で屈折する現象
　　→ 通常、低温のほうに向かってカーブ
　　→ 晴天日の夜は、地表面付近の温度が低下
　　→ 屈折により、昼間よりも遠くまで音が届く

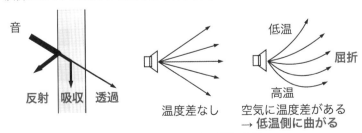

図7.2　音の反射、吸収、透過、屈折

（6）回折

❖回折：障害物の背後への音の回り込みや、小穴からの音が穴を音源として四方へ広
がる現象

→ 高周波数（短波長）の音は直進性が大きいが、低周波数（長波長）の音は回
折性が大きい

音の回折
出題 H27

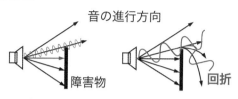

図7.3　大気中の音の回折

（7）干渉

❖干渉：同一周波数の複数の波が重なり合い、増幅したり減衰したりする現象

→ 周波数がわずかに異なる2つの波の重なりによってうなりを生じる

音の干渉
出題　H30

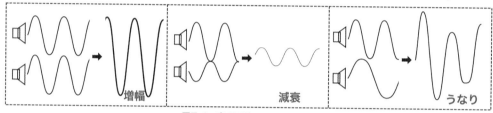

図7.4　音の干渉

■ 7.1.2　音の3要素

❖音の三要素：音の大きさ、音の高さ、音色の3つが三要素

音の三要素
出題　H26

（1）音の大きさ

❖聴覚には音圧（音の物理的な強弱）だけでなく、周波数が大きく影響

・人間の可聴範囲は、概ね20 ～ 20,000Hz（20kHz）

最もよく聞こえるのは3,000 ～ 4,000Hz付近

・加齢に伴い可聴範囲が狭くなり、高齢者は周波数の高い音が聞き取りにくくなる

・音の大きさと周波数20Hz以下の超低周波音は、音としては聞こえないが、圧迫感
やしびれのような感覚を起こすことがある

可聴範囲と波長
出題　H22・H28

音の大きさと周波数
出題　H26

（2）音の高さ

❖主に周波数が関係

→ 周波数が大きい音は高く、周波数が小さい音は低く感じる

→ 周波数は音の大きさや音色にも影響を与える

（3）音色

❖単一周波数の音を純音、種々の周波数の混合音を雑音という（主に波形による）

→ 楽音はある周波数を基本として、その倍音を含んだ複合音の一種

・発音体の違い、同じ発音体でも音の出し方によって生じる音の感覚的な特性

・音色の違いは、波形の違いとして表れる

■ 7.1.3　音の物理的単位

（1）音響出力（W）

❖音響出力(W)[W＝J/s]：音源から単位時間に発する音のエネルギー

（2）音の強さ（I）

❖音の強さI[W/m²]：単位面積を単位時間に通過する音のエネルギー

・音響出力W[W]の点音源から距離r[m]離れた点での音の強さI[W/m²]は
距離rの二乗に反比例する

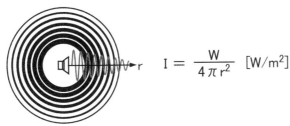

$$I = \frac{W}{4 \pi r^2} \ [W/m^2]$$

図7.5　点音源からの音の強さ

（3）音圧（P）

❖音圧P[Pa、N/m²、μbar]：音波によって生じる大気の微小な圧力の変化量

・音の強さI[W/m²]と音圧P[Pa]の関係：空気密度ρ[kg/m³]、音速C[m/s]とすると、
音の強さIは音圧Pの二乗に比例する

$$I = \frac{P^2}{\rho C} \ [W/m^2]$$

❖二つの音(I_AとI_B)の合成音圧の実効値(I_C)

・合成音圧の実効値(C)：二つの音それぞれの実効値(AとB)の2乗の和の平方根

$$I_C = \sqrt{I_A{}^2 + I_B{}^2}$$

（4）音のエネルギー密度（E）

❖音のエネルギー密度(E)[J/m³]

・任意の空間における単位体積当たりの音の力学的エネルギー（位置エネルギーと運
動エネルギーの和）

■ 7.1.4　音のレベル表示

❖音の物理的単位は、純粋に物理的な尺度

・可聴範囲を音の強さで示すと10^{-12}（可聴範囲の下限値）〜1[W/m²]程度

→ 大きく桁数の異なる数値は実用上**不便**なので、音の分野では一般的に物理量を
常用対数（レベル）[dB（デシベル）]で評価

❖**ウェーバー・フェヒナーの法則**

・人間の感覚量は、物理的刺激量の**対数**にほぼ**比例**する。

・レベル表示[dB]：ある物理量の値Aと物理量の基準値A_0（一般に可聴範囲の下限値）
との比(A/A_0)をとり、その**常用対数を10倍**にした値 [dB]

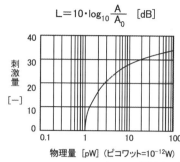

$$L = 10 \cdot \log_{10} \frac{A}{A_0} \quad [dB]$$

音の強さ [W/m²]	音圧レベル [dB]	人間の感覚	実例
10^{-12}	0	可聴限界	
10^{-9}	30	非常に静か	スタジオ
10^{-8}	40	気にならない	会議室
10^{-7}	50	騒音を感じる	ロビー
10^{-6}	60	騒音が気になる	道路の車内
10^{-4}	80		地下鉄の車内
10^{-2}	100		クラクション
1	120	聴覚の限界	ジェット機

図7.6　ウェーバー・フェヒナーの法則

（1）パワーレベル（Lw）

❖基準値W_0を10^{-12} Wとした音響出力のパワーレベル Lw [dB]

$$L_W = 10 \cdot \log_{10} \frac{W}{W_0} \quad [dB]$$

（2）音の強さのレベル（L₁）

❖可聴範囲の下限 I_0を10^{-12} W/m²とした音の強さのレベル L_1 [dB]

$$L_1 = 10 \cdot \log_{10} \frac{I}{I_0} \quad [dB]$$

・ある音の強さがI[W/m²]であるとき、・その音の強さを1/nにする

　→ 音の強さのレベル　$10 \cdot \log_{10} n$ [dB]減少

1/10	→	$10 \cdot \log 10$	= 10[dB]減少
1/100	→	$10 \cdot \log 100$	= 20[dB]減少
1/1000	→	$10 \cdot \log 1000$	= 30[dB]減少

（3）音圧レベル（Lp）

音の強さと音の強さの
レベル
出題　H27・H30

❖Lp（音圧レベル）：可聴範囲の下限P_0を2.0×10^{-5}[Pa]とした音の強さのレベル

❖L_1とL_pには次の関係

$$L_1 = 10 \cdot \log_{10} \frac{I}{I_0} \quad [dB] \qquad I = \frac{P^2}{\rho C} \quad [W/m^2]を代入し$$

$$L_P = 10 \cdot \log_{10} \frac{P^2/\rho C}{P_0^2/\rho C} = 10 \cdot \log_{10} \frac{P^2}{P_0^2} = 20 \cdot \log_{10} \frac{P}{P_0} \quad [dB]$$

　→ L_1（音の強さ）≒L_p（音圧レベル）

（4）音のエネルギー密度レベル（L_E）

音のエネルギー密度レ
ベル
出題　H25・R02

❖音のエネルギー密度レベル（L_E）：可聴範囲の下限E_0を2.94×10^{-15} J/m³を基準とした音のエネルギー密度のレベル [dB]

$$L_E = 10 \cdot \log_{10} \frac{E}{E_0} \quad [dB]$$

（5）ラウドネスレベル（音の大きさのレベル）

❖人間の耳の感度は、周波数によって変化する

　→ 同じ音圧レベルでも周波数が異なれば、感覚的には同じ大きさには聞こえない

❖ラウドネスレベル：ある音の大きさを、感覚的に同じ大きさと感じる1,000Hzの純音の音圧レベル値によって表したもの → 単位は[phon（フォン）]

❖スティーヴンスのべき法則：感覚量が刺激強度のべき乗に比例することを提案

❖ラウドネス曲線　：1,000Hzの純音を基準として同じ大きさに聞こえる音を曲線で
　　　　　　　　　　結んだ等ラウドネス曲線

　→ 音圧レベルが同じ60dBでも、感じる音の大きさは異なる

　　　　　周波数　100Hz・60dB → 約50phon

　　　　　周波数　1,000Hz・60dB → 約60phon

　　　　　周波数　4,000Hz・60dB → 約70phon

スティーヴンスのべき
法則
出題　H23

等ラウドネス曲線
出題　1116・1130

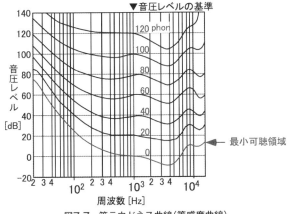

図7.7　等ラウドネス曲線（等感度曲線）

■ 7.1.5　レベルの合成

レベルの合成
出題　H24・H29

❖2つの音源I_1、I_2が合成された場合の音源の強さのレベルの変化量をΔL
　音源の強さの変倍数（音源が何倍になったかという倍率）をn
　音源と観測点の距離の変倍数（音源の距離が何倍になったかという倍率）をdとして
　$(\log_{10}2=0.3010\fallingdotseq0.3\quad \log_{10}3=0.477\fallingdotseq0.5\quad \log_{10}5=0.699\fallingdotseq0.7)$

$$I=\frac{W}{4\pi r^2}\ [\text{W/m}^2]$$

$$\Delta L=10\cdot\log_{10}\frac{I_2}{I_1}\ =\ 10\cdot\log_{10}\frac{W_2/r_2{}^2}{W_1/r_1{}^2}\quad[\text{dB}]$$

$$\frac{W_2}{W_1}=n\quad \frac{r_2}{r_1}=d\ とすると\quad \Delta L=\ 10\cdot\log_{10}\left(\frac{n}{d^2}\right)$$

❖2つの音源I_1、I_2が合成される場合や音源Iが増減する場合

音響出力と音圧レベル
出題　H26・H29・R04

　・音源の強さの変倍率n＝2倍 → ΔL＝約3dB増加

　・音源の強さの変倍率n＝3倍 → ΔL＝約5dB増加

　・音源の強さの変倍率n＝4倍 → ΔL＝約6dB増加（2倍3dB＋2倍3dB）

　・音源の強さの変倍率n＝5倍 → ΔL＝約7dB増加

　・音源の強さの変倍率n＝9倍 → ΔL＝約10dB増加（3倍5dB＋3倍5dB）

　・音源の強さの変倍率n＝1/2倍 → ΔL＝約−3dB減少

　・音源の強さの変倍率n＝1/3倍 → ΔL＝約−5dB減少

❖音源と観測点の距離が増減する場合

　・音源の距離の変倍率d＝2倍 → d^2＝4倍 → ΔL＝約6dB減少

　・音源の距離の変倍率d＝3倍 → d^2＝9倍 → ΔL＝約10dB減少

❖音源と観測点までの距離が変化する場合

　・音源の強さの変倍率d＝9倍、音源の距離の変倍率d＝2倍 → d^2＝4倍

　　→ ΔL＝約10dB−約6dB＝約4dB増加

❖L_1とL_2の差が15dB（I_1とI_2の差が27倍）以上ある場合

    → 大きいほうの値（L_1）とほぼ変わらない（$L_1-L_2=15$の場合、$\Delta L≒0$）

❖**マスキング効果**：ある強い音が存在すると、その周辺の弱い音がかき消されて聞こえ

              なくなる心理聴覚特性

❖マスキング効果の大きさ

    → **妨害音**が存在することによって聴覚が鈍くなり、目的とした音の最小可聴値が上

      昇すると捉えたときの**最小可聴値の上昇量**で表現

❖目的とする音、マスクする音（妨害音）ともに純音の場合

    → マスクする音が大きいほど**マスキング効果**が大きい

    → 周波数域ではマスクする音の周波数が目的とする**周波数**より低い場合、マスキン

      グ効果が大きくなる＝**低音の方がマスキング効果が大きい**

マスキング効果
出題　H23・H25・R01

■ 7.1.6　距離減衰

（1）**点音源**：スピーカーからの音源のように1点から広がる音源

    点音源の減衰　　：点音源からの音の強さは距離の2乗に反比例して減衰

    音圧の減衰　　　：距離に反比例して減衰

    音の強さのレベル：点音源からの距離が2倍になるごとに**約6dBずつ**減衰

点音源の距離減衰
出題　H24・H27・R02

（2）**線音源**：直線道路を自動車が規則正しく並んで走行しているような**無限長**とみなせ

            る音源

    線音源の減衰　　：音源からの**音の強さは距離に反比例**

    音の強さのレベル：距離が2倍になるごとと**約3dBずつ**減衰

（3）**面音源**：群衆が大勢集まっている場合の話し声や騒音のある都市の高層階のように

            面方向（2次元方向）に広がる音源

    面音源の減衰：音源からの**音の強さは減衰しない**

    音の強さのレベル：距離が2倍になっても**減衰しない**

都市の高層階における
騒音レベル
出題　H24

面音源の距離減衰
出題　H29

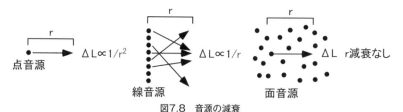

図7.8　音源の減衰

■ 7.1.7　空気吸音（吸収）による減衰

❖音の減衰に影響を与える4要素：**音の周波数、気温、湿度、気圧**

❖**周波数が高い音**ほど空気吸収による音の減衰は大きい

❖音源と測定点との距離が**数10m以上**

    → 空気の吸音による減衰は、距離減衰よりも大きくなる場合もある

空気吸音による音の減衰
出題　H25・H29・R02

7.2 遮音

■ 7.2.1 透過損失(TL：Sound Transmission LossまたはR：Sound Reduction Index)

❖透過損失TL [dB]：壁体等の遮音の程度を示すもの

- ・透過した音が入射音に比べ、どれだけ弱くなったかをデシベル[dB]で表したもの
- ・値が大きいほど、壁体等の遮音性能が高い

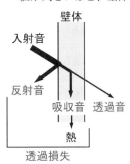

$$透過率 \quad \tau = \frac{透過音のエネルギー}{入射音のエネルギー}$$

$$透過損失 \quad TL = (入射音エネルギー) - (透過音エネルギー)$$

$$= 10 \cdot \log_{10} \frac{入射音のエネルギー}{透過音のエネルギー} \quad [dB]$$

$$= 10 \cdot \log_{10} \frac{1}{\tau} \quad [dB]$$

図7.9　透過損失のイメージ

透過率と透過損失
出題　H23・H26・R01
　　　R03・R05

■ 7.2.2　単層壁の質量則

❖単層壁の質量則

- ・隙間のない単層均質な壁体に平面波が垂直に入射した場合の透過損失TL_0
  - → 単位面積当たりの質量(面密度)M(kg/m²)が大きいほど、大きくなる
  - → 入射する音の周波数f(Hz)が大きいほど、大きくなる(壁が一体となってピストン運動する)

$$TL_0 = 20 \cdot \log_{10}(f \cdot M) - 42.5 = 10 \cdot \log_{10}(f \cdot M)^2 - 42.5$$

※計算例：f＝1,000Hz×M＝20 → TL_0＝43.5、

f＝1,000Hz×M＝10,000 → TL_0＝97.5

質量則
出題　H22・H23・H25
　　　H27

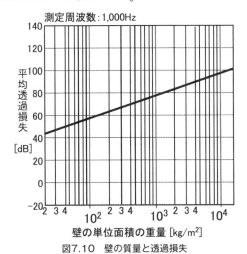

図7.10　壁の質量と透過損失

- ・厚さが2倍になると面密度は2倍になる → TL(M^2に相関)＝約6dB増加
- ・ランダム入射の場合は次式が用いられる

$$TL \fallingdotseq TL_0 - 5 = 20 \cdot \log_{10}(f \cdot M) - 47.5$$

垂直入射とランダム入射
出題　H27

第7章　音響

■ 7.2.3　隙間の影響

❖窓などは隙間の影響が大きく、気密性の良否で**5 dB以上の差**
　→ 空隙をもつ材料は、質量則による透過損失よりも著しく小さな値
　　＝ 空気層が断熱効果を発揮（コンクリートブロックなど）

単層壁の音響透過損失
出題　R02

■ 7.2.4　コインシデンス効果

❖薄い単層壁に壁と浅い角度で音波が入射
　→ その材料固有の**曲げ振動（屈曲波）**が起こる
　→ 音波の波長と屈曲波の波長が一致する**共鳴周波数**での透過損失が、質量則より**著しく小さくなる（コインシデンス効果）**

コインシデンス効果
出題　H25・H27・H28
　　　R04

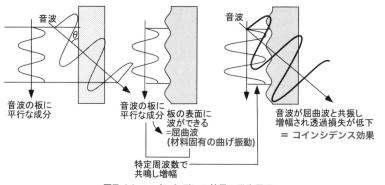

図7.11　コインシデンス効果の発生原理

❖同一材質の板状材料では、**厚みが増すほど共鳴周波数が低くなる**
　→ コインシデンス効果は低音域で生じる
❖コインシデンス効果の表れる下限の周波数（コインシデンス限界周波数）
　→ **壁の厚さに反比例**
❖単板ガラスのコインシデンス効果
　・コインシデンス効果による透過損失（遮音）の低下は**10dB以上**になることもある
　・3mm厚では**4,000Hz**の周波数域に発生
　・6mm厚では**2,000Hz**の周波数域に発生
❖**コインシデンス限界周波数**：効果の見られる最低周波数　fc＝12,000/板厚（mm）[Hz]
❖複層ガラス（ペアガラス）のコインシデンス効果
　・低音域で空気層による共鳴透過が起こり、単板ガラスに比べ**防音効果は低い**（単板ガラスに比べ断熱性は高い）
❖合わせガラスのコインシデンス効果
　・3mm＋3mmの合わせガラスは**コインシデンス効果が激減**し、他の周波数では6mm単板ガラスとほぼ同等
❖ブーミング現象
　→ 規模の小さい室で特定の周波数で共鳴し、音圧が著しく不均一になる現象
　　（低音域でブーンという共鳴音が起こる）

単板ガラスと複層ガラス
出題　H24・H28

合わせガラスの遮音特性
出題　H27・H29

ブーミング現象
出題　R04

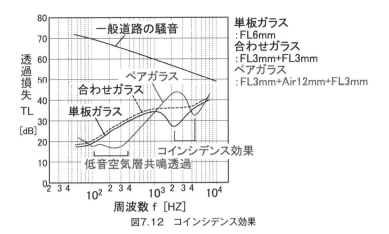

図7.12　コインシデンス効果

■ 7.2.5　二重壁の透過損失

❖中空層のある二重壁

- 中空層がバネとして働き、[質量]－[空気バネ]－[質量]の振動系を形成
  - → 二重壁が振動しやすい周波数ができ、その周波数で質量則よりも透過損失は小さくなる

❖振動しやすい周波数＝共鳴透過周波数

- 一般的な石膏ボードなどの二重壁では低音域で生じる
  - → 中空層の厚さを広くすると、共鳴透過周波数はより低い周波数にシフトする

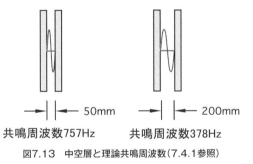

図7.13　中空層と理論共鳴周波数（7.4.1参照）

■ 7.2.6　各種二重壁の透過損失の特性

（1）吸音材の挿入

　❖中空層に吸音材（例えばグラスウールなど）を入れる

　　→ 全帯域にわたって透過損失は増加

（2）間柱の挿入

　❖中空層に間柱を設ける

　　→ 二重壁と間柱が構造的につながっていると、間柱が音を伝えやすい部分
　　　（サウンドブリッジ）となるため、共振しやすい周波数での遮音低下が生じやすい

　　・間柱が密になるほど、単層壁の透過損失に近づく

（3）弾性材の挿入

　❖中空層に発泡樹脂（弾性材）などを用いる

　　→ 心材の弾性が大きいため共鳴透過現象が中高音域に生じやすい

中空二重壁の透過損失
出題　H26

ボード直張り広報
出題　H24・R03

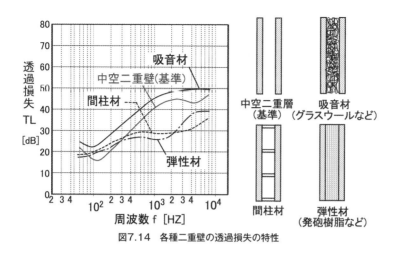

図7.14　各種二重壁の透過損失の特性

■ 7.2.7　2室間の音の伝達

❖2室間の音の伝達

　→ 透過、回折と壁体内を振動として伝わる固体伝搬など種々な伝わり方がある

❖室間の界壁部分だけを考えた場合

　・2室間の界壁部分だけを考えた場合、2室の室間音圧レベルの差 ΔL_P

２室の室間音圧レベル
の差
出題　H30

$$\Delta L_P = L_a - L_b = TL + 10 \cdot \log_{10} \frac{A}{S_W} \ [dB]$$

　　L_a：音源室の平均音圧レベル[dB]　　L_b：受音室の平均音圧レベル[dB]

　　TL：界壁の透過損失[dB]　　　A：受音室の等価吸音面積(吸音力)[m²]

　　S_W：界壁の面積[m²]

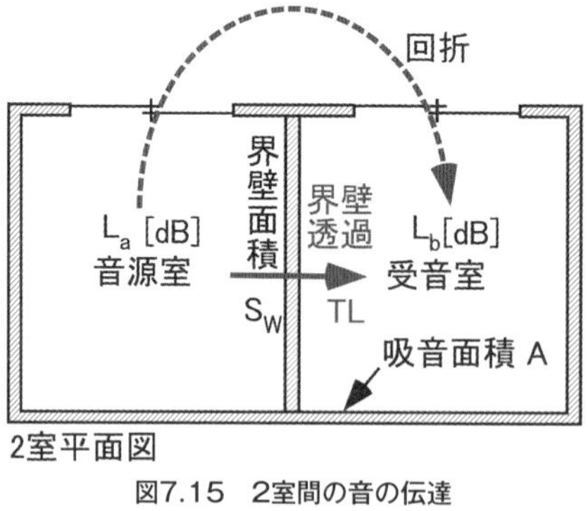

図7.15　2室間の音の伝達

❖界壁の**透過損失TL**を大きく、あるいは受音室の等価**吸音面積A**(吸音力)を大きく

　→ 2室間の音圧レベルの差(2室間の遮音性能) ΔL_P は大きくなる

■ 7.2.8　遮音等級

（1）室間の遮音等級（Dr値）

遮音等級
出題　H24・R04

　❖2室間の平均音圧レベル差を周波数域毎に測定

　　・空気音遮断性能等級曲線を使って、測定結果から室間の遮音等級を求める

　　　→ Dr-50、Dr-45等で示す

　　・値が大きいほど、室間の遮音性能が高い

表7.1 室間音圧レベル差の適用等級

建築物	室用途	適用等級			
		特級	1級	2級	3級
集合住宅	居室	Dr-55	Dr-50	Dr-45	Dr-40
ホテル	客室	Dr-55	Dr-50	Dr-45	Dr-40
病院	病室	Dr-50	Dr-45	Dr-40	Dr-35
学校	普通教室	Dr-45	Dr-40	Dr-35	Dr-30

図7.16 室間の遮音等級Drの測定方法

（2）床衝撃音の遮音等級（Lr値）

❖床に標準の衝撃力を与えたときの直下階の平均音圧レベルを周波数毎に測定

　→ 床衝撃音遮断性能等級曲線を使って床衝撃音のレベル等級を求める

　→ Lr-40、Lr-45等で示す

　・値が小さいほど、床の遮音性能が高い

表7.2 床衝撃音レベルの適用等級

建築物	室用途	衝撃源	適用等級			
			特級	1級	2級	3級
集合住宅	居室	重量	Lr-45	Lr-50	Lr-55	Lr-60
		軽量	Lr-40	Lr-45	Lr-55	Lr-60
ホテル	客室	重量	Lr-45	Lr-50	Lr-55	Lr-60
		軽量	Lr-40	Lr-45	Lr-50	Lr-55
学校	普通教室	重軽量	Lr-50	Lr-55	Lr-60	Lr-65

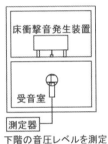

図7.17 床衝撃音の遮音等級Lr

表7.3 適用等級の意味

適用等級	性能水準の説明
特級	特に高い性能が要求された場合の性能水準
1級	日本建築学会が推奨する好ましい性能水準
2級	一般的な性能水準
3級	やむを得ない場合に許容される性能水準

（3）サッシの遮音等級（T値）

❖JISにおけるサッシの遮音性能（T値）

　・サッシの透過損失（サッシの内と外の音圧レベル差）により、T-1からT-4まで4つの等級に分類

　→ 壁の遮音等級Dr値と同様に、**数値が大きいほど遮音性能が高い**

表7.4 サッシの遮音性能の等級

等級	等級なし	T-1	T-2	T-3	T-4
500Hzの遮音性能	15dB程度	25dB以上	30dB以上	35dB以上	40dB以上
サッシ	普通サッシ	一般的断熱サッシ	召し合わせやクレセント部分の隙間を改善した商品		二重サッシにしないとできない

7.3 床衝撃音

■ 7.3.1 床衝撃音レベルの測定

❖衝撃音発生装置を使用し、標準の衝撃力を床に与えたときの、直下階の受音室の床衝撃音レベルを測定

（1）軽量床衝撃音：タッピングマシン

 ❖直径3cm、500gの銅製ハンマーを4cmの高さから落下させて測定

  ・靴音や食器の落下など、軽くて硬い衝撃を代表した試験

  ・床の表面仕上材の緩衝効果の判定に適する

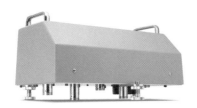

図7.18　タッピングマシン

（2）重量床衝撃音：ハングマシンなど

 ❖標準の重量衝撃源として衝撃力特性が決められている方法（JIS）

  → 軽自動車のタイヤを80cm±10cmの高さから落下させて測定する

  ・バングマシンが広く使われるが、ゴムボールを使った測定法も提案されている

  ・重量衝撃源での測定は、子供の跳びはねなど、重くて柔らかい衝撃に対応

  ・建物を含めた床構造全体の頑丈さの検討に適す

図7.19　ハングマシン

重量床衝撃音の防止
出題　H28

■ 7.3.2 床衝撃音の防止対策

（1）じゅうたん・畳

 ❖柔らかい床仕上材は、緩衝効果によって足音や食器の落下などの軽量衝撃音に効果

  → 子供の跳びはねなどの重量衝撃音に対しての効果は期待できない

（2）二重床（浮き床）

 ❖二重床にして構造体から床を遮断する方法 → 湿式と乾式

  ・湿式二重床：スラブの上にグラスウールなどの緩衝材を敷きつめ、この上にコンクリートを打設したもの

  → 緩衝材と緩衝材の中の空気がバネの働きをして、重軽量両方の衝撃に有効

- 乾式二重床：緩衝材の上に軽量のパネルの床を設けたもの
  → ピアノの演奏音や足音など、**軽量衝撃音には有効**、**重量衝撃音への効果なし**

乾式二重床の遮音性能
出題　R02

（3）床スラブ

❖**重量衝撃音は、スラブの曲げ振動によって生じる**
- 床の曲げ剛性を高めると重量衝撃音は減少
  → **面密度**（同じ材料なら厚さ）を2倍にすると床衝撃音レベルは**9〜14dB低下**

❖床スラブ下に**軽量天井の吊り下げ**
- 床スラブから吊木、天井面へと共振現象が起こり、重量床衝撃音の**遮音性能が低下**

❖二重床層と周壁や配管類との絶縁が不十分な場合
- 音響的架橋（**サウンドブリッジ**）が生じ、遮断性能が低下

7.4　吸音

■ 7.4.1　吸音率 α

❖**吸音率 α**：「入射する音のエネルギー」に対する「反射音以外の音のエネルギー」（壁を透過する音のエネルギーと壁に吸収される音のエネルギーの和）の割合 → 反射率を ρ とすると、**吸音率 $\alpha = 1 - \rho$**

❖壁に入射する音のエネルギーが一定の場合
  → 壁の**吸音率 α が小さいほど、壁に反射される音のエネルギーは大きくなる**
  （ただし、吸音率 α は、壁に入射する音の**周波数**によって異なる）

吸音率
出題　H22・H23・H26
　　　H30

第
7
章

音響

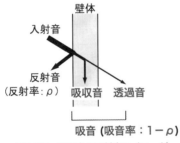

図7.20　吸音率と反射率のイメージ

❖共鳴透過周波数
　共鳴透過周波数[Hz]：壁の背後に空気層を持つ二重壁の場合、共鳴により透過損失が減少（吸音率が減少）

$$fr = \frac{1}{2\pi}\sqrt{\frac{k}{m}} = \frac{1}{2\pi}\sqrt{\frac{2\rho C^2}{md}} \quad [Hz]$$

　fr：共鳴透過周波数　[Hz]

　m：面密度　[kg/m²] ＝ 密度 [kg/m³]×厚さt [m]
　　　（石膏ボード12.5mm：10kg /m²×2枚）

　k：空気ばね定数 ＝ $2\rho C^2/d$　　　ρ：空気の密度＝1.225[kg/m³]

　C：音速＝340m/s at20℃　　　　d：空気層の厚さ[m]

　π：円周率＝3.14　　　　　　　　t：壁の厚さ[m]

　※例えば　d＝50mm → fr＝757Hz　　d＝200mm → fr＝378Hz

■ 7.4.2　各種材料の吸音性能

（1）多孔質材料

❖繊維状（グラスウールなど）、連続気泡性の発泡樹脂（ウレタンフォームなど）など細粒状の通気性のある材料が吸音材として最も一般的

❖細隙内の空気中に伝搬した音波

→ 微小繊維等の隙間の空気の摩擦粘性抵抗などで音のエネルギーの一部が最終的に熱エネルギーに変わる → 吸収音

❖多孔質材料の吸音特性

①高音域の吸音率αは大きいが、**低音域の吸音率αは小さい**

・多孔質材料の厚さを増す → **中低音域の吸音率が増加**

②吸音材の**背後に設けた空気層の厚さを増す** → **低音域の吸音率が増加**

③表面を塗装等で被覆し、**通気性を悪くする** → **高音域の吸音率が低下**

多孔質材料の吸音特性
出題　H23・H24・H25
H27・H28・H29
R02

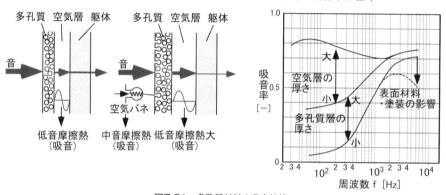

図7.21　多孔質材料の吸音特性

（2）板状材料

❖合板やハードボードなど薄い板状の材料で、背後に空気層を設ける

→ 音のエネルギーによって板が振動し、材料の内部摩擦によって吸音

①低音域の共鳴周波数付近の吸音率は高く、**中高音域の吸音率は低い**

（板厚と支持状態および空気層の厚さによって異なる）

②背後に空気層を設けず、剛体に密着させる

→ 板振動が起きないので**吸音せず**

③背後の**空気層に多孔質材料を挿入**

→ **低音域のピーク位置の吸音率増加**

④板状材 → 表面にペンキを塗っても、**低音域の吸音率は変わらない**

板状材料の吸音特性
出題　H26・H30

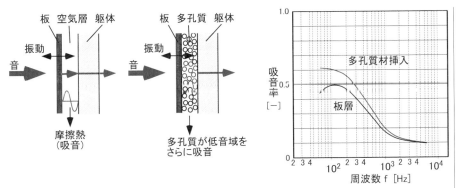

図7.22　板状材料の吸音特性

（3）孔あき板

❖板の孔から音波が入射

→ 後の空気層がバネの役割をして孔の部分の空気を振動させ、孔の部分の空気と
孔壁面との摩擦粘性抵抗によって吸音

①空気層の厚さを増す → 吸音の山は低音側へ移動

②孔あき板の開孔径を小さくする → 吸音の山が明確に現れる

③開孔数を増す → 吸音率が最大となる周波数は高くなる

④孔あき板のすぐ背後に多孔質材料を挿入 → 吸音率は全般的に高くなる

孔あき板の吸音特性
出題　H24・H27・H28
　　　R01・R02

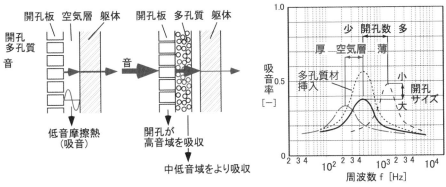

図7.23　孔あき板の吸音機構

■ 7.4.3　吸音率の測定

（1）音響管法

❖音響管法：音響管の一端に試料を置き他端から純音を出し、反射波によって生じる
定在波の測定から**垂直入射吸音率**を算定

→ 垂直入射条件に限られるが、試験設備が簡単

（2）残響室法

❖残響室法：残響室内に試料（約10m²）を置いた場合と空室時（試料を置かない場合）
との残響時間を測定し、セービンの残響式に基づき、**吸音率**を計算

→ 試料に入射する角度はランダムなので、一般の使用状態に近い

※ホール等の残響時間の計算には、**残響室法吸音率**を用いる

残響室法吸音率
出題　H28

7.5 室内音響計画

■ 7.5.1 明瞭度と了解度

❖(音節)**明瞭度**：その言語における特別な意味をもたない音節の正聴率[%]

❖(文章)**了解度**：意味をもつ単語や文章を用いて、その正聴率を求める場合[%]

　→ 了解度は、明瞭度よりも大きな値をとりやすい

公共施設の吸音処理
出題　R01

❖学校の普通教室では教師の話が明瞭に聞き取りやすい音環境が要求され、**吸音率0.2**程度としている

学校の普通教室の平均吸音率
出題　H27・R01

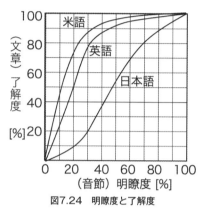

図7.24　明瞭度と了解度

❖**カクテルパーティ効果**：様々な混在で聞こえても、特定の音(聞きたい音)だけを抽出して聴くことができる現象

❖**マスキング効果**　：ある音がそれより低音の音により妨害されて聞きにくくなる現象

カクテルパーティ効果
出題　H26・H30・R03
マスキング効果
出題　H25・R01

■ 7.5.2 音響計画の基本

❖良好な音響環境 → 室の使用目的によって違いがあるが、一定以上の明瞭度が必要

❖明瞭度に影響のある4要素

(1)音声の音圧レベル

・聴取状況**最良音圧** →音圧レベル**70dB前後**

　50dB以下→明瞭度が急激に低下、**80dB以上**→少しずつ低下

(2)残響時間

・残響時間が**短い** → 明瞭度は高くなる

・残響時間があまりにも短い → 余韻がなくなり、音楽の場合は豊かさを失う

(3)暗騒音

・暗騒音：ある対象の音を考えるとき、対象以外に存在するすべての騒音

・暗騒音が大きく聴取対象音との**音圧レベルの差が10dB以内**

　→ 聴取状況が著しく悪化

(4)音の特異現象(音響障害の例)

・直接音と壁などからの強い反射音との行程差が**17m以上**(1/20秒以上)になる

　→ **エコー(反響)**の発生

・相対する高反射率の平行平面や凹曲面がある

　→ 音の反射が繰り返し起きる**フラッターエコー(鳴き竜)**が発生

明瞭度は極度に低下し、音楽はリズムが狂い、演奏不能となる

■ 7.5.3　サウンドスケープ

❖サウンドスケープ（聴覚的なランドスケープ（風景）の意）
- 目的：「音を取り去る」、「音を生み出す」、「音に意識を向ける」ことにより
　　　　地域や歴史などに応じた、その場にふさわしい良好な音環境の形成

❖イベント会場や美術館、博物館などの空間で用いられる

■ 7.5.4　残響時間

❖音響状態を示す重要な指標の一つ

（1）残響時間
- ❖残響時間[sec：秒]：音源停止後に室内の平均音響エネルギー密度が、
　　　　　　　　　最初の100万分の1に減衰するまでの時間
　　　　　　　　　（音の強さのレベルが60dB低下するのに要す時間）
- ❖室内仕上げの吸音率を大きくする → 残響時間は短くなり、明瞭度は高くなる
- ❖残響感は残響時間だけでなく、反射音の初期減衰にも影響される
- ・直接音が鳴り止んでから1/20秒以内のもの → 直接音を補強する働きがある

残響時間
出題　H22・H25・H28
　　　H29

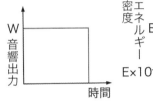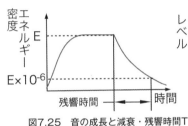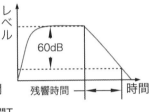

図7.25　音の成長と減衰・残響時間T

（2）残響時間の計算
　①セービン（Sabine）の式
- ・拡散音場においては、次式で残響時間の計算が可能

$$T = \frac{0.161V}{A} = \frac{0.161V}{\overline{\alpha}A} = \frac{0.161V}{\Sigma \alpha_i S_i + \Sigma A_i}$$

　T：残響時間[sec：秒]　V：室の容積[m³]
　A：室の等価吸音面積（吸音力）[m²：メーターセービン]
　A_i：人間、椅子等の等価吸音面積（吸音力）[m²：メーターセービン]
　$\overline{\alpha}$：室内の平均吸音率[−]　α_i：室内各部の吸音率[−]
　S_i：室内各部の表面積[m²]
- ・等価吸音面積Aが非常に大きい場合は、計算値が実際より大きくなる

セービンの式
出題　H22・H25・H28
　　　R02・R05

残響式の比較
出題　H29

透過吸音面積（吸音力）
出題　H22・H25・H28

　②アイリング（Eyring）の式
- ・$\overline{\alpha}=1$の時、セービンの式では残響時間が0にならない
　　→ これらの矛盾をなくしてアイリング（Eyring）の式が提案された

$$T = \frac{0.161V}{-S \log_e(1-\overline{\alpha})} = \frac{0.161V}{-2.3 \log_{10}(1-\overline{\alpha})}$$

　S：室内の総表面積[m²]

アイリングの式とセービンの式の比較
出題　H29

（3）最適残響時間

❖最適残響時間（sec：秒）の推奨値

→ 室の使用目的に応じて与えられた、室容積の関数として与えられており**室容積の増大に伴って大きくなる**

最適残響時間
出題　R01

最適残響時間と室容積
出題　H26・H30

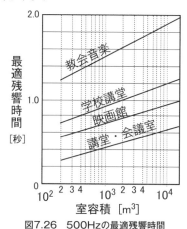

図7.26　500Hzの最適残響時間

・音楽鑑賞を主体とした**コンサートホール**

→ 音が豊かに響くために、**比較的長い残響時間が必要**

・会話聴取を主体とした会議室 → 音の明瞭度を良くするため**短めの残響時間が良い**

・各室の在室者が増加：空室の場合よりも**残響時間は短くなる**

・音楽演奏ホールなど：在室者1人当たりの容積（**気積**）が小さいと残響時間が

短くなり過ぎる → ある程度の気積が必要

・ **残響可変装置**などを用いれば、残響時間は変化させられる

表7.5　主な用途の気積

用途	気積
映画館	4 ～ 5m³/人程度
多目的ホール	5 ～ 8m³/人程度
音楽演奏ホール	8 ～ 12m³/人程度

■ 7.5.5　室の形状と仕上げ

（1）平行平面を避ける

❖壁と壁、天井と床が**極力平行にしない**

・相互間反射によって**フラッターエコー（鳴き竜）**等を生ずるおそれ

→ いずれか片側の面の**吸音率を大きく**することで防止

❖大ホール → 壁面等を**不整形（凸曲面または山形）**にしてフラッターエコーを防止

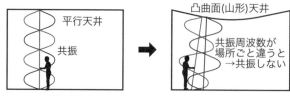

図7.27　フラッターエコーの発生を抑える設計

（2）凹曲面を避ける

❖円形、楕円形などの**凹曲面の場合**

→ **焦点に音が集中**、その反面、**音圧が過度に不足する可能性がある**

→ 凹曲面の天井と、平面の床との多重反射によってフラッターエコー発生

図7.28　多焦点天井は避けて設計

（3）劇場等の形と仕上げ

❖平面形状は、視線と客席の配置を考慮すると**扇形がよい**

❖多層階の最上階に設ける小ホールは構造上から**矩形が多い**

→ 凸曲面または山形の凹凸をつけて平行平面を避ける

❖客席前部の壁および天井 →反射面として客席後部への**音圧を補うために傾斜**

・直接音と強い反射音の行程差が**17m（1/20秒）以上**になると、エコーが生じ、明瞭度が低下

・客席後部は、エコー障害を避けるために、**舞台の対向面壁の吸音率を上げる**

・客席に向かう2回以上の反射音が少なくなるよう**壁および天井の拡散性に配慮**

・**カラーレーション**とは、反射音の直接音からの遅れが、数ミリ秒〜10数ミリ秒と短い場合、位相干渉などで音色が変化する現象

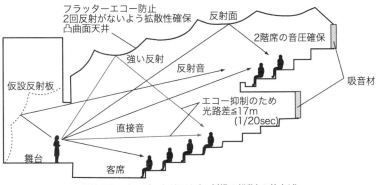

図7.29　オーディトリアム（＝劇場の総称）の仕上げ

（4）拡散体

❖平行平面や凹曲面による反響を避ける

→ **屏風型やポリシリンダー型**などの拡散体を設ける

（拡散体の寸法と音の波長によって効果が異なる）

❖屏風型とポリシリンダー型の寸法と拡散しようする**最低周波数**との関係の目安

$a ≒ λ$　　$b/a ≧ 0.15$

a：拡散体の横幅[mm]　　b：拡散体の厚さ[mm]　　λ：波長[mm]

劇場の形と仕上げ
出題　H23
カラーレーション
出題　R01・R04

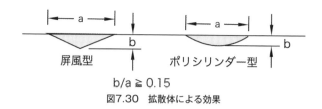

b/a ≧ 0.15

図7.30 拡散体による効果

- 拡散体の寸法が**波長**よりも非常に小さい場合 → 拡散効果がなし
- 拡散体の寸法が**波長**と同程度の場合 → 入射音は乱反射
- 拡散体の寸法が**波長**よりも大きい場合 → 拡散体の形なりに整反射

7.6 騒音

■ 7.6.1 騒音

❖騒音：必要としない音、好ましくない音

❖大出力の雑音ばかりでなく、純音や楽音、ごく小さな音でも、会話の聴取の妨害、
安眠妨害など、音を聞かされる人、状況によっては騒音となる（心理的な個人差あり）

■ 7.6.2 騒音レベル(LA)

❖騒音レベルA：JISによって規定：騒音計における周波数補正回路の**A特性**で測定した
値（A特性音圧レベル）をそのまま用いる評価尺度　[dB、dB(A)]
→ 一般的な騒音の感覚量との対応が良好

A特性音圧レベル
出題　H24

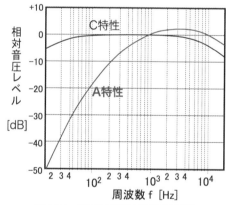

図7.31　騒音計の構成と聴感補正回路

■ 7.6.3 室内騒音の評価と許容値

（1）NC値（Noise Criterion Number：米国のBeranekが1957年に提案）

❖室内騒音の評価値 → 値が小さいほど静かさが必要

❖寝室の騒音の許容値として**NC-30**が要求された場合

- その室の騒音をオクターブ分析して、NC曲線にバンド音圧レベルをプロット
- すべてのバンドでNC-30の曲線よりも下にあればクリア

室内騒音許容値
出題　H24

NC値
出題　R05

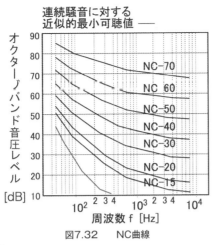

連続騒音に対する
近似的最小可聴値 ——

図7.32　NC曲線

（2）室内騒音の許容値

表7.6　室内騒音の許容値

騒音レベル[dB]	20	25	30	35	40	45	50	55
NC(NR)値	10(15)	15(20)	20(25)	25(30)	30(35)	35(40)	40(45)	45(50)
うるささ	無音感		非常に静か	特に気にならない		騒音を感じる　無視できない		
スタジオ	無響室	アナウンサーブース	Radioスタジオ	TVスタジオ	主調整室	一般事務室		
ホール		音楽堂	劇場	舞台劇場			ロビー	
病院		聴力試験室	特別病室	手術室、病室	診察室	検査室	待合室	
住宅・ホテル			書斎	寝室	宴会場	ロビー		
一般事務室				会議室	応接室	一般事務室		
公共建築				公会堂音楽	美術館	図書館	体育館	スポーツ施設
学校				音楽教室	講堂	研究室	普通教室	廊下
商業施設					音楽喫茶	書店	レストラン	食堂

第**7**章

音響

■ 7.6.4　環境騒音の評価と基準値

（1）等価騒音レベル（LAeq）

❖等価騒音レベル（LAeq）[dB、dB(A)]：A特性音圧レベル（聴感補正された音圧レベル）の観測時間内におけるエネルギーの平均値をdBに換算

　　→ 道路交通騒音など時間とともに変動する騒音の評価に用いる

等価騒音レベル
出題　H22・R01

（2）昼夜等価騒音レベル（Ldn：day night average sound level）[dB、dB(A)]

❖夜間の騒音レベルに10dBのハンディを加え求めた、24時間の等価騒音レベル

（3）外部騒音に係る環境基準

❖騒音に係る環境上の条件：生活環境を保全し、人の健康を保護する上で維持されることが望ましい基準

❖「道路に面する地域」以外の地域における夜間の基準値

　　→ 昼間の基準備に比べて10dB低い値

表7.7 騒音に係る環境基準［等価騒音レベルによる(dB)］

地域別	午前	午後
	午前6時〜 午後10時	午後10時〜 翌朝6時
療養施設等が集合するなど、特に静穏を要する地域	50	40
住居専用または主として住居の用に供される地域	55	45
住居と併せて商業・工業等の用に供される地域	60	50

■ 7.6.5 航空機騒音の評価

（1）感覚（知覚）騒音レベル　PNL(Perceived Noise Level)

❖感覚（知覚）騒音レベル　PNL[dB]

・ジェット機等の騒音は、通常の騒音に比較してその高域成分によって実際の騒音レベル（A特性音圧レベル）よりもうるさく聞こえるため、それを補正したのがPNL

・航空機騒音の基礎的尺度：オクターブごとの騒がしさ（単位：noy）

　→ 各バンドのnoyからPNLを算出

（2）加重等価平均感覚騒音レベルWECPNL(Weighted Equivalent Continuous PNL)

❖加重等価平均感覚騒音レベルWECPNL[dB]

・別名：うるさ指数(W値)

・PNLの24時間測定値をもとに、純音成分や発生時刻による補正等を加えて算出する国際民間航空機構(ICAO)の評価尺度

・住宅を中心とする地域の基準値 → 70dB以下

■ 7.6.6 振動の評価

❖振動の大きさ → 物理的に、変位[m]、速度[m/s]、加速度[m/s^2]などで表す

❖振動加速度レベル(VAL：Vibration Acceleration Level)

・加速度について、対数を用いてレベル表示したもの

$$VAL = 20 \cdot \log_{10} \frac{a}{a_0} \ [dB]$$

a：測定した振動加速度の実効値[m/s^2]

a_0：基準振動加速度10^{-5} [m/s^2]

❖振動レベル(VL：Vibration Level)

振動感覚補正を行った振動レベル計で測定した値を用いた場合の振動加速度レベル

7.7 騒音防止

■ 7.7.1 内部騒音の防止

（1）発生騒音の減少

①冷凍機の騒音 → 圧縮式よりも吸収式のほうが小

②ファンの騒音 → 軸流式よりも遠心式のほうが小

③大便器の洗浄装置の騒音 → フラッシュバルブ式よりもロータンク式のほうが小

（2）室内の吸音力の増強

❖室内に音源がある場合

→ 室内の**等価吸音面積**(吸音力)A [m²]を大きくすると、反射音のエネルギーが小さくなり**室内音圧レベルL$_P$ [dB]は低下**

❖拡散音場では、L$_P$ [dB]は次式で求める

$$L_P = L_W - 10 \cdot \log_{10}A + 6 \quad [dB]$$

L$_W$：室内音源の音響パワーレベル [dB]

A：室内の平均吸音率 α ×室内の総表面積S [m²]

❖室内の等価吸音面積が**2倍** (Aが2A)になると

$$L_{P}' = L_W - 10 \cdot \log_{10}2A + 6 = L_W - (10 \cdot \log_{10}A + 10\log_{10}2) + 6$$

$$≒ L_W - (10 \cdot \log_{10}A + 3) + 6 = L_W - 10 \cdot \log_{10}A + 6 - 3$$

$$= L_P - 3 \quad [dB]$$

となり、室内音圧レベルは、**約3dB減少**

室内平均音圧レベル
出題　H24・H28・H30
　　　　R02

（3）騒音源の隔離

❖空調機やピアノ等の騒音源 → 吸音性と遮音性のよい専用室内に設ける

（4）換気口やダクトの消音

❖騒音源を隔離すると機能を失う**換気口**や音の伝搬の減衰が少ない**換気ダクト**からの騒音の防止

→ 吸音材の内貼りや消音ボックス、**アクティブ消音器**などを設ける

❖アクティブ消音器

・ある騒音に対し、同振幅、逆位相の音を発生させて相殺し騒音を低減する消音器

→ **高音域よりも低音域の騒音に対して有効**

空調ダクトの防音対策
出題　H30

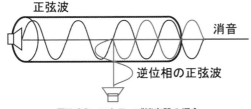

図7.33　アクティブ消音器の概念

第
7
章

音響

■ 7.7.2 外部騒音の防止

❖遮音性を高める

- ・天井や外壁、サッシなどに**面密度の大きい材料**を使用
- ・**サッシの気密性を高める**
- ・建築物の周囲に障壁を設ける → **高周波数**（短波長）の騒音には有効
  （回折現象があるため、**低周波数**（長波長）の騒音には効果なし）

障壁の効果
出題　H27・H29

■ 7.7.3 設備機器等の防振

❖設備機器等による騒音

- ・設備機器等の振動 → 建築物の躯体内に伝搬し騒音や振動が意外な場所で共振したり、増幅される
- ・建物内では、設備機器等から、スラブや躯体に振動として伝わる
- ・壁や床、天井から音として放射される**固体伝搬音**が問題になりやすい

固体伝搬音
出題　H27

- ・走査顕微鏡など振動を嫌う設備や作業を行う建物では設備機器等の振動が課題
  → 振動を防止するためには、設備機器等を適切に**防振支持施工**を行う

❖防振の基本

- ・防振材と防振材で支持された設備機器等で構成する振動系の最も振動しやすい周波数（固有周波数）を設備機器等の加振周波数よりも低くする
  → 求められる防振効果（必要減衰量）に対応した防振材を選択

防振系の固有周波数
出題　H26

❖設備機器の防振材

- ・防振パッド：比較的軟らかいばね特性をもった防振用の平板
- ・防振ゴム　：防振系の**固有周波数が高い**（短波長）もの
- ・コイルばね：防振系の**固有周波数が中間的**なもの
- ・空気ばね　：防振系の**固有周波数が低い**もの

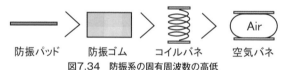

図7.34　防振系の固有周波数の高低

❖配管類 → **防振支持**のほか、ダクトや配管、機器との接続部にゴム質の**防振継手**などを設ける
　　　　加えて**構造体との絶縁**を図るなどの対策が有効的

表7.8　防振材料の特徴

項目	防振パッド	防振ゴム	コイルバネ	空気バネ
実用的な固有周波数 [Hz]	15〜30	8〜15	2〜6	1〜3
低周波数（30Hz以下）の防振効果	×	△	○	◎
低周波数（30Hz以上）の防振効果	×	○	△	◎

※防振効果が得られるのは、固有周波数の$\sqrt{2}$倍以上の周波数領域である

第8章
空気調和設備

8.1 冷暖房負荷

■ 8.1.1 冷暖房負荷の要因

（1）冷暖房の主な負荷

❖冷暖房負荷：外部負荷と内部負荷

❖外部負荷となる熱

・高温の外気からの貫流電熱 → 複層ガラスなどにより軽減

・換気による外気侵入による熱 → 全熱交換器などで軽減

・隙間風からくる外気侵入による熱

・外壁やガラスから侵入した日射熱 → Low-Eガラスなどにより軽減

❖内部負荷となる熱

・室内で発生する人体や照明、電気機器からの発熱

・ファンなどの設備機器からの発熱 → VAVなどで軽減

・躯体などの蓄熱負荷 → ナイトパージで軽減

外部負荷と冷房用エネルギー
出題 H21
日射量と最大冷房負荷
出題 H21

室内発熱負荷
出題 H22・H25・H27
　　　H29

（2）暖房時の主な負荷

❖暖房負荷となる熱

・外壁やガラスから屋外に流出する貫流伝熱よる熱

・換気や隙間風として流入する外気を加熱するための熱

→ これらから日射熱、照明、人体などの発熱分を差し引いたものが実際の暖房負荷（暖房負荷の計算上、日射熱、人体、照明、設備機器などの発熱分は**安全側に働くので、差し引かない場合が多い**）

・**熱負荷計算法**には、一般に、定常計算法、非定常計算法等があり、計算の目的により使い分けられている

熱負荷計算法
出題 H29

（3）全負荷相当（運転）時間

❖**全負荷相当時間**とは「1年間の実際の熱負荷の時間累計値」が「最大熱負荷」の何時間分に相当するかを示したもの

全負荷相当時間(h/年)＝年間熱負荷[kJ/年]/最大熱負荷[kJ/h]

❖冷房、暖房別の全負荷相当時間に各々の最大熱負荷（熱源機器容量）を乗じて、冷房または暖房負荷の年間の積算値（年間熱負荷）を算出する

年間熱負荷[KJ/年]
＝年間負荷相当時間[h×年]×最大熱負荷（熱源機器容量）[KJ/h]

全負荷相当時間
出題 H22

■ 8.1.2 冷暖房負荷の軽減

（1）日射の遮断

①特に天窓や東西窓からの日射負荷が大きい → **外ルーバー**等で遮断

※室内側ブラインドより、屋外側水平ルーバー、鉛直ルーバーの方が効果的

②良好な室内の温熱環境
　→ 冷暖房機器は外部負荷の多い窓付近（ペリメーターゾーンなど）に設置

冷暖房機器の位置
出題　H21

（2）外気負荷の軽減
　①冷暖房負荷のうち外気負荷が1/3以上となる場合も多い
　　→ 取入れ外気を室内のCO_2濃度に応じて制御、外気負荷の軽減
　②空調運転開始後、**予熱・予冷時間**において、**外気取入れを停止**
　　→ 省エネルギーの観点から有効
　③全熱交換器の使用 → 顕熱のほかに潜熱（加湿・除湿）負荷も軽減
　　・冷凍機やボイラーなどの熱源装置の容量を縮小可能
　　・全熱交換器の効果は、**必要外気量の多い建築物ほど大**
　　・給還気に浮遊細菌除去 → 高性能エアーフィルター（HEPAフィルター等）を設置

外気負荷の軽減
出題　H23・H24・H26

全熱交換器
出題　H21・H23・H25
　　　H27

全熱交換器と外気冷房
出題　H26・H30

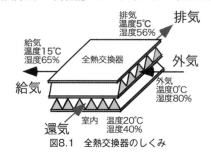

図8.1　**全熱交換器のしくみ**

❖熱交換換気を行う場合
　・第1種換気方式が基本 → 熱交換換気を採用すると、**送風動力が増加**

熱交換換気
出題　H22

（3）断熱性の向上
　❖外壁や屋根 → 断熱材やアルミ箔を用いた密閉空気層を設置
　❖熱貫流率の大きい窓 → 複層ガラス採用、窓面積を必要以上に大きくしない

（4）気密性の向上
　❖出入口や窓廻り等の**気密性**をよくして外気の流入、冷暖房された空気の流出を防止
　　（ガスレンジや石油ストーブなどの**開放型燃焼器具**を使う部屋では**換気に十分注意**）

（5）照明・コンセント負荷の軽減
　❖照明の電力消費量減少 → 冷房負荷軽減、冷房用エネルギー消費量も減少
　　→ 近年の室内発熱の増加の要因：照明よりも**OA機器等**の増設による影響大

照明・コンセント負荷
の低減
出題　H22・H27

8.2 空気調和設備の基本構成

❖空気調和設備の構成
- ・建築物の用途、規模、気候条件、要求される室内の環境条件によって多様化
- ・冷温熱源設備、自動制御装置のほか、機器をつなぐ配管設備、ダクト設備、吹出口
  吸込口などで構成

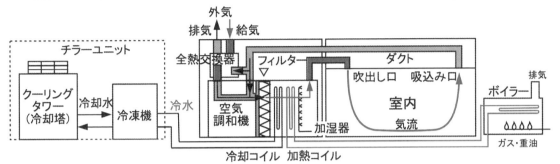

図8.2　空気調和設備の基本構成

❖空気調和設備の種類
- ・空気調和設備は、冷水系と冷媒系に分類される

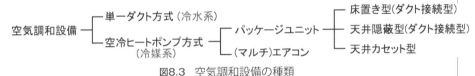

図8.3　空気調和設備の種類

■ 8.2.1　空気調和機（AHU：エアーハンドリングユニット）

❖空気調和機：適切な温度になるように冷却コイルや加熱コイルで温度調節した空気を
　　　　　　混合し、ダクトに送風する装置
- ・構成部材：「エアフィルター」、「全熱交換器」、「加熱コイル、冷却コイル」、「加湿器」、
　　　　　　「送風機」、「自動制御装置」などから構成
- ・AHUは、適切な温度になるように冷却コイルや加熱コイルで温度調節した空気を混合
  し、ダクトに送風する装置
- ・AHU自体に冷凍機は装備されいてない
- ・AHUは単一ダクト方式、空冷ヒートポンプ方式でも構成は同一

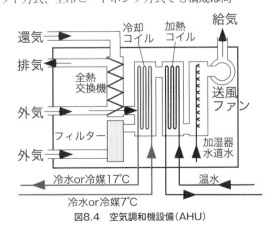

図8.4　空気調和機設備（AHU）

❖単一ダクト方式の空気調和機の構成

（1）送風機（ファン）

・一般にシロッコファン（多翼形遠心送風機）が用いられる

（2）冷却コイル、加熱コイル

・エアハンドリングユニットの1つのコイルに夏期は冷水、もう1つのコイルには冬期は温水を通し、空調する方式（湿度の精密制御に適している）

・冷温水を1つのコイルで兼用する冷温水コイル方式もある

・各種コイルを通過する空気の風速

→ コイル面風速で2 ～ 3m/s程度

（凝縮水の飛散抑制と通過抵抗、搬送動力の低減を考慮）

冷温水コイルの通過風速
出題　H24

（3）加湿器

加湿方法には、主に2つの方法がある

①噴霧法

・温水や蒸気をスプレーする方法

②パン加湿法

・容器に入れた水を電気ヒーターなどで加熱し、水蒸気を発生させる方法

（4）除塵装置

①乾式エアフィルター

・ろ過式：綿・布・紙状のろ材で塵埃を捕集

→ 5μm程度の粒子しか捕集できない低性能のものから、0.1μm以下の塵埃も捕集可能な高性能（HEPA、ULPA）フィルターまで性能も多様

②湿式エアフィルター

・衝突粘着式：ろ材を油などに浸し、粘着性を利用

エアフィルターの粒子捕集率
出題　H23

表8.1　エアフィルタの性能試験方法

試験方法	内容 （JIS B 9908）	除去対象とする粉じん粒径
計数法（DOP法）	フタル酸ジオクチル（DOP）のエアゾルを用いた試験装置で性能評価	0.1μm以上
比色法	フィルタ前後における空気中の粉じんをろ紙に採取し、光電管比色計により変色比を求め、重量濃度mg/m³換算	0.3μm以上
質量法	フィルタ前後における空気中の粉じん量を計量する	5 ～ 10μm程度

③電気集塵器

・塵埃を帯電させ、陰極で吸引、0.1μm程度まで除去可能

④エアワッシャー

・スプレーノズルから水を噴霧し、そこに空気を通過させ、加湿・冷却除湿とともに、空気を洗浄

（5）自動制御装置

・温度制御：空調室内に設置した温度の検出・設定器であるサーモスタットの信号によって、空調機のコイルに設けた電動弁等の開度を調整し、冷温水量等を制御

・湿度制御：湿度の検出・設定器であるヒューミディスタットにより、温度の制御と同様に制御

■ 8.2.2　冷温熱源設備

（1）ボイラー：都市ガスや灯油などを燃料として、温水や蒸気などを供給する装置

- ・加熱方式の違いで水管式や炉筒式などの種類がある

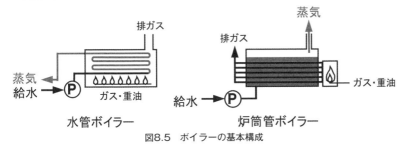

図8.5　ボイラーの基本構成

（2）冷凍機：電気や化学的作用を利用して冷熱を供給する装置

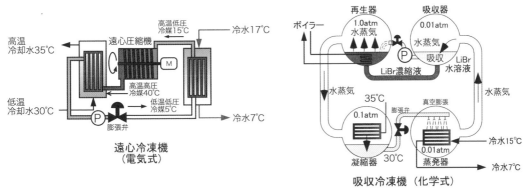

図8.6　冷凍機の基本構成

（3）冷却装置：冷凍機の排熱を冷却する装置

❖空冷ヒートポンプ**チラーユニット**と空冷ヒートポンプ**屋外機**

①チラーユニット：遠心冷凍機にクーリングタワーを組み合わせた方式

- ・AHUへは冷凍機から**冷水**を供給するため大規模な建築物に適する
- ・遠心冷凍機の排熱は**クーリングタワー**の**冷却水**で冷却する

②屋外機：遠心冷凍機に空冷装置を内蔵した方式

- ・AHUへは冷凍機から**冷媒**を供給するため、冷媒管を極力短くする必要がある
- ・個別空調が必要な室に適している
- ・遠心冷凍機の排熱は内蔵の**空冷**ファンで冷却する

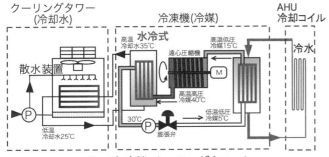

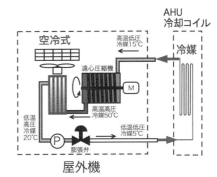

図8.7　チラーユニットと屋外機

8.3 AHUの冷暖房運転時における空気の状態変化

❖冷房時：外気(A)と室内からの還気(H)を混合 → 空調機の冷却コイルで冷却
除湿(C) → 送風機で室内に送風(F) → 吹出し空気(G)
(ダクトからの顕熱取得の分だけ温度が**上昇**)を室内に供給

❖暖房時：外気(A)と室内からの還気(H)を混合→空調機の加熱コイルで加熱(D)
→加湿器によって加湿(E)(この場合は蒸気加湿) → 送風機で室内に送風(F)
→ 吹出し空気(G)(ダクトからの顕熱損失の分だけ温度が**下降**)を室内に供
給

単一ダクト方式におけ
る空気の状態変化
出題　H20

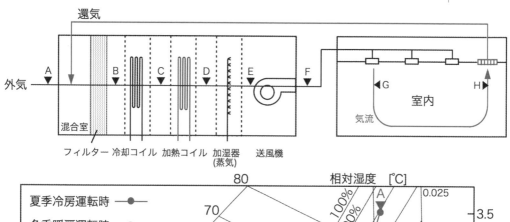

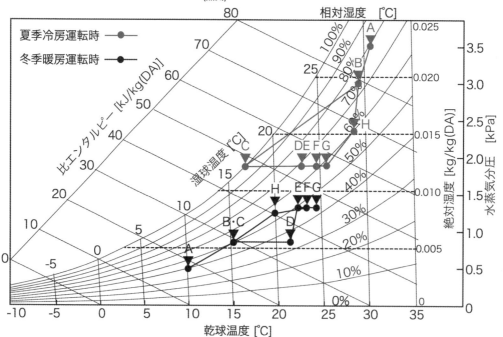

図8.8　冷暖房運転時の空気の状態変化

8.4　自動制御

■ 8.4.1　室温の調節

❖単一ダクト方式の代表的な方式：CAV方式またはVAV方式

VAV方式
出題　H25

表8.2　CAV方式とVAV方式の違い

項目	CAV (Constant Air Volume：定風量)方式	VAV (Variable Air Volume：変風量)方式
システム		
風量	一定	冷暖房負荷に応じて風量を変える
吹出し温度	冷暖房負荷に応じて温度を変える	一定
特徴	換気量を定常的に確保 個別制御・ゾーン制御が難しい 同程度の負荷特性の室の安定した空調が可能 設備費は低価格 搬送エネルギー消費量が大きい 保守点検も容易である センサーの位置を決めにくい	室またはゾーンごとに風量を調整 個別制御・ゾーン制御が容易 設備費はやや高額(各ゾーンに送風機を設置) 部分負荷時の搬送エネルギーを軽減可能 保守点検は煩雑となる(各送風機を点検) 低負荷時の外気量、気流分布、湿度の制御が難しい
用途	劇場、大空間室、クリーンルーム、手術室、放送スタジオ	商業施設の店舗、大規模建築物の内部事務所

❖補助的な空調方式
- ターミナルレヒート方式(レヒーター)
  ダクトの吹出し口のすぐ上流に再熱コイルを挿入し、部屋の熱負荷に応じて再熱量を調節する空調方式
- FCU(ファンコイルユニット)
  単一ダクトの冷水管を利用し、各室に個別空調装置であるファンコイルユニットを設置する方式

■ 8.4.2　配管流量の調節

❖熱源機器からコイルへの流量の調節：三方弁制御または二方弁制御

二方弁制御(VWV方式)
出題　H25・H26・H27

表8.3　三方弁制御(CWV方式)と二方弁制御(VWV方式)の違い

項目	三方弁制御 CWV(Constant Water Volume：定水量)方式	二方弁制御 ＶＷＶ(Variable Water Volume：変風量)方式
システム		
流量	負荷が減少するとバイパスさせ、系統全体の流量を一定に保つ	負荷の変動に対応して配管系の循環水量を変化させる方式である
循環ポンプ	負荷の変動に関係なく低速で運転する	ポンプの消費電力が減少できる
特徴	低負荷時における往き還り温度差がつきにくい	低負荷時においても往き還り温度差が大きく保たれている
蓄熱式空調システム	蓄熱槽を有効利用できない	蓄熱槽を効率よく利用できる

冷水コイルや放熱器に必要な**空調用ポンプ循環流量Q_w**は

$$Q_w = \frac{q}{C_p \cdot \rho \cdot (t_{wi} - t_{wo})} = \frac{q}{C_p \cdot \rho \cdot \Delta tw}$$

q ：冷暖房負荷、または、輸送熱量[kJ/h]

C_p：循環水の(平均)比熱 [kJ/(kg.K)]

ρ ：循環水の(平均)密度 [kg/m³]

t_{wi}：還り水温 [℃]　　　t_{wo}：往き水温 [℃]　　　Δt_w：往き還り温度差 [℃]

ここで、冷暖房負荷すなわち搬送熱量 q について整理すると、

$$q = C_p \cdot \rho \cdot Q_w \Delta t_w \ [\,kJ/h\,]$$

この式からわかるように、同じ熱量を搬送する（qが一定）の場合

・往きと還りの温度差（Δt_w）が大きいほど**循環流量**（Q_w)が少なくて済む

　→ すなわち、配管径や**搬送動力**を小さくできる

❖**熱負荷の時刻別の変動が大きい建築物の場合**

・一般に、定流量方式に比べて**変流量方式**の方がポンプの**エネルギー消費量を低減**

❖二方弁等に使用される空気式自動制御機器は、**圧縮空気を動力源**として用いる

空調用ポンプの制御
出題　H30

■ 8.4.3　フィードバック制御

❖フィードバック制御：

・制御の目標値と実際の制御量の値とを絶えず比較し、制御量を目標値に一致させる
ために修正動作を行う自動制御方式をいう

（1）PI制御（比例積分動作）

・比例動作に積分動作を加えることで、比例動作だけでは定常的に生じてしまう予測
値と状態値の差(オフセット)を取り除くことができる

PI制御
出題　H25

（2）PID制御（比例積分微分動作）

・**PI制御**(比例積分動作)に**微分動作D**を加えた制御

❖P ：比例動作(Proportional) ＝ 偏差の大きさに比例する応答

　I ：積分動作(Integral)　　 ＝ 偏差の大きさと持続時間に比例する応答

　D ：微分動作(Differential)　＝ 偏差の変化速度に比例する応答

PID制御
出題　H22・H27

■ 8.4.4　DDC（Direct Digital Control）

❖バルブやダンパーなどの制御を直接デジタル信号によって行うこと

　→ 演算処理を行う(デジタル信号を作り出す)ための調節部、マイクロプロセッサー
を使用して、中央監視システムと情報伝達を行う

8.5　配管設計

■ 8.5.1　空気調和設備で用いられる主な配管

（1）水配管

❖冷房のための冷水配管、暖房のための温水配管、および両者を兼用した冷温水配管、
冷凍機の凝縮器などを冷却する冷却水配管がある

①一般的な冷温水の往き温度

　冷水の往き温度：5 ～ 10℃、温水の往き温度：80℃(直接暖房)、

空調：40 ～ 50℃、冷却水：15 ～ 35℃

②冷温水配管勾配

　　空気が抜けやすいよう空気抜き弁に向かって先上がり勾配に設計

③冷温水配管の継ぎ手

　　伸縮継手を設けるか、スウィベル接合（熱膨張による軸方向の配管の伸縮を吸収）

　❖**伸縮継手**：配管の軸方向の変位を吸収

　❖**フレキシブル継手**（配管と直角方向の変位を吸収させるための継手）

　　機器（ポンプや受水槽）との接続部、建物の導入部などで地震や振動などの変位
　　を吸収するために使用

　❖**スウィベル接合**：配管をXYZ方向にエルボを使い迂回させ、軸方向の変位を吸収

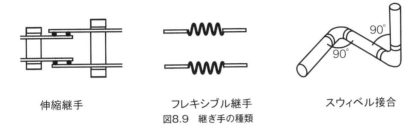

伸縮継手　　　　　　フレキシブル継手　　　　スウィベル接合
図8.9　継ぎ手の種類

（2）蒸気配管

①蒸気管 → 凝縮水が抜けやすいよう、**水抜き弁**に向かって**先下がりの勾配**

　　　　　　→ 管末に蒸気トラップを設置

②圧力配管用管 → **スケジュール番号**としてJISで規格化

　　　　　　　　（スケジュール番号が大きいほど管の肉厚が厚い）

$$スケジュール番号 = \frac{最高使用圧力}{管の材料の許容応力} \times 10$$

（3）冷媒配管

　❖空気熱源マルチ型エアコン方式などでは冷媒用被覆鋼管を用いる

（4）ドレン配管

　❖エアハンドリングユニット、ファンコイルユニット、パッケージ型空調機などの冷
　　却コイルを備えた空調機 → 凝縮水を排出するための**ドレン配管**が必要

■ 8.5.2　冷温水管の各管式

（1）冷温水の供給方式

　❖冷温水の供給方式には表8.4の方式がある

表8.4　FCUの各管式

2管式	3管式	4管式
・往管と還管が各1本 ・夏期は冷水、冬期は温水切替え方式 ・冷温水配管の最も一般的な方式	・往管は冷水と温水の2本 ・還管は冷温水兼用配管 ・冷暖房同時使用可能であるが、還管が混合 　→ 省エネ的には不利	・往管、還管も独立して、冷水と温水を別々に配管 ・冷暖房同時使用可能であるが、設備費が高く、配管スペースも増大

（2）冷温水配管の還水方式による分類

❖冷温水管の給水・還水のルートには表8.5のような方式がある

リバースリターン方式
出題　R01・R05

表8.5　還水方式による分類

直接還水（ダイレクトリターン）方式	逆還水（リバースリターン）方式
・ポンプに近い順に接続する方式 ・機器の遠近で配管抵抗に差が生じる ・流量がアンバランスになるため、各機器に定流量弁などが必要	・ファンコイルユニット等の各負荷機器を結ぶ配管長さがほぼ等しい 　→ 配管抵抗がほぼ同じとなる ・各枝管の管内循環量を同一にする ・配管主管がダイレクトリターン方式に比べて、1本余分に必要となる

（3）管内流速

❖管内流速：流水による騒音や管内の腐食等から、管内の流速には許容値がある

→ 配管径が大きくなるほど、許容最大流速は速くなる

（4）ポンプの軸動力

ポンプの軸動力
出題　H24

❖ポンプを動かすのに必要な軸動力Pp[W]は、次式で計算

$$Pp = \frac{\rho\, g\, Q\, H}{\eta_p}\ [W]$$

η_p：ポンプ効率　　　ρ：水の密度[kg/m^2]　　　g：重力加速度[m/s^2]

Q：ポンプの吐出し量[m^3/s]　　　H：全揚程[m]

❖ポンプの軸動力 ∝「ポンプの吐出し量Q」×「全揚程H」

❖全揚程：ポンプが発生する送水圧力

＝水を汲み上げる高さに相当する圧力（実揚程）

＋配管や機器の抵抗（損失水頭）＋吐出し圧力（速度水頭）

8.6　熱源設備

❖熱源設備は、使用するエネルギー等の違いにより、次表のように分類する

熱源設備の分類
出題　H22

表8.6　温熱源設備の分類

分類種別	分類	装置
使用エネルギーによる分類	電気	圧縮冷凍機・遠心冷凍機
	化石燃料（ガス・灯油）	電気式ヒートポンプ
製造熱媒体による分類	冷水のみ製造	圧縮冷凍機・吸収冷凍機
	温水のみ製造	ボイラー
	冷温熱を製造	空冷ヒートポンプ
		吸収冷温熱発生機
冷熱製造装置による分類	冷却塔（チラー）を使用	冷水・冷却水式（熱源：水）
	空冷ファンを使用	空冷ヒートポンプ（熱源：空気）

■ 8.6.1　圧縮式冷凍機

（1）冷凍サイクル

❖圧縮冷凍機の冷凍サイクル

空調機から蒸発器に戻ってきた冷水（18℃）により蒸発器内部の冷媒が蒸発（気化）

→ 気化した高温（15℃）低圧の冷媒蒸気を圧縮式冷凍機で加圧圧縮し、さらに高温の高温（40℃）高圧の冷媒液にする

→ クーリングタワーで冷やされた冷却水で高温高圧の冷媒液を冷やし、冷媒液を30℃以下に冷却する

→ 膨張弁で減圧冷却（断熱膨張）し、さらに低温の低温低圧の冷媒液（5℃）に冷却する

→ 低温低圧の冷媒液（5℃）を再び蒸発器に戻し、循環させる

圧縮式冷凍機
出題　H22・H24・H25
　　　H28

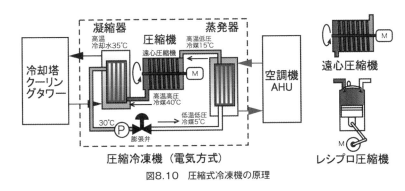

図8.10　圧縮式冷凍機の原理

（2）圧縮式冷凍機の種類と特徴

①往復式（レシプロ）冷凍機

・往復運動のピストンで冷媒を圧縮する方式

→ 安価で信頼性は高いが、往復式のため、騒音・振動大

②遠心式（ターボ）冷凍機

・回転する羽根車による遠心力で冷媒を圧縮する方式

→ やや高価だが、騒音・振動は往復式よりも小さい

③冷媒

・これまで冷媒として使われてきたフロンCFC（Chloro Fluoro Carbon）

→ オゾン層を破壊し、紫外線の過多による皮膚ガンの原因（生産禁止）

・現在使用されている代替フロン：

HFC（Hydro Fluoro Carbon）やPFC（Per Fluoro Carbon）

→ 赤外線の吸収率が二酸化炭素の数百倍以上の温室効果ガスの一種

→ 地球温暖化への影響が大きいため、削減（ノンフロン化）の方向

→ 今後はアンモニア、二酸化炭素、水などの自然冷媒の使用拡大見込み

代替冷媒フロン（HFC）
出題　H26・H28

自然冷媒
出題　H24

■ 8.6.2　吸収式冷凍機

（1）冷凍サイクル

❖一重効用形吸収式冷凍機の冷凍サイクル

空調機から蒸発器に戻ってきた冷水（15℃）により蒸発器内部の低圧水（0.01気圧）

吸収冷凍機
出題　H24・H25・H26
　　　H27・H28・H30

第8章

空気調和設備

で冷却し、低圧水が蒸発（気化）

→ 低圧水蒸気（0.01気圧）が**吸収器**の臭化リチウム濃縮液に吸収され、臭化リチウム水溶液になる

→ 臭化リチウム水溶液は、ポンプにより常圧（1気圧）の**再生器**へ移動させ、ボイラーから供給絵される水蒸気により加熱し、水分を水蒸気として放出する

→ 放出された水蒸気は凝縮器へ移り、水道水などの冷却水で凝縮させる

→ 凝縮した水を膨張弁で断熱膨張させ低圧水にした後、**蒸発器**に戻す

❖自然冷媒である**水を冷媒**に使用、水を低圧（**真空**）下で蒸発させるためLiBr（臭化リチウム）の濃溶液を吸収液として使用

吸収冷凍機の冷媒
出題　H26

吸収冷凍機の機内圧力
出題　H30

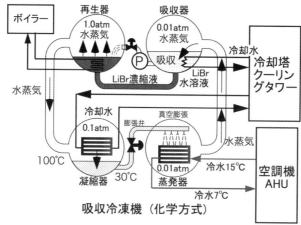

図8.11　一重効用形吸収式冷凍機の原理

❖**二重効用形吸収式冷凍機の冷凍サイクル**

再生器を二段式として、**高温再生器**で発生した蒸気を**低温再生器**の加熱熱源として利用することで、凝縮器に送る水蒸気の顕熱を低減して熱効率を向上させたもの

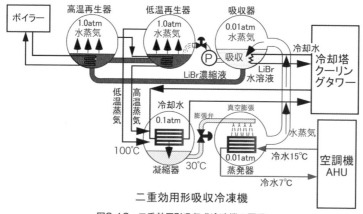

図8.12　二重効用形吸収式冷凍機の原理

（2）吸収式冷凍機の種類と特徴

❖吸収式冷凍機

→ 圧縮機を持たないので圧縮式冷凍機よりも**騒音・振動が小さい**

❖冷却水は凝縮器と吸収器に必要

→ **冷却塔は圧縮式冷凍機の1.5 ～ 2倍**と大きくなり、冷却水量が多く必要

❖冷凍能力が同じ場合

吸収式と圧縮式の騒音・振動の比較
出題　H25・H28

吸収式と圧縮式の冷却水量の比較
出題　H24・H28

→ 吸収式冷凍機の効率(COP)は圧縮式冷凍機に比べて**小さい**

→ 吸収式冷凍機の消費電力はポンプ動力以外ほとんど**必要ない**

※吸収式冷凍機の効率(COP)＝冷凍能力/再生器加熱量

❖一般的には、省エネルギーの観点から**二重効用形吸収式冷凍機**を使用

❖吸収式冷温水発生機

ガスや油の直焚きボイラー、あるいは太陽熱や発電設備の**排熱などを加熱源として**利用、冷暖房を同時に使用できるようにしたもの

■ 8.6.3 ヒートポンプ

❖ヒートポンプ＝基本的に、冷凍機と同じ原理

→ 圧縮式のものと熱駆動式(吸収式や吸着式)がある

①圧縮式ヒートポンプ(最も普及)

冷房期間には捨てている凝縮器の排熱を、冷媒回路を切り替えることで、暖房時の温熱として利用する仕組み

②吸収式ヒートポンプ

蒸発器で井戸水や外の空気から熱をくみ上げている(ヒートポンプ)

❖圧縮機出口の冷媒回路の切替え弁(**四方弁**)で屋内〜屋外の冷媒の流れを逆にする

→ ヒートポンプ1台で冷暖房が可能

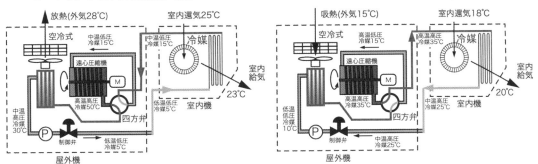

図8.13 空気熱源ヒートポンプの構成

❖空気熱源のヒートポンプの能力表示：**外気温度7℃が標準**

→ 気温が低いと効率が低く暖房負荷も大きくなり、寒冷地では能力が不足する

❖ガスエンジンヒートポンプ(エンジンの排熱を暖房に利用可能)

→ 電動式に比べて、暖房能力の低下を抑制できる

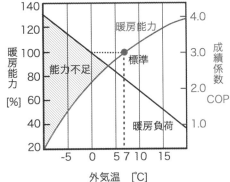

図8.14 空気熱源ヒートポンプの特性

（1）COP（Coefficient of Performance：成績係数）

❖冷凍機やヒートポンプの効率を示す指標

$$COP = \frac{定格冷房(暖房)能力\ [kw]}{定格消費電力\ \ \ [kW]}\ （圧縮式）$$

$$COP = \frac{定格冷房(暖房)能力\ [kw]}{再生器加熱量\ \ \ [kW]}\ （吸収式）$$

❖COP：冷凍機やヒートポンプで冷房、あるいは暖房を行った場合に、投入した消費
エネルギーの何倍の仕事を行ったかを表示

→ COPが高いほど効率が良い（省エネルギー性能に優れる）

❖COPの向上には、以下が必要

①冷水の温度を高くする

②冷却水（冷却塔出口水温）の温度を低くする → 圧縮機の動力を小さくする

❖井水・河川などの温度 → 大気に比べ、季節変動、1日の温度変化が小さく安定

・井水等を利用した水熱源ヒートポンプ

→ 空気熱源ヒートポンプよりもCOPが高いが、設備投資額・保全費は高額

（2）APF（Annual Performance Factor：通年エネルギー消費効率）

❖パッケージエアコンの年間を通じたエネルギー消費効率を表す指標

$$APF = \frac{冷房期間＋暖房期間を通じた除去・供給熱量[kW・h]}{冷房期間＋暖房期間に消費する総電力量[kW・h]}$$

→ APFが高いほど効率が良い（省エネルギー性能に優れる）

❖COP＝ 暖房時もしくは冷房時の機器の定格効率を表す指標

↔ APF＝年間の室温や外気温の変化を考慮しているため実際の運転に近い条件で
省エネルギー性能を表す指標

❖COPが高い≠APFが高い

❖省エネルギー性能の高い冷凍機の選定方法

→ 定格時の成績係数だけでなく、年間発生頻度が高い部分負荷時の成績係数にも
配慮が必要

❖インバータ搭載型の高効率ターボ冷凍機

インバータにより、負荷の大きさに応じて電流の流れを細かく変換、冷凍機内の圧
縮機の回転を自由に制御可能

→ 定格運転時よりも、部分負荷運転時の方が効率（成績係数）が良い

■ 8.6.4　冷却塔（クーリングタワー）

❖冷却塔の原理

→ 凝縮器や吸収器から出た温度の高くなった冷却水を屋上等に設置された冷却塔に
導きシャワー状に噴霧し、冷却水（循環水）の一部が蒸発

→ 潜熱（気化熱）を利用し冷却水の温度を下げる

❖理論的には周囲空気の湿球温度まで水温を下げられるが、実用上は水温低下は5℃程
度（夏期の外気条件）

（1）開放式冷却塔

❖冷却水と通風空気を直接接触

→ 冷却水の一部を蒸発させるときの潜熱により周囲の冷却水の温度を下げる

成績係数（COP）
出題 H22・H26・H29
　　R02

冷却塔の設計出口水温
出題　H30

水熱源ヒートポンプ
出題　H29・R02

APF
出題　H27・H30

省エネ性能の高い冷凍
機の選定
出題　H23・R02

冷却塔による排熱
出題　H26・H30

開放式と密閉式の比較
出題　H24・H29

❖効率が良く、設備費も安価なので広く普及しているが、**水質管理**などの課題がある

（2）密閉式冷却塔

- ❖フィン付き伝熱管内に**冷却水**を通水、外面に散布した水(冷却水とは別の水)の蒸発潜熱により**間接的に冷却水の温度を下げる**
  - → 冷却水管内が密閉配管で、**水質劣化に伴う冷凍機の性能劣化は少ない**
  - → 開放式に比べて、**送水機動力が大きく**、運転費、設備費とも増加

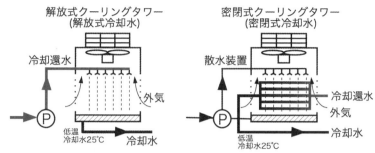

図8.15　開放式冷却塔と密閉式冷却塔

（3）冷却水の循環水量

- ❖吸収式と圧縮式の冷却水

  循環水量の1 〜 2%が蒸発や飛散で失われるので、上水道による補給が必要

- ❖補給水量 → **圧縮式冷凍機よりも吸収式冷凍機の方が多く必要**

吸収式と圧縮式の冷却
水量の比較
出題　H24・H28
冷却水の水源
出題　R03

（4）レジオネラ属菌による汚染防止対策

- ❖6 〜 9月頃の冷却塔は水温15 〜 35℃程度、塔内で有機物質が濃縮
  - → レジオネラ属菌が増殖しやすい
- ❖レジオネラ感染を防止には、
  - ①清掃しやすい構造、冷却塔の定期的な洗浄
  - ②風向等を考慮、外気取入口、居室の窓等と冷却塔とを**10m以上離す**
  - ③エリミネータ(気流中に含まれる液滴を取り除くための板)を強化する等の対策

冷却塔と外気取入れ口
の離隔距離
出題　R01

■ 8.6.5　ボイラー

❖ボイラー：水などの液体を熱し、高温、高圧の蒸気または温水を発生させる装置

（1）ボイラーの種類

①炉筒煙管式ボイラー(鋼板製ボイラー)

胴内の炉筒を燃焼室とし、バーナーで燃料を燃焼させ、燃焼ガスは炉筒を出てから多数の煙管内を流動しながら、ボイラーの水を加熱、高圧蒸気を発生させる

- → **大規模建築**(1万m²以上)や厨房、洗濯に高圧蒸気を要する病院、ホテルなどで採用

②**鋳鉄製**(セクショナル)ボイラー

- ・鋳鉄製のセクションを組み合せて構成されるため**低圧蒸気**専用
- ・セクション数の増減によって容量を変更可能、狭所設置、**増設**が可能
- ・搬入も容易で耐久性もよいので、**暖房用ボイラー**として多用

③水管式ボイラー(鋼板製ボイラー)

- ・水を通した多数の細管を外部から加熱して蒸気を発生させるボイラー

- 大容量も可能で、効率も高い
- 4万m²以上の一般建築、2万m²前後からの病院などで使用
  （ボイラー室の天井高が6m程度必要）

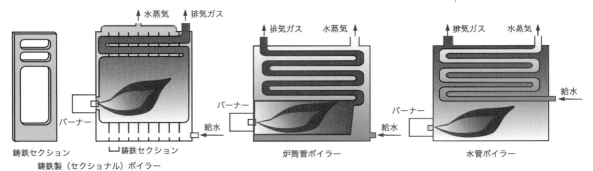

図8.16　各種ボイラーの構造

（2）ボイラーの熱効率

❖熱出力ボイラー等の熱効率

$$熱効率 = \frac{熱出力}{燃料の発熱量}$$

❖燃料の発熱量の定義：単位質量の燃料が元の温度の状態を基準に、断熱的に完全燃焼した場合に放出される熱量

❖燃焼過程：「水素と酸素の反応で生成する水蒸気」及び「燃料中の水分が蒸発して発生する水蒸気」の放出を伴う

- 水蒸気の**蒸発潜熱**を含めた熱量　＝ **高位発熱量**
- 水蒸気の**蒸発潜熱**を含めない熱量　＝ **低位発熱量**

　→ ボイラーの熱効率は、低位発熱量基準よりも**高位発熱量基準のほうが低い**

（3）ボイラーの設置における留意点

①一定規模（伝熱面積が3m²を超えるもの）のボイラー

　→ 専用室または専用建物に設け、出入口は**2ヶ所以上設置**

②ボイラーの最上端から天井まで1.2m、周壁等から45cm以上離す

　③ボイラーへの給水管 → 逆流による**空焚きと汚染防止のため、水道管直結禁止**

8.7　ダクトと吹出口

8.7.1　ダクト

（1）形状

❖一般に**低速ダクトは角形、高速ダクトは円形**

　→ 偏平にすると抵抗が増すので断面積は増す

❖梁貫通ダクトは円形がよい

　→ せん断力の大きい梁の端部を避け、分散し、断熱(防露)・防振に留意

（2）アスペクト比

ダクトのアスペクト比
出題　H26・R01・R04

❖長沼長方形ダクトの形状 → **アスペクト比**（ダクトの長辺/短辺）で表示

❖同一風量、同断面積の場合、アスペクト比が小さい（**正方形に近い**）ほど、
ダクトの摩擦抵抗が減少し、搬送エネルギーが減少

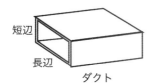

$$アスペクト比 = \frac{ダクト長辺}{ダクト短辺}$$

図8.17　アスペクト比の定義

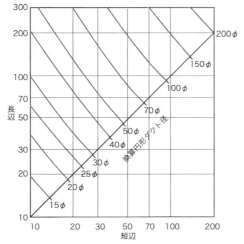

図8.18　アスペクト比と換算円形ダクト径の関係

（3）防火

❖低層・小規模建築を除き、ダクトは保温材とも**不燃材料**を使用

　→ 防火区画貫通部には防火ダンパー（FD）、必要に応じて防煙ダンパー（SD）、防煙
　　防火ダンパー（SFD）を設置（建基令第112条）

■ 8.7.2　吹出口と吸込口

（1）吹出し気流と吸い込み気流

❖吹出し気流の軌道 → 浮力によって冷風は下降し、温風は上昇

　→ 鉛直下向きの気流では、冷風は加速され、温風は減衰

❖壁面や天井面に近接した噴流

　→ その面に吸い寄せられるように流れ（**コアンダ効果**）、風速の減衰は自由噴流に
　　比べて小さく、到達距離が延びる

（2）吹出口の種類

表8.7　主な吹出口の種類

分類	輻（ふく）流吹出口	軸流吹出口		線状吹出口
主な型式	アネモ型	ノズル型	グリル型・スリット型（ユニバーサル型）	スロット型（ライン型）
形状				
吹出し方向	放射線状	一軸方向	ルーバー方向	4m程度
到達距離	3m程度	10m程度	3m程度	4m程度
広がり角度	大きい	小さい	中程度	小さい
コールドドラフト	発生しにくい	発生する	発生する	発生する
風向調整	内管フードを上下に移動	パンカールーバーで角度を調整	ルーバーの方向で調整	スロットは固定式で風向調整は不可
その他			開閉シャッターが付属するタイプ（レジスタ型）	照明と一体型のタイプ（照明トロファ）

（3）ドラフト感（室内のドラフト評価の指標）

①有効ドラフト温度　EDT（Effective Draft Temperature）

$$EDT = (t_x - t_c) - 8(V_x - 0.15)$$

t_x：室内のある点での温度（℃）　　t_c：室内の平均温度（℃）

V_x：室内のある点での気流速度（m/s）

※EDTが−1.7〜+1.1℃、かつ、室内のある点での気流速度V_xが0.35m/s以内の範囲であれば快適者の比率が高い

②空気拡散性能指標ADPI（Air Diffusion Performance Index）

❖居住域内の多数の測定点のうち、EDTが1.7〜1.1℃、かつ、室内のある点での気流速度V_xが0.35m/s以内の範囲（快適に感じる範囲）にある割合で表示

→ ADPIが100%に近づくほど気流分布が良好

→ ADPIは、放射等を含まないドラフト感のみの指標

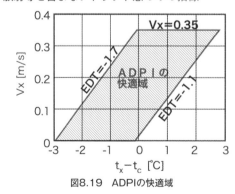

図8.19　ADPIの快適域

■ 8.7.3　外気取入れガラリ

❖外気取入れガラリ

- ・砂ぼこりや排煙口からの煙などを吸い込まないような位置
- ・防塵、排気口などの位置も考慮
- ・風切り音(騒音)防止のため、外気取入れガラリの**有効開口面風速は3m/s**
  (最大でも5m/s)以下に計画

❖**排気ガラリ**：外気取入れガラリよりも通過風速を高くし、**面積を小さくする**

外気取り入れガラリ
出題　H24・H27

外気取り入れガラリと
排気ガラリ
出題　H23・H26・H29

表8.8　給排気口の有効開口面風速と開口率(参考)

種別	取り付け位置	有効開口面風速 V [m/s]	有効開口率 α
吸込み口	室内	2.0	0.7
	廊下	3.0	0.7
	便所(天井)	3.0	0.7
ドアガラリ	室内	2.0	0.35
ドアのアンダーカット	室内	1.5	1.0
外気取り入れガラリ	外壁または屋外	3.0	0.3
排気ガラリ	外壁または屋外	3.0～4.0	0.3

❖ガラリの面積A(m²)は、次式により求める

$$A = \frac{Q}{3,600 \times V \times \alpha}$$

Q：開口を通過する空気量(m³/h)　　V：風速(m/s)　　α：有効開口率

8.8　蓄熱式空調システム

❖**一般の空調方式**：冷凍機などの**熱源機器**と二次側の**空調機器**とが配管によって**直結**された**密閉回路方式**で形成 → 熱の製造と熱の消費が同時に行われる

❖**蓄熱式空調システム**：熱を製造する**熱源機器**と熱を消費する二次側の**空調機器**の間に**蓄熱槽**が存在

→ 熱源、機器と空調機器が別々に切り離された**開放回路方式(変流量方式)**

→ 都合の良い時間帯に熱を製造して蓄熱可能

蓄熱槽の変流量制御
出題　H27
蓄熱槽の構造
出題　R01

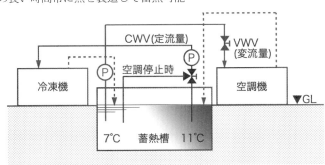

図8.20　蓄熱式空調システム(解放回路方式)

第8章 空気調和設備

■ 8.8.1　蓄熱運転パターン

（1）ピークシフト

❖蓄熱を空調時間の全域において一定の割合で利用、日中の空調電力をシフトする運転パターン

（2）ピークカット

❖蓄熱を空調時間の特定の時間帯に集中して利用、電力消費のピーク時に空調電力をカットする運転パターン

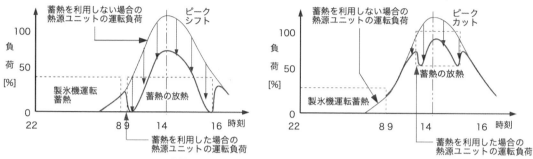

図8.21　蓄熱運転パターン例（夏期氷蓄熱）

■ 8.8.2　蓄熱式空調システムの特徴

（1）長所

①昼間の負荷のピークを平滑化、冷凍機容量が小さい

②昼間に使用する冷熱を、必要な分だけ夜間に備蓄

　→ 昼間・季節の負荷変動に関わらず、高効率で運転可能

③運転時間は長くなるが、安価な深夜電力を利用可能

　→ ランニングコスト低減

（2）短所

①蓄熱槽からの**熱損失**は**不可避**（漏水対策のための防水も重要）

　→ 低温熱媒体と外気の温度差により、断熱を施しても熱ロスは避けられない

②開放水面のある蓄熱槽は、密閉回路方式よりも**ポンプ搬送動力が増加**

　→ 密閉回路方式：配管の摩擦損失のみを補えばよい

　　開放水面を有する蓄熱槽方式：機器の高さまで冷温水を汲み上げる必要がある

蓄熱システムの特徴
出題　H25・H29・H30
水蓄熱槽のエネルギー効率
出題　R02

■ 8.8.3　蓄熱の種類

（1）水蓄熱

❖地下の空間を水蓄熱槽として利用

　→ 蓄熱槽の水は火災時の**消防用水**、災害時の生活用水にも利用可能

（2）氷蓄熱

❖水の代わりに氷で蓄熱するシステム

　→ 蓄熱熱源機、氷蓄熱槽をユニット化すれば、屋上や地上などに設置可能

❖**IPF**（Ice Packing Factor：氷充填率）

　氷蓄熱方式における蓄熱槽中に氷が占める体積比率

（3）氷蓄熱と水蓄熱の比較

①氷蓄熱は、水蓄熱に比べ、融解潜熱も利用するので、**蓄熱槽の容量の縮小可能**

蓄熱の媒体
出題　H27

氷熱槽と水熱槽の比較
出題　H24

②氷蓄熱は、水蓄熱に比べ、冷水が低温

　→ 配管系の流量が減少、**ポンプ動力節減可能**

③氷蓄熱は、水蓄熱に比べ、製氷運転を行うため冷凍機の運転温度も低くなる

　→ 冷凍機の運転効率・冷凍能力は低下

蓄熱槽の水の用途
出題　R01

8.9　空調方式

❖**室内気候条件毎にゾーニングした運転**
・日射など外部条件の違い、温湿度など室内条件や使用時間の違いによるゾーニング
・それぞれ設備費や運転費、制御・保守・管理などを考慮し、最適な空調方式を選定

■ 8.9.1　代表的な空調方式

❖**熱源方式** → 熱源の設置形式により2つに分類
（1）**中央熱源方式**

熱源機器(**チラーユニット**)を地下機械室や屋上部分に**集約設置**し、**冷水、温水**
または**蒸気**などの熱媒を製造・搬送する方式

❖中央熱源方式：**単一ダクト**(全館空調)、**ファンコイルユニット**(パーソナル空調)

❖中央熱源方式の種類と特徴

・**単一ダクト**：熱源1つでダクトによって**全館に冷温風を送風**(CAV or VAV方式)
　　　　　　　全館空調に最適であり、外気導入、湿度調整も可能

・**ファンコイルユニット**(FCU)
　　　　　　　チラーで製造された冷温水を**各室**やペリメーターゾーンの熱交換器
　　　　　　　(FCU：ファンコイルユニット)で空調(温度調節)する
　　　　　　　パーソナル空調に最適であり、外気導入、湿度調整には別機器が必要

中央熱源方式とパーソ
ナル空調
出題　H23・R01

大型ショッピングセン
ターの空調熱源
出題　H25

①単一ダクト方式

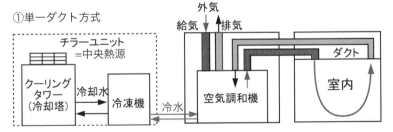

②ファンコイルユニット(FCU)方式

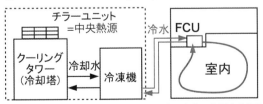

図8.22　中央熱源方式の空調方式(FCU)

（2）**個別分散熱源方式**

主に各階またはゾーンごとに**熱源機を分散配置**し、**冷媒**を製造・搬送する方式

❖分散熱源方式：空冷ヒートポンプパッケージユニット［床置き型(ダクト接続型)、

天井隠蔽型(ダクト接続型)、天井カセット型]、空冷ヒートポンプマルチエアコンがある

❖個別分散熱源方式は、パーソナル空調が可能である

❖冷凍機には、電動レシプロ式、電動遠心式、ガスエンジン式がある

❖個別分散熱源方式の種類と特徴

①空冷ヒートポンプパッケージユニット**床置き型**(ダクト接続型)

　　大空間室、**高天井高室**の独立空調に向き、外気導入、湿度調整も可能

②空冷ヒートポンプパッケージユニット**天井隠蔽型**(ダクト接続型)

　　共用廊下、**吹抜け部**に向き、外気導入、湿度調整も可能

③空冷ヒートポンプパッケージユニット**天井カセット型**

　　各室独立空調に向き、外気導入、湿度調整は別付けの全熱交換器、加湿器で行う

④空冷ヒートポンプマルチエアコン

　　小室独立空調に向き、外気導入、湿度調整は別付けの全熱交換器、加湿器で行う

❖天井カセット型およびマルチエアコンでは、外気導入(換気)には、**外気処理用空調機(外調機)**や全熱交換器を併用する

①空冷ヒートポンプパッケージユニット
　床置き型(ダクト接続型)

②空冷ヒートポンプパッケージユニット
　天井隠蔽型(ダクト接続型)

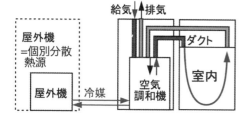

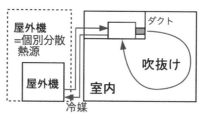

③空冷ヒートポンプパッケージユニット
　天井カセット型

④空冷ヒートポンプマルチエアコン

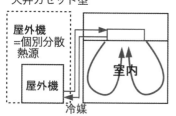

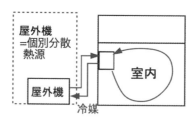

図8.23　個別分散熱源方式

（3）換気装置

❖換気装置には、**全熱交換器**や**外気処理空調機(外調機)**が主に使用される

・全熱交換器は、顕熱だけでなく、潜熱である水蒸気の換気も行う

・外調機は、空調機の負荷低減、結露防止などの観点から外気を空調して導入

・外調機は、**還気ダクト**を持たない

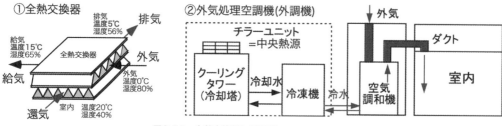

図8.24　全熱交換器と外調機

■ 8.9.2 省エネルギーや快適性を考慮した空調方式

（1）床吹出し空調方式

❖床吹出し空調方式

- ・OA機器等の配線ルートである二重床(フリーアクセスフロア)を利用した**床下チャンバー方式**で給気、床吹出しユニットから吹出す方式
  - → **床吹出し口の移設**、増設を比較的容易に行うことが可能
  - → 風量・風向が個別に制御でき、間仕切の変更、OA機器の増設に容易に対応可能
  - ※チャンバー方式：「箱型の空間」の意味で、床下や天井裏をダクトとみなし、風道として利用する方法
- ・床吹出し空調方式は、室内気流が上向で一定
  - → 居住域の換気効率を高めることができ、省エネルギー効果も期待できる

❖**アトリウム**のように天井の高い空間など、適正な環境に維持すべき空間の範囲が空間の下部に限定される場合 → 床吹出し空調方式が適合

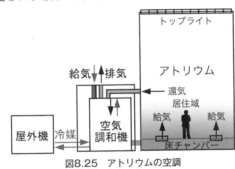

図8.25　アトリウムの空調

（2）タスクアンビエント空調方式

❖全体空調と局部空調を組み合わせた空調方式

- ・**アンビエント**(一次)空調により室内を均一な温熱環境に維持
- ・**タスク**(二次)空調により各個人の好みの室内環境に調整

❖不在スペースのタスク空調を停止するなどにより、省エネルギー効果も期待

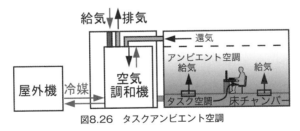

図8.26　タスクアンビエント空調

（3）低温冷風空調方式

❖水蓄熱などにより得られた0 ～ 4℃の冷水で、従来の冷房時における給気温度の下限(15 ～ 16℃)をさらに下げ、10℃度の**低温冷風で空調を行う方式**

- → 給気温度を下げることで冷房温度差(冷房温度と冷風温度の差)を大きく確保でき、少ない風量で冷房可能
- → 送風量、搬送動力、**ダクトサイズの低減化**が可能

❖ダクトスペースの縮小に伴い、建物の階高や機械室などの縮小も可能

居住域と床吹出し空調方式
出題　R03

アトリウムの空間
出題　H30

❖低温化に伴う結露対策、室内湿度の低下、適正な換気回数の確保などに留意して計画
 → 近年、大容量化する事務所のOA負荷対策として、採用例が増加

（4）デシカント空調

❖従来型の空調機の場合 → 湿度を下げるのに、空気を冷却（過冷却）し、結露させて
 絶対湿度を下げた後、低温の空気を必要温度まで再加熱して調整

❖デシカント空調の場合 → 乾燥剤（デシカント）で直接吸着により除湿
 → **過冷却**（コイルに流れる冷水温度を低くする）の必要がない
 ＝ 空調機で利用する冷水の**出口温度を比較的高く**設定可能

❖冷凍機の成績係数（COP）は高くなり、**省エネルギー化**を実現
 → 加熱コイルによる再加熱の必要はないので、効率よく除湿可能

❖再生は、乾燥剤に熱風を当てて**加熱乾燥（再生）**する

❖除湿－再生の切り替えは、**デシカントローター内部にデシカントを充填**し、回転さ
 せることで除湿層と再生層を連続移動させる

デシカント空調
出題　H27・H30・R02
　　　R05

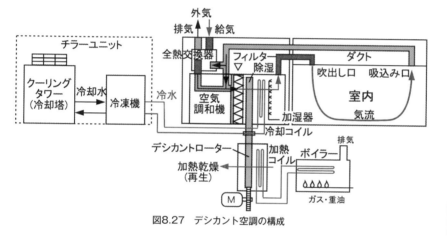

図8.27　デシカント空調の構成

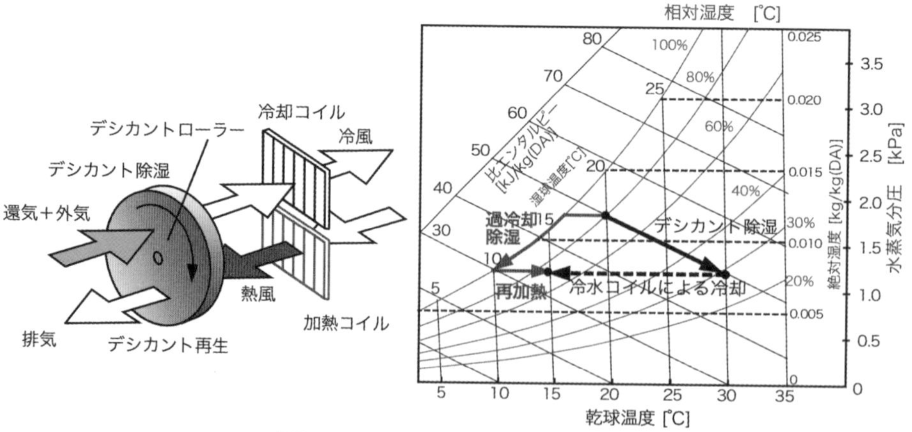

図8.28　デシカント空調の除湿方式

（5）放射冷暖房方式

❖放射冷暖房方式

 ・室内の天井・壁・床などに設ける**冷却・加熱パネル**による**放射冷暖房**方式
　長所：人間の快感度が高く、送風動力が少ない

天井放射冷房
出題　R02
放射暖房方式
出題　H30・R02

短所：冷房時は室内の湿度を低くしないと、冷却面結露のおそれがある

　　　　→ 結露対策として、換気および湿度調節のためにダクトによる空調を併用

　　　　または、**放射暖房**のみに採用する場合が多い

❖**放射床暖房方式**

・長所：放射熱で床から暖めるため、頭寒足熱で、上下の温度差がつきにくく、暖

　　　　房感は良好

　　　　予熱時間が長いため、終日暖房の必要な住宅や**病院**、**老人ホーム**等や、天

　　　　井高の高い室の暖房に適合

・短所：**設備費は高額**となる

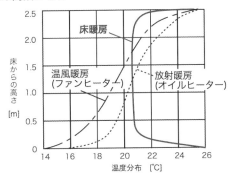

図8.29　暖房方式と室温上下温度分布の傾向

放射床暖房方式
出題　H25・H27

8.10　クリーンルーム

❖**クリーンルーム**：室内の浮遊塵埃や浮遊微生物量を極度に少なくするように、高度に

　　　　　　　　　清浄度管理(コンタミネーションコントロール)された空間

■ 8.10.1　制御対象によるクリーンルームの種別

（1）インダストリアル（工業用）クリーンルーム

　❖空気中の**非生物浮遊粒子**の制御が対象

　　→ 半導体工場や精密機械工場等で広く用いる

　　→ 空気清浄度を高めるために室内が外部より**正圧(＋10Pa)** になるように風量を調節

　❖日本では$1m^3$の空気中に含まれる$0.1\mu m$の粒子数を10のべき乗で表した指数($10N$

　　個$1m^3$のN)＝**クラス表示**(JIS B9920)

　　→ **クラスは1〜9**は清浄度別に分類され、**クラス数が小さいほど高水準**

クリーンルームの清浄度
出題　H23・R04

クリーンルームの換気
出題　H29

クリーンルームの差圧
出題　H27・R01

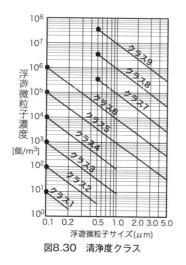

図8.30　清浄度クラス

❖クラス1〜6：0.1μmの微粒子が1m³当たりに含まれる数の10のべき数

❖クラス7〜9：0.5μmの微粒子が1m³当たりに含まれる数の10のべき数

（2）バイオロジカルクリーンルーム（バイオクリーンルーム）

　❖主として**浮遊微生物**の制御を対象

　　→ バイオテクノロジーや医療の分野で用いる

　❖有害な微生物（細菌）の外部流出を阻止

　　→ 室内を陰圧（**負圧**）にして清浄度管理（バイオハザードクリーンルーム）

表8.9　インダストリアルクリーンルームとバイオロジカルクリーンルームの違い

項目	インダストリアルクリーンルーム	バイオロジカルクリーンルーム
制御対象物	非生物浮遊粒子（無機微粒子など）	浮遊微生物
機器の構成と目的	外部からの汚染防止 第1、2種機械換気（正圧）	外部からの汚染防止 第2種機械換気（正圧）
		外部への感染防止
		第3種機械換気（負圧）

■ 8.10.2　気流形状による分類

（1）垂直一方向流方式

　❖天井全面に配置された高性能フィルターを搭載したファンフィルターユニットから清浄な空気を**下方に吹き出し**、床全体から吸い込む方式

　　→ 高い清浄度を要求するクリーンルームに採用

　　→ 垂直中間フイルター式のほかに水平式もある

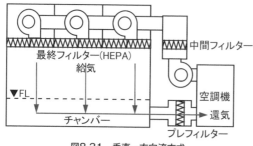

図8.31　垂直一方向流方式

（2）非一方向流方式

❖清浄な空気により**室内で発生した塵埃を希釈**することによって清浄度を保つ方式

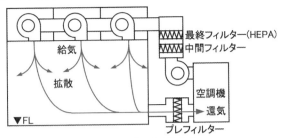

図8.32　非一方向流方式

■ 8.10.3　CFD（Computational Fluid Dynamics：計算流体力学）

❖コンピュータによる数値シミュレーションで流体力学の基礎式を直接数値的に解き、刻々と変化する空気の流れや温度などの空間分布を、精密かつ迅速に解析する手法

　→　大空間、クリーンルーム、居室、建築物周囲等の環境解析に適用

省エネルギー・保全・管理

9.1 省エネルギー建築の手法

❖建築・設備の省エネルギー計画の基本

　①第一に建築的手法(パッシブな手法)により熱負荷の軽減や自然エネルギーを活用

　②第二に設備的手法(アクティブな手法)で省エネルギー性能の高い設備を適正に管理・運用

❖建築における省エネルギーは大きく3つの手法に分類

（1）エネルギー負荷の低減

　・主に建築的手法によって、エネルギー負荷を低減する

　・建築の形態、空間構成、エンベロープ(外皮)の構成と仕様が主体

　❖断熱、気密、蓄熱、日射遮蔽、ダブルスキン、エアフローウィンドウ

　　エアサイクル、アトリウム、メカニカルウォール、複層ガラス、ナイトパージ、

　　蓄熱システム

（2）自然エネルギーの活用(パッシブデザイン、アクティブデザイン)

　・自然エネルギーを活用することによって、化石燃料への依存を少なくする

　❖パッシブデザイン

　　トップライト、ライトダクト、ハイサイドライト、ライトシェルフ

　　ライトコート(光庭)

　　庇、ルーバー、Low-Eガラス、熱線反射ガラス、熱線吸収ガラス

　　ダイレクトゲイン、太陽光集熱パネル、クールチューブ、外気冷房、屋上緑化、

　　井水利用、雨水利用

　❖アクティブデザイン

　　太陽光発電、風力発電、人感センサー照明、自動水栓、フリークーリング

（3）エネルギーの有効利用

　・エネルギーを効率的に運用することによって、全体の消費エネルギーを低減

　・機器の効率化やエネルギーの再生利用あるいは、それらの組み合わせ

　❖コージェネレーション(燃料電池)、ZEB、VAV、VWV

　　クリーンエネルギー・再生可能エネルギー(水素、バイオマスなど)

　　タスクアンビエント照明

　　排熱回収(エコジョーズなど)、モニタリング、コミッショニング、地域熱供給、

　　BEMS、HEMS、スマートシティ

■ 9.1.1 エネルギー負荷の低減

（1）ペリメータゾーンの換気による熱負荷低減手法

　①ダブルスキン(屋外側)

　　❖建築物の外壁の一部または全面をガラスで2重に覆う建築手法

　　　→ 外壁とガラスとの間にできた空間を、季節に応じて利用

　　❖ペリメータゾーンの温熱環境の向上や省エネルギー等に有効

　　　→ エアバリアよりダブルスキンのほうが日射による熱負荷低減効果が高い

建築・設備の省エネ計画
出題　H23

パッシブデザイン
出題　H26・H28

ダブルスキン
出題　H26・R01

②エアバリア(室内側：従来式シングルスキン)

❖ガラス面とブラインドの間の空間に**送風機から送風**し、天井面から還気することでガラス面からの空調負荷を軽減する方式

③**エアフローウィンドウ**(室内側：自動制御ブラインド内蔵ベンチレーション窓)

❖二重サッシ(ガラス)の間に電動ブラインドを設り、日射を遮蔽すると同時に、二重サッシの間に室内の室内空気を吸い込み天井から還気する

❖夏は外部に排出、冬は空調機に還気することで、ペリメータゾーンの熱負荷を少なくする**ペリメータレス空調システム**の一種

❖**二重ガラスによる断熱効果と室内側窓からの熱放射を低減**

エアフローウィンドウ
出題　H11・H14・H16
　　　H28

ペリメータレス化
出題　R01

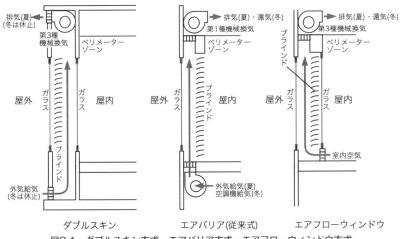

図9.1　ダブルスキン方式・エアバリア方式・エアフローウィンドウ方式

（2）エアサイクル方式

❖建築物全体の外壁を二重とし、南側の温室などの集熱部で日射熱を取り入れる

・冬は温度差を駆動力にして二重壁の間に空気を循環

・夏期は遮熱、夜間の放熱（ナイトパージ）による省エネルギーを図る

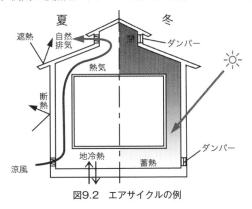

図9.2　エアサイクルの例

（3）ナイトパージ（夜間外気導入方式）

❖夏期に夜間の外気を導入

→ 昼間に躯体に蓄熱された熱を**夜間に放熱**

→ 翌日の冷房の立上りを良くする方式

❖外気冷房方式と同様に、冬期や**中間期**において冷房を必要とする場合にも有効

ナイトパージ
出題　H22・H25・R02

（4）屋上緑化・壁面緑化

❖ 屋上や壁面を緑化

→ 日射の遮蔽、葉面からの**蒸散作用**や土壌表面からの水の**蒸発潜熱**による表面温度の低下（冷却効果）

→ さらに土壌の**断熱性能**により、省エネルギー効果を期待

屋上緑化・壁面緑化
出題　H22・H25・R02

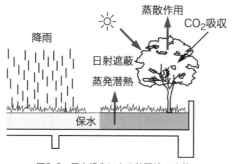

図9.3　屋上緑化による熱環境の改善

❖ 緑化の効果

→ 植物の光合成による二酸化炭素などの温室効果ガスの吸収効果

→ 都市部の**ヒートアイランド現象**を緩和する有効な方法

■9.1.2　自然エネルギーの活用

（1）ダイレクトゲイン（パッシブソーラー）（太陽熱利用）

❖ ガラスを透過して室内に取り込まれた日射熱（**ダイレクトゲイン**）を熱容量の大きな床などに蓄熱 → 夜間に放熱させて暖房効果を得る方式

❖ 室内の床などでダイレクトゲインを受ける蓄熱材

コンクリート、**レンガ**、**タイル**など

ダイレクトゲイン
出題　H27

コンクリート蓄熱体
出題　H28・R01

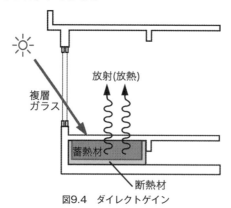

図9.4　ダイレクトゲイン

（2）トロンブウォール（パッシブソーラー）（太陽熱利用）

❖ ガラスのすぐ内側に壁（**トロンブウォール**）を設けて蓄熱体とする方法

→ トロンブウォールとガラスとの間の高温空気は、対流によって室内を暖める

→ 蓄えられた熱は夜間にも放熱

パッシブソーラーの活用
出題　H22

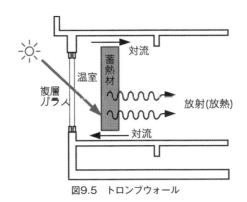

図9.5　トロンブウォール

（3）ライトシェルフ（パッシブソーラー）（太陽光利用）

❖窓部分に取り付けた庇によって**太陽光直射を遮蔽**しつつ、庇の上面に反射した光を庇（ライトシェルフ）上部の拡散窓（欄間）から取り入れ、室内天井面に反射させ、室内奥に自然光を導入する建築的工夫の一つ

❖**照明エネルギーや日射遮蔽による冷房負荷を低減**でき、省エネルギーに有効
　→ **均斉度も高くできる**

ライトシェルフ
出題　H24・H26

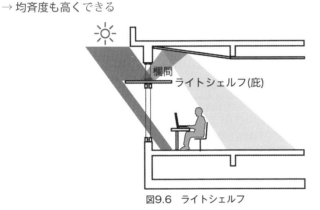

図9.6　ライトシェルフ

（4）ライトダクト（パッシブソーラー）（太陽光利用）

❖光ダクトは、自然採光利用する省エネルギー手法の一つ
　→ 外壁や屋上から太陽からの自然光を建物内に取り込み、内面を高反射率鏡面としたダクト（ライトダクト）の内部を反射させながら、室内の必要な場所に導く方式

❖窓から離れた位置や無窓室などに自然光を搬送でき、省エネルギーに有効

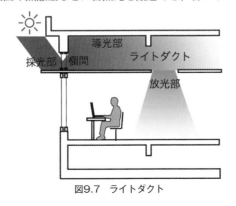

図9.7　ライトダクト

第**9**章

省エネルギー・保全・管理

（5）外気冷房方式

❖ **中間期（春秋）や冬でも冷房が必要な場合に有効**

低温の外気を空調機に導入（**外気冷房**）し、冷凍機や冷却塔を運転することなく、還気より外気を増やして冷房を行う省エネルギーな空調方式

❖ **内部発熱が大きい建築物**（例：大型店舗やデータセンターなど）ほど省エネルギー効果が大きい

→ もともとの**必要換気量（外気量）が少ない建物**ほど、外気冷房導入の**効果大**

→ 冬期は、乾燥した外気を導入するので、加湿負荷は増加

図9.8　外気冷房

（6）冷却塔フリークーリング

❖ 外気冷房方式と同様、室温より外気温度が低くなる冬期において、**冷凍機を運転することなく冷却効果を得る**（冷却塔単独で、冷水を製造する）省エネルギー手法

→ 年間冷房が必要（中間期や冬期でも冷房が必要）なデータセンターの空調設備などに使用

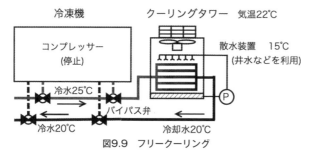

図9.9　フリークーリング

（7）ソーラーチムニー（ヒートチムニー：熱煙突）[風の利用、太陽熱利用]

❖ 太陽熱と高低差による**煙突効果**を利用して、**温度差による自然換気**を積極的に活用する省エネルギー手法

→ 頂部での**外部風**によっても自然換気を促進

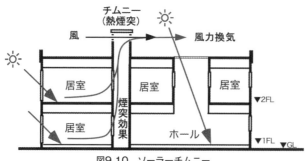

図9.10　ソーラーチムニー

フリークーリング
出題　H26・R02

データセンターの空調
出題　H26・H28

（8）クールチューブ（ヒートチューブ、アースチューブ、地熱利用）

❖地中埋設管（**クールチューブ**）を経由して外気を利用することで、地中の恒温性を最大限利用 → 外気の予冷・予熱を行うシステム

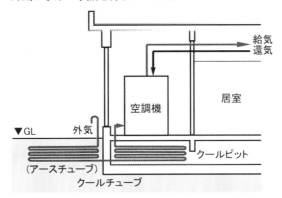

図9.11　クールチューブ

（9）未利用エネルギーの活用

❖未利用エネルギーとは、従来利用されていなかったエネルギー

→ 海水、河川水、下水、井水、**地下水**等の「温度差エネルギー」

→ 清掃工場（ゴミ焼却熱）、地下鉄、変電所等の「**排熱**」等

❖地域熱供給システムなどの冷暖房における効率の良い熱源となり得る

→ 特に**地下水**は、水温が**年間を通じてほぼ一定**（一般に**15℃前後**）であり、夏期は外気の温度よりも低く、冬期は外気の温度よりも高い

→ ヒートポンプの熱源に**地下水**を利用すると、外気を用いる場合に比べて、エネルギー効率が向上（**水冷ヒートポンプ**）

（10）再生可能エネルギーの種類

❖再生可能エネルギー：**太陽光、風力、水力、バイオマス、地熱**等などを利用してつくるエネルギー

→ 火力発電（石炭、石油などの化石燃料）や、原子力発電（ウランを燃料）と異なり、利用する資源が無限なので**再生可能エネルギー**と呼ばれる

（11）太陽光発電システム（アクティブソーラー）

❖太陽電池（ソーラーパネル）により、太陽の光エネルギーを電気エネルギーに変換して発電を行う

❖太陽光発電システムの特徴

①エネルギー源（太陽光）が無尽蔵

→ ただし、気象条件、表面温度により**出力が左右される**

②化石燃料を使用しないので、**CO_2や排ガスが発生しない**

→ 地球温暖化防止への貢献大、騒音、振動も発生しない

③光電変換効率は、12 〜 17%程度、年開発電量は、約100kW・h/m^2

❖系統連系システム

電力会社の商用系統と系統連系する際は**パワーコンディショナー**（直流電力を交流電力に変換するための**インバータ**と系統連系保護装置が組み合わされたもの）が必要

クールチューブ
出題　H22・H27・H28

アースチューブ
出題　H27・R01

ヒートポンプの地下水利用
出題　H24・H29

再生可能エネルギーの種類
出題　H23・H28

系統連携システム
出題　H24

パワーコンディショナーの構成
出題　H25・R02

→ 系統連系することで、余剰電力(需要家の発電電力が消費電力を上回った場合の電力)を電力会社へ逆に送電(逆潮流)して売電可能

逆潮流
出題 H22・H28

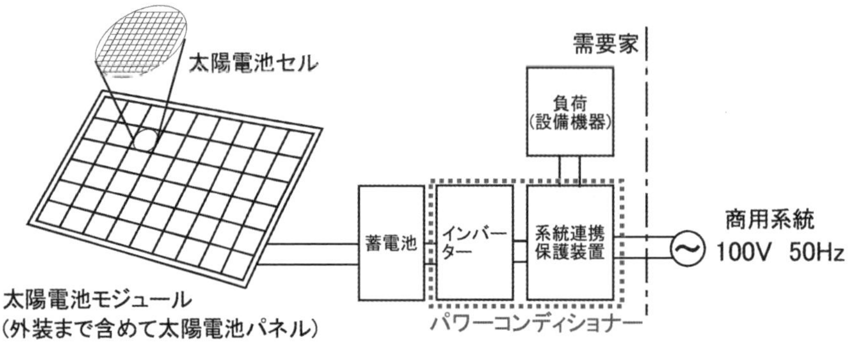

太陽電池セル

需要家

負荷
(設備機器)

商用系統
100V 50Hz

蓄電池

インバーター

系統連携
保護装置

太陽電池モジュール
(外装まで含めて太陽電池パネル)

パワーコンディショナー

図9.12 蓄電池を備えた系統連系システムの構成

❖太陽電池の種類

表9.1 太陽電池の種類と効率 発電効率:セルとしての最大効率(2016年現在)

太陽電池の種類
出題 H30

系列	種類	主元素	発電効率	コスト	特徴
Si系	単結晶シリコン太陽電池	Si	21.3%	高	標準・量産
	多結晶シリコン太陽電池	p-Si	15.8%	中	
	アモルファスシリコン太陽電池	a-Si	13.6%	低	
	多接合太陽電池	a-Si+μc-Si	46.0%	高	最高効率
非Si系	CIS太陽電池	Cu、Ir、Ce	22.3%	高	レアメタル
	GaAs族太陽電池	Ga、As	21.3%	高	
有機系	有機色素太陽電気		11.1%	低	フレキシブル

❖太陽電池(太陽熱集熱器)の方位角と傾斜角

・太陽電池の種類太陽エネルギーの効果的活用には、太陽電池あるいは太陽熱集熱器の**方位角**と**傾斜角**が重要

→北緯35度付近では、固定された太陽電池の年開発電量は、受照面の方位角度が**真南**、**傾斜角度が30°**の場合に最大となる

太陽電池の傾斜角
出題 H24

→受照面の方位角度が**真南から±45°以内**、傾斜角度が**0～30°**の範囲であれば、**年間の集熱量はほとんど変わらない**

・太陽電池の設置面積:10～15m²/kW

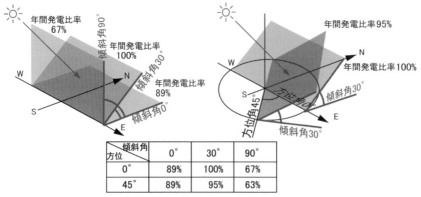

方位＼傾斜角	0°	30°	90°
0°	89%	100%	67%
45°	89%	95%	63%

図9.13 各面の年間発電率を視覚的に概略表現したもの(東京の例)

（12）風力発電システム

❖風車の種類

風力発電に用いられる風車は、一般に、

①**水平軸風車**（回転軸が地面に対して水平な風車）

②**垂直軸風車**（回転軸が地面に対して垂直な風車）

に分類することができ、**垂直軸風車は小型風車での採用例が多い**

水平・垂直軸風車
出題　H24

❖風力発電の系統連系システム

風力発電システムと商用電源との**系統連系**は、トランス（変圧器）だけを介して直接系統に接続できる①**交流（AC）リンク方式**と、コンバータ及びインバータなどの電力変換装置を用いる②**直流（DC）リンク方式**がある

風力発電の系統連系
出題　R02

①交流（AC）リンク方式

・風速の変化で変動する発電機出力がそのまま系統に供給

・**交流発電機の回転数が系統周波数の関係から一定となるためロータの回転数も一定の運転になる**（ギアにより変速）

②直流（DC）リンク方式

・発電機の交流出力を一旦直流に変換し、さらに系統と同じ周波数の**交流に変換して送電することでコストは高くなるが**、電圧・周波数の変動をなくし、安定供給が可能な品質の高い電力として系統に連系

・可変速運転方式によって交流発電機のロータの回転速度を風速に応じて最適に設定することが可能（ギアがないため**低騒音**）

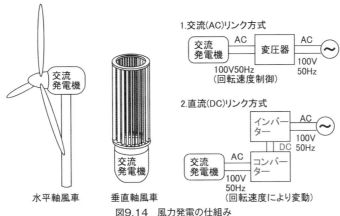

図9.14　風力発電の仕組み

■9.1.3　エネルギーの有効利用

（1）コージェネレーション（Cogeneration：熱併給発電）

❖1つのエネルギー源から電力と熱の2つを同時に取り出し、エネルギーの有効利用を図る（例：発電の際の排熱を冷暖房や給湯の熱源として利用）

❖コージェネレーションのできる発電機

①ディーゼルエンジン発電機（発電効率が高い、排ガス温度が低い）

②ガスエンジン発電機（発電効率が高い、排ガス温度がやや高い）

③ガスタービン発電機（発発電効率が低い、熱量が多い）

④燃料電池発電機（総合効率が高い、排ガス発生しない、小型～大型まで対応）

コージェネレーション
出題　H24・H25・H28
コージェネレーション
の原動機
出題　H24・H28
コジェネレーションシ
ステムの特徴
出題　R02
マイクロガスタービン
とディーゼルエンジン
の比較・熱電比
出題　H22・H23・H30

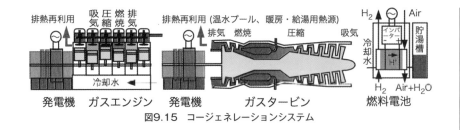

図9.15 コージェネレーションシステム

表9.2 発電機の種類と特徴

種別	ディーゼルエンジン	ガスエンジン	ガスタービン	燃料電池
出力規模 (低位発熱量基準)	35%～45%	30%～40%	20%～35%	40%～60%
排熱温度	排ガス450℃	排ガス450～600℃	排ガス450～550℃	運転温度リン酸型約200℃固体電解質型約1,000℃ "
熱電比	約1.0	1.0～1.5	2.0～3.0	0.5～2.0
総合効率	60%～75%	65%～80%	70%～80%	75%～85%
特徴	ガスタービンより発電効率がよい		発電効率が低い	騒音・振動が少ない
	排ガスが中温のため熱回収が可能	排ガスが高温のため熱回収が容易	排ガスが高温のため熱回収が容易	排ガスが発生しない
	冷却水を熱源利用可能		冷却水が不要	冷却水を熱源利用可能

（2）燃料電池

❖燃料電池の原理：水の電気分解の逆反応〔水素(H_2)と酸素(O_2)が化合して水ができるときに電力と熱が発生する原理を利用

$2H_2 + O_2 \rightarrow 2H_2O +$**電力＋熱**

❖燃料の**水素**の原料：天然ガス(LNG)、ナフサ、メタノールから製造

❖酸素は大気中から採取

❖燃料電池を用いたコージェネレーションシステムの特徴

①発電効率・総合熱効率が高い

②騒音・振動が少ない

③有害な排気ガスがほとんど発生しない

燃料電池
出題　H28・H30

表9.3　燃料電池の種類

型式	低温型		高温型	
	固体高分子型(PEFC)	りん酸型(PAFC)	溶融炭酸塩型(MCFC)	固体電解質型(SOFC)
電解質	イオン交換樹脂	りん酸	炭酸カルシウム 炭酸リチウム	安定化ジルコニア
運転温度	～100℃	～200℃	～650℃	～1,000℃
発電効率	40%～45%	40%～45%	45%～60%	50%～65%
出力規模	～125kW	50～10,000kW	数千～数十万kW	数kW～数十万kW
用途	家庭用、自動車用	分散電源	分散電源・大容量	小型～大容量

（3）地域冷暖房方式（DHC方式：District Heating & Cooling system）

❖大型プラントにおいて製造された冷水、蒸気、温水等の**熱媒**を製造

→ その**熱媒**を地域内の**複数の建築物へ供給**する方式

地域冷暖房方式
出題　H25・H30

・熱源が集中するため、集中管理が可能で、各棟に熱、源機器を設置する場合に比べて、**人件費と燃料費**が節減可能
・防災、排煙の処理等の公害対策にも有利

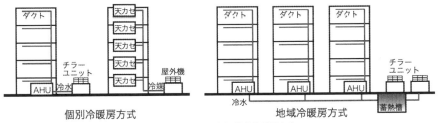

図9.16　個別方式と地域冷暖房方式

（4）BEMS（Building Energy Management System）
❖**BEMS**：建築物の**省エネルギー**を実現しながら**室内環境を適正に保つ**ためにコンピュータによる一元的なビル管理システム
・広義には、施設運用、設備管理、防災・防犯管理、通信系・OA系管理、さらに環境管理を含むビル管理システムを指す

（5）HEMS（Home Energy Management System）
❖**HEMS**：住宅内の家電機器や給湯機器などのエネルギー消費機器を**ネットワーク化**し、制御することによりエネルギー管理（省エネ）を支援するシステム（**スマートハウス**）
→ 人に代わって家電機器等の**最適運転**や照明の**オン・オフ**、エネルギーの使用状況を**リアルタイムで表示する**システム等がある
❖**スマートメーター**：様々な**電力情報**を、需要側、供給側の双方と**通信できる**機器
❖**IHD（In-Home Display）**：電力消費を**リアルタイム**で確認できる宅内ディスプレイ

第**9**章 省エネルギー・保全・管理

（6）コミッショニング（性能検証）
❖**コミッショニング**：竣工した建物が、設計段階で意図した性能が確保されているか検証するための、一連の試運転、調整、検査の実施と**記録の作成**、運転指導、**各種報告書**の提出などの行為
→ ライフサイクルマネージメント（**LCM**）を行う上で重要

（7）ZEB（ゼブ：Zero Energy Building）・ZEH（ゼッチ：Zero Energy House）
❖**ZEB**：建築物における**一次エネルギー消費量**を削減し、年間の一次エネルギー消費量が**正味（ネット）でほぼゼロ**となる建築物
→ ZEB化を**2030年まで**に新築ビル全体で実現することを提言
ZEB 　　　：省エネ50％以上、創エネ100％以上
Nearly ZEB：省エネ50％以上、創エネ75％以上
ZEB Ready ：省エネ50％以上
ZEB Oriented 　：用途別省エネを達成
❖**ZEB・ZEH化**に向けた主な手法・技術
①自然（再生可能）エネルギーの活用（太陽光発電、クールチューブ、外気冷房など）
②天気変化に即応する**ブラインド制御**（照明・昼光に伴う冷房負荷増大も加味）

ZEB・ZEH
出題　H25・H29・R04
　　　R05

③セキュリティー情報（人の**入退室情報**）を活用した照明・空調・OA機器制御

④個人（**タスク**）と周囲（**アンビエント**）を分割した照明・空調

⑤エネルギーの面的利用（複数ビル群への**地域冷暖房方式**の導入）

⑥都市の未利用エネルギーの活用河川熱、下水熱などのヒートポンプ利用

9.2 環境マネージメント

■ 9.2.1 CASBEE：建築環境総合性能評価システム

(Comprehensive Assessment System for Built Environment Efficiency)

（1）CASBEE（キャスビー）の概要

❖**CASBEE**：建築物の環境品質・性能の向上を総合的に評価し、格付けするシステム

  ・環境負荷削減の側面（省エネルギーや省資源・リサイクル性能など）

  ・室内の快適性や景観への配慮

  ・環境品質・性能の向上

❖イギリスの**BREEAM**（ブリーム）、アメリカの**LEED**（リード）などを参考に開発

  → 環境効率（eco efficiency）というサスティナビリティ（持続可能性）実現の概念

BREEAM・LEED
出題　H23・H30・R02

（2）CASBEEによる評価のしくみ

❖敷地境界等によって定義される「仮想境界」で区分された内外2つの空間、それぞれに関係する2つの要因、

  ①「仮想閉空間を越えてその外部（公的環境）に達する環境影響の負の側面」

  ②「仮想閉空間内における建物ユーザーの生活アメニティの向上」

❖2つを同時に考慮した建築物における総合的な環境性能評価指標

  ＝BEE（BuildingEnvironmentalEfficiency：建築物の環境性能効率）で評価

CASBEE/BEE
出題　H26・H27・H28
　　　H30・R01

$$BEE = \frac{\text{建築物の環境品質・性能　Q}}{\text{建築物の外部環境負荷　L}}$$

❖Qが大きく、Lが小さい（＝**BEE**が大きい）ほど、建築物の**環境性能**は高く、サスティナビリティに優れた建築物

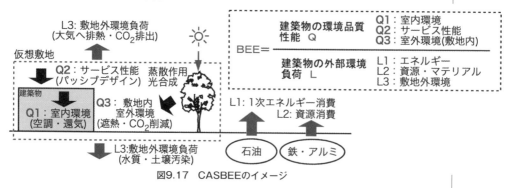

図9.17　CASBEEのイメージ

（3）CASBEEの評価対象

❖CASBEEの評価対象4分野

①エネルギー消費（energy efficiency）

②資源循環（resource efficiency）

③地域環境（outdoor environment）

④室内環境（indoor environment）

❖BEEを求めるためには、この4分野の評価項目の中身を整理し、BEEの分子側Q（建築物の環境品質・性能）と、分母側L（建築物の外部環境負荷）に分類

Q：Q1＝室内環境、Q2＝サービス性能、Q3＝室外環境（敷地内）

L：L1＝エネルギー、L2＝資源・マテリアル、L3＝敷地外環境

の各3項目に再構成して評価

→ このように求めたBEE値は、Q：建築物の環境品質性能のスコアを縦軸に、L建築物の環境負荷のスコアを横軸に、座標軸の原点を通るQ/Lの傾きを持つ直線上の1点として表現し、ランク付けする

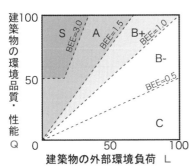

図9.18　CASBEEのランク分け

BEEによる格付けランク

ランク	評価	BEE値
S	素晴らしい	3.0以上
A	大変良い	1.5以上
B+	良い	1.0以上
B-	やや劣る	0.5以上
C	劣る	0.5未満

（4）CASBEEの基本ツール

❖CASBEEは、建築物のライフサイクルに対応して4つの基本ツールで構成

→ デザインプロセスにおける各段階で活用されることを想定

①「CASBEE－企画」

②「CASBEE－新築」

③「CASBEE－既存」

④「CASBEE－改修」

❖個別目的への拡張ツールとして

①「CASBEE－HI（ヒートアイランド）」

②「CASBEE－まちづくり」

③「CASBEE－すまい（戸建）」などが開発されている

（5）ERR（Energy Reduction Rate）

❖ERR：設備システムの一次エネルギー消費量の低減率を表す

❖CASBEEにおけるERR

$$ERR＝\frac{評価対象建築の省エネルギー量の合計}{評価建築の基準となる一次エネルギー消費量}$$

❖ERRの値が大きいほど設備システムの高効率化が図られていると評価可能

CASBEE/ERR
出題　H25

153

9.3 省エネルギー基準等

■9.3.1 省エネルギー基準の概要

❖平成27年に公布された「建築物のエネルギー消費性能の向上に関する法律」
（建築物省エネ法）

・所定の規模以上の住宅・建築物（非住宅）の新築及び増改築

　→エネルギー消費性能基準（以下、省エネ基準という）に従って当該住宅・建築物の省エネルギー性能の評価を行うことが必要

・延べ床面積300m²以上の特定建築物

　→登録省エネ判定機関により基準を満たす判定を受ける義務

・それ以外の延べ床面積300m²以上の住宅・建築物

　→所管行政庁に届出を行う義務

・省エネ基準では、外皮性能および全設備合計の一次エネルギー消費量の2つで評価

省エネルギー性能基準
出題　H23・H26

■9.3.2 建築物（非住宅）の省エネ基準

❖外皮性能の評価指標：年間熱負荷係数（PAL*）により評価

❖建築設備の総合的な評価指標：一次エネルギー消費量により評価

　→PAL*、一次エネルギー消費量ともに、値が小さいほど省エネルギー性能が高い

（1）PAL*（Perimeter Annual Load：年間熱負荷係数）

　❖PAL*：建物外周部の熱的性能を評価する外壁や窓を通しての熱損失の指標

PAL*
出題　H27・R02

$$PAL* = \frac{ペリメータゾーンの年間熱負荷 [MJ/年]}{ペリメータゾーンの床面積 [m^2]} \quad [MJ/m^2 \cdot 年]$$

　❖PAL*値 → 基準値（建物用途ごとに示されている）に規模補正係数を乗じた値以下にする必要がある

　❖ペリメータレス化：ペリメータゾーンの熱負荷を、建築的手法と設備的手法とを組み合わせて極力低減させ、インテリアゾーンに近い温熱環境とすること

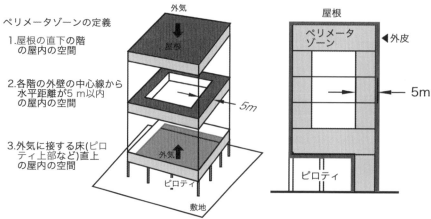

ペリメータゾーンの定義
（建築物エネルギー消費性能基準などを定める省令 第10条第1項(1)）

ペリメータゾーンの定義

1.屋根の直下の階の屋内の空間

2.各階の外壁の中心線から水平距離が5m以内の屋内の空間

3.外気に接する床（ピロティ上部など）直上の屋内の空間

図9.19　省エネルギー法におけるペリメーターゾーンの定義

（2）一次エネルギー消費量

❖評価対象となる建築設備

「空気調和設備」、「空気調和設備以外の換気設備」、「照明設備」、「給湯設備」、「昇降機設備」、「事務機器などのその他設備」、「エネルギーの効率的利用を図れる設備等」

❖室用途構成に応じて積算された建物全体の「**基準一次エネルギー消費量E$_{ST}$**」と設計図書から各建築設備の仕様に係る情報をもとに算出した「**設計一次エネルギー消費量 E$_T$**」を比較し、

「**基準一次エネルギー消費量E$_{ST}$**」＞「**設計一次エネルギー消費量 E$_T$**」

となるように設計する

※**一次エネルギー**：自然界に存在するままの形でエネルギー源として利用される化石燃料や自然エネルギー等によるエネルギーのこと

❖太陽光発電やコージェネレーションシステムなどの「エネルギーの効率的利用を図れる設備等」で自家発電したエネルギーは一次エネルギー消費量から**差し引き可能**

省エネルギー基準と
一次エネルギー
出題　H30

（3）建築物省エネルギー性能

❖建築物省エネルギー性能表示制度（BELS）

建築設備の省エネルギー性能評価指標として、**BEI**（Building Energy Index）により、**第三者評価機関**が省エネルギー性能を評価し認証する制度

→ 値が**小さいほど**省エネルギー性能が高い

→ BELSでは、省エネルギー性能を**5段階**の星☆の数で表示

☆既存の省エネ基準＜☆☆省エネ基準＜☆☆☆誘導基準
＜☆☆☆☆（高BELS値）＜☆☆☆☆☆（最高BELS値）

$$BEI = \frac{設計一次エネルギー消費量E_T}{基準一次エネルギー消費量E_{ST}}$$

❖**eマーク**：省エネ基準適合マークのことで建築物エネルギー消費性能基準に適合した建築物であることを所管行政庁から認定を受けたことを示す

BELS・BEI
出題　H27・H29・R03
　　　R05

eマーク
出題　H29・R02

建築物エネルギー消費性能基準
適合認定建築物

■ 9.3.3　住宅の省エネ基準

（1）外皮性能

❖暖房期における外皮性能の基準

暖房期における指標は、従来、**熱損失係数**を基準としていた

→ 新基準では、住宅規模（床面積）や形状の影響を受けにくい**外皮平均熱貫流率U$_A$基準**に変更（換気や隙間風による熱損失は考慮しない）

❖冷房期の日射遮蔽性能の基準

冷房期の日射遮蔽性能の指標としては、**夏期日射取得係数**を基準としていた

→ 新基準では、床面積に関係しない**冷房期の平均日射熱取得率**による基準に変更

・外皮平均熱貫流率、冷房期の平均日射熱取得率ともに**地域区分**ごとに設定した基準値以下であることが求められる

（2）一次エネルギー消費量

評価の手法は、非住宅(9.3.2節)の場合と同様

■ 9.3.4　データセンターの省エネルギー指標

❖PUE(Power Usage Effectiveness：電力利用効率)

データセンターやサーバー室のエネルギー効率を定量的に評価する指標の1つ

$$PUE = \frac{データセンター全体のエネルギー消費量}{1T機器のエネルギー消費量}$$

❖PUEの値が小さいほど、1T機器以外の空調設備、照明設備などによる消費エネルギーの割合が小さい

→ それだけ1T機器を動かすためのエネルギー効率(省エネルギー性)が高い

PUE
出題　H24・H28

9.4　エネルギー消費量等

■ 9.4.1　建築物のエネルギー消費量

❖建築物で使用されるエネルギー

・空調・換気用、照明用、給湯用、搬送用等

・エネルギーの種類

一次エネルギー：ガス、各種油等　二次エネルギー：電力等

❖エネルギー消費量は、エネルギー種別毎に計量計測されている

・統計値としてまとめる場合は、すべて一次エネルギーに換算され、合算して表す

一次エネルギーと二次エネルギーの消費量
出題　H27
事務所ビルの一次エネルギー消費量
出題　H22

■ 9.4.2　各種建築物の一次エネルギー消費量

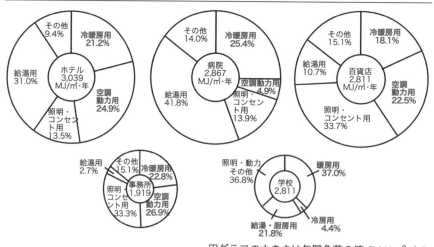

円グラフの大きさは年間負荷の値 [MJ/m²・年]

図9.20　各種建築物の一次エネルギー消費原単位およびその比率

■ 9.4.3　各種建築物の空調設備容量の概算値と機械室面積比率

❖空調設備の冷熱源(冷凍機等)と混熱源(ボイラー等)の延べ面積[m²]当たりの設備容量の概算値と、空調設備機械室(熱源機器室、ポンプ室、各階機械室、送風機室等)および電気設備室(電機室、発電機室、蓄電池室等)の延べ面積に対する面積比率(表9.4)

表9.4 各種建築物の設備容量の概算値と機械室面積比率

建築物用途	設備容量[W/m²]		空調機械室	電気機械室
	冷熱	温熱	面積比率[%]	面積比率[%]
事務所ビル	132	106	3.5	1.3
ホテル	104	130	4.4	1.2
病院	144	195	5.1	1.6
大規模店舗	141	112	3.5	1.5

※給排水衛生設備機械室、消防設備機械室等を含まない

❖ 超高層ビルなどのように高層化した建築物

→ 中間階にも機械室が必要となるため、機械室の床面積比率は増加する傾向

❖ 地域医療支援病院の機械室・電気室の床面積の合計は、延べ面積の10%程度占める例が多い

9.5 保全・管理

■ 9.5.1 耐用年数

（1）物理的耐用年数

・使用に耐えられなくなり、使用すると危険になるまでの年数

（2）経済的耐用年数

・機能的寿命を考慮しつつ、経済的評価に基づいて判断される耐用年数

（3）機能的耐用年数（社会的耐用年数）

・機能が相対的に低下し、建築物の便益や効果が著しく損なわれるまでの年数

（4）法定耐用年数

・税法上あるいは減価償却などを目的として定められた年数

→ SRC造の建築物は60 ～ 65年程度、建築物付属の空調設備は概ね15年

■ 9.5.2 劣化診断

（1）物理的劣化

・時間の経過とともに老朽化したり故障したりすること

（2）社会的劣化

・要求機能の変化や技術革新による陳腐化が要因となって生じるもの

（3）機能的劣化

・エネルギー費の上昇、法改正による陳腐化などによって生じるもの

■ 9.5.3 保全

（1）予防保全（PM：Preventive Maintenance）

・故障等が発生する前に、定期点検等の的確な保全措置を行うことにより、使用中の故障等の発生を未然に防止する行為

（2）事後保全（CM：Corrective MaintenanceまたはBM：Breakdown Maintenance）

・故障等の発生後に、修繕等の対応を実施する行為をいう。

■9.5.4 ESCO（エスコ：Energy Service Company）

❖ **既存の建築物**および工場の事業者等を対象に、**省エネルギー**を可能にするための設備、技術、人材、資金等のすべて手段を包括的に提供する**事業**

→ ESCOは、顧客に対して、それまでの環境を損なうことなく、一定の省エネルギーを実現することを保障

→ 一定量を超える省エネルギーメリットに関しては、あらかじめ定めた比率を顧客から受領可能

■9.5.5 ライフサイクル

（1）ライフサイクルコスト（LCC：Life Cycle Cost）

ライフサイクルコスト
出題　H26

❖ 建築や設備の建設から取り壊しまでにかかる総費用

→ 燃料・電力費や保守管理や修理などの維持費も含む

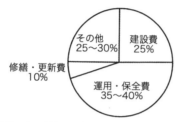

・使用年数が60年の場合は、建設費の割合が約17%（全体の1/6）
・使用年数が長くなるほど、運用・保全費の割合が増加
図9.21　一般的な事務所ビルのLCC（使用年数：40年）

（2）ライフサイクルエネルギー（LCE：Life Cycle Energy）

❖ 建築や設備の建設から取り壊しまでに要する総エネルギー量

→ 燃料、電力のほか、材料の製造、輸送等のエネルギーを含む

（3）ライフサイクルCO_2（$LCCO_2$：Life Cycle CO_2）

ライフサイクルCO_2
出題　H25・H26・H30
　　　R02

❖ 建物や設備の建設から取り壊しまでに発生する二酸化炭素CO_2の総量

→ 地球温暖化に関する指標

図9.22　一般的な事務所ビルの$LCCO_2$
（建替え周期35年）

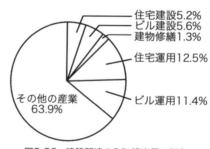

図9.23　建築関連のCO_2排出量の割合

・運用段階のエネルギー消費によるCO_2の排出量の割合が最も高く、全排出量の50%以上になる場合もある

・日本全産業から排出されたCO_2排出量のうち1/3程度は**建築関連分野**から排出

→ そのうち**運用**に関するものは、**2/3程度**

・省エネルギー建築は、運用段階の割合が減少し、30%程度となる場合もある

（4）ライフサイクル廃棄物量（LCW：Life Cycle Waste）

❖建物や設備の建設から取り壊しまでに排出される廃棄物の総量

→ 耐用年数の短い（一般に15年）建築設備では、更新工事に伴う割合が大きい

→ 更新工事の廃棄物の割合は全体の7割近くを占める

❖LCWを削減するためには、下記のような対策が必要

・耐周年数をできるだけ長くする

・既設器材の再利用を図る

・廃棄物のリサイクルを積極的に行う

等の対策が必要

（5）ライフサイクルアセスメント（LCA：Life Cycle Assessment）

❖原料の調達から資材の製造、建設、運用、改修・更新、廃棄に至るまでのライフサイクルの各段階で使用される資源やエネルギー消費量、CO_2、NOxの排出量、固形廃棄物の排出量等を分析し、**環境へのあらゆる影響を評価すること**

→ 環境的に優位な製品の選別や、対象製品の環境効率向上のために検討すべき事項などについて、有益な情報を得られる

❖LCAの手順（ISO14040/JISQ14040に規定されている4つの段階）

①目的と調査範囲の設定

LCAを実施する目的を明確にするとともに、調査する対象範囲を決定

②ライフサイクルインベントリ分析

対象とするプロセスすべての環境負荷を算定して総和し、ライフサイクル全体での環境負荷量を求める

→ 結果は環境負荷物質ごとに重量等の物理量で表示

③ライフサイクル影響評価

・環境負荷によって発生しうる潜在的環境影響量を評価

→ 地球温暖化など環境問題に対する寄与を評価することもあれば、様々な環境問題を統合化して単一指標化することもある

・結果の表され方

→ ライフサイクル影響評価中のステップや評価手法により異なる

④ライフサイクル解釈

・分析・評価結果から、どのプロセスや物質、環境問題が重要であるか検討

→ LCAに利用したデータの信頼性検証、必要であれば再調査し精度の向上を図り、その結果から結論を導く

・一連の流れを通じて得られた結論等は、関係者に通知されるよう、報告書に記述

→ 結果の信頼性等を保証するため、第三者による**クリティカルレビュー**などを実施

※**クリティカルレビュー**

目的に対して適切で説得力のあるデータを用いているか、実施されたLCAがその時参照した規格に整合しているか等を確認すること

第**9**章

省エネルギー・保全・管理

給排水・衛生設備

❖給排水・衛生設備の目的
- 人が居住、活動する場所や建物内外の水周りの環境を作り上げる
- 安全かつ衛生的、機能的で利便性がよい、災害時への備えなどが求められる
- 地球環境への対応(節水、省エネルギー)、さらに、高齢者への対応なども含めて考慮

10.1　給水設備

■ 10.1.1　給水源

（1）上水道
- 市町村等の施設から上水を供給する水道

（2）井戸
- 上水道のない場合の水源
- 用途や水源の水質によっては水処理が必要(砂、鉄分、硬度(Ca^{2+}、Mg^{2+})、大腸菌等)

（3）その他
- 河川、湖沼、工業用水道、中水道(排水の再利用等)、雨水利用など

■ 10.1.2　節水と省エネルギー

❖節水は、水資源の節約だけでなく、送水に必要なエネルギーも削減可能
- 節水や排水再利用は、排水による環境負荷も低減
- 給水栓は、**節水こま**や泡沫水栓等を用いて節水を図る
  → 節水こまは、こま底部を大きくし、水流を少なくする

❖シングルレバー水栓は、2ハンドル混合水栓より無駄が少ない

節水こま
出題　H25

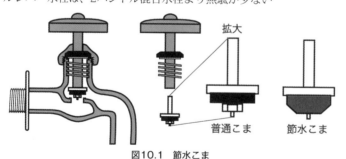

拡大

普通こま　　節水こま

図10.1　節水こま

■ 10.1.3　用途と水質

（1）上水
- ❖飲料や人体に直接ふれる水
  → 水道法で、有毒・有害物質含有量、**大腸菌**等の水質基準を規定
  ①赤痢菌や急性胃腸カタルの原因となる大腸菌は含まれてはならない
  ②さらし粉等塩素剤の強力な酸化作用で殺菌し、規定の**残留塩素を有する水**を供給

※殺菌効果は残留塩素（遊離塩素）0.1ppm、結合塩素0.4ppmの残留が判定基準
（水道法施行規則第17条）

（2）雑用水

❖洗浄などの目的で供給される水をいい、用途によって必要水質が異なる

■ 10.1.4　給水量

❖主な建築物の使用水量を下表にまとめた

表10.1　建築物の用途別使用水量

建築物	使用水量
住宅	160〜350ℓ/人・日
事務所	60〜120ℓ/人・日
学校	140〜250ℓ/人・日
ビジネスホテル	400〜500ℓ/客・日
病院	500〜2,000ℓ/床・日

設計用給水量
出題　H23・H24・H26
　　　R02

表10.2　器具別使用水量

用途種別	使用水量		使用器具	使用水量	
飲料用	1	ℓ/人・日	小便器	4	ℓ/回
炊事用	35	ℓ/人・日	手洗器	3	ℓ/回
洗面用	20	ℓ/人・日	洗面器	10	ℓ/回
便所用	50	ℓ/人・日	キッチン流し	15	ℓ/回
洗濯用	150	ℓ/戸・日	浴槽	180	ℓ/回
浴室用	250	ℓ/戸・日	シャワー	60	ℓ/回

■ 10.1.5　使用水量の比率

表10.3　上水（飲料水）と雑用水との比率

用途	飲料水（%）	雑用水（%）
一般建築	30〜40	60〜70
住宅	65〜80	20〜35
病院	60〜65	35〜40
デパート	45	55
学校	40〜50	50〜60

建物別使用水量の比率
出題　H22・H27

■ 10.1.6　最低必要水圧

表10.4　最低必要水圧

器具種別	最低必要水圧（kPa）	備考
一般水栓	30	
自動水栓	50	
ガス給湯器	20〜80	
便器	70	
シャワー	30〜70	70kPaから節水により低圧化

最低必要水圧
出題　H23・H26

❖高置水槽は、建築物の最高所の水栓・所要器具の必要水圧を確保できる高さに設置
→ 高低差1mは9.8kPa（≒10kPa）の水圧に相当

■ 10.1.7　給水方式

表10.5　給水方式と特徴

方式	水道直結方式		受水槽方式		
	水道直結直圧方式	水道直結増圧方式	高置水槽方式	ポンプ直送方式	圧力水槽方式
系統図					
規模	低層・小規模	中低層・中規模	中大規模	中大規模	中大規模
水道本管径	太い	細い	住戸数による	住戸数による	住戸数による
給水圧力変化	本管動水圧に依存 地域差大	ポンプ制御により 一定	ほぼ一定	ほぼ一定	圧力水槽の圧に依存 →水圧変化は大きい
水質汚染の可能性	最も少ない	少ない	最も多い	多い	多い
水道本管の断水時の給水	供給不可	供給不可	受水槽＋高置水槽の貯留分は供給可能	受水槽の貯留分は供給可能	受水槽の貯留分は供給可能
停電時の給水	供給可能	本管圧のみにより供給可能	高置水槽の貯留分は供給可能	発電機がなければ供給不可	発電機がなければ供給不可
設備機械室	不要	増圧ポンプのみ	受水槽*1 揚水ポンプ 高置水槽*2	受水槽*1 送水ポンプ	受水槽*1 送水ポンプ 圧力水槽

＊1：1日の使用量の1/2程度　　＊2：1日の使用量の1/5程度

■ 10.1.8　上水の汚染防止

❖飲用に供する可能性のある上水 → 病原菌など衛生上有害な物質の混入に留意

❖上水と上水以外の水が混ざるような配管（クロスコネクション）

　→ 上水と上水以外（井水等）の配管は、**逆止弁を付けても接続禁止**

❖受水槽への有害物質の侵入や、断水時等に生じる負圧や逆サイフォン現象によって起きる逆流などによる汚染防止 → **吐水口空間やバキュームブレーカーを設置**

　※逆流防止装置：増圧ポンプの**下流側**に設置

（1）吐水口空間

　❖逆流による上水の汚染防止

　　・給水栓の吐水口と器具のあふれ縁との間に、吐水口径の有効断面の**直径の2 ～ 3倍以上**の**吐水口空間**を設置（一般的な蛇口では15cm）

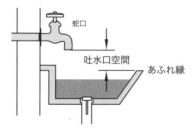

図10.2　水道蛇口の吐水口空間

水道直結直圧方式
出題　R01
水道直結増圧方式
出題　R01
高置水槽方式
出題　R01
ポンプ直送方式
出題　R01

逆流防止器の設置位置
出題　H27
クロスコネクション
出題　H27・H30・R04

（2）バキュームブレーカー

❖便器の洗浄弁の廻りや給水管に設置

・逆サイフォン現象：給水管内が負圧になると、吐出水が給水管内に逆流

→ バキュームブレーカーは外部から空気を吸引して**負圧の発生を防ぎ**、汚水等の逆流を防止

バキュームブレーカー
出題　H22・H27・H30
　　　R04

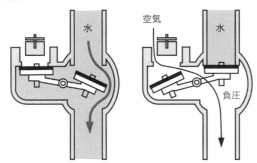

図10.3　洗浄弁に設けられるバキュームブレーカ（大気式）の例

■ 10.1.9　受水槽（建設省告示第1597号）

（1）受水槽の構造

①受水槽は、6面点検（周囲・上下の点検）が可能な位置に配置

・受水槽周囲の保守点検スペース　　：60cm以上

・受水槽上部にあるマンホールの周囲：1m以上

②**飲料水**の受水槽は建築物の躯体利用**禁止**

→ 上水以外の**消火用補給槽**や**雑用水系統の受水槽**などは建築物の躯体利用が可能

③オーバーフロー（溢水）管の接続は、**間接排水**とする

④FMバルブ（主弁）は、満水になると給水停止装置（副弁）により主弁を閉鎖

⑤水槽内には**雑用水給水管**の貫通**禁止**

⑥水流入口は、オーバーフロー管よりも**上方で開口**（給水）

⑦地震時に飲料水を確保するため、地震感知により作動する**緊急遮断弁**を設置

⑧FRP製は藻類の発生を防ぐ → **水槽照度率0.1%以下**

受水槽の点検スペース
出題　H23・H26・H30
雑用水系統の受水槽
出題　H29
消火用水槽の構造
出題　H26・H30
間接排水
出題　H24・H29
緊急給水遮断弁
出題　H25・H28・R01
飲料用受水槽災害応急対策
出題　H28
水槽照度率
出題　R05

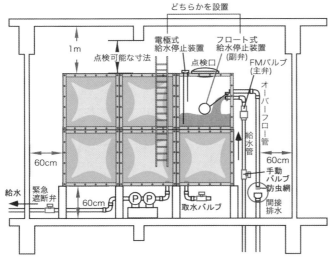

図10.4　受水槽の構造例

（2）受水槽の容量

❖受水槽の容量 → 1日使用水量の約半分（4/10 〜 6/10）程度

・一般に、長時間水槽内に貯水すると、死水や汚染のおそれが高くなる

❖高置水槽は、外部環境（日射や風、昆虫の混入）の影響を受けやすい

→ その容量は、水質汚染の影響を考慮して、時間最大予想給水量の0.5 〜 1倍
または1日の使用水量の10 〜 20%（1/10 〜 1/5）程度が目安

受水槽の容量
出題　H25

（3）受水槽の材質

❖清掃・保守を考慮し、腐食しにくい材質を選択

→ 受水槽の材質に、使用目的に応じて、鋼板・ステンレス鋼板・遮光型（藻の繁殖
防止）強化プラスチック（FRP）・木などが用いられる

受水槽の材質
出題　H25・H28

（4）清掃・保守

❖受水槽や高置水槽は年1回以上清掃を要する

→ 2槽式とするか、中仕切を設け2槽区分すれば断水せずに清掃可能

→ 衛生管理上、塩素滅菌装置を設置することが多い

■ 10.1.10　給水配管の留意点

（1）管材料

❖給水管が鉄管（鋼管）で、鉄の面が水と直接触れている場合

→ 水質によっては、水中の溶存酸素等により、鉄が酸化・溶出して赤水を生ずる

→ 鋼管内面に塩化ビニル等をライニングした樹脂ライニング鋼管を使用

❖異種の金属管を接続

→ 2種の金属管の間で生じる電位差により腐食（電食）が発生

❖次に示すイオン化傾向の大きい方が侵食される

Al＞Zn＞Fe＞Ni＞Sn＞Pb＞Cu＞Hg

→ 鋼管のハンダ（PbとSnの合金）接合、鉄管と砲金の金具（CuとSnの合金）との接続
などによっても腐食が発生

赤水の発生防止
出題　H28

表10.6　主な管材の種類と用途

分　類	名　称	給水	給湯	排水	通気	消火
合成樹脂管	耐熱性硬質塩化ビニル管		○			
	架橋ポリエチレン管	○	○			
	ポリブテン管	○	○			
	硬質塩化ビニル管	○		○	○	
金属管	鋼管			○	○	○
	ステンレス鋼管	○	○			
	銅管	○	○			
	ダクタイル鋳鉄管	○		○		
ライニング鋼管	硬質塩ビライニング鋼管	○				○
	耐熱性硬質塩ビライニング鋼管		○			
	排水用硬質塩ビライニング鋼管			○	○	

❖給湯管には、架橋ポリエチレン管のさや管
ヘッダ工法の架橋ポリエチレン管を採用

※さや管ヘッダ工法

洗面所等の水廻り部に設置されたヘッダから管
を分配し、各水栓等の器具に単独接続するもの
で、ガイドとなる樹脂製のさや管内に樹脂製の
内管を挿入したもの

図10.5　さや管ヘッダ工法

❖**ダクタイル鋳鉄管**は、一般に屋外の上下水道
管やガス管等に採用され、**建物内では採用され
ない**

※ダクタイル鋳鉄管

従来鋳鉄の組織中に細長い片状に分布してい
た**黒鉛**を**球状化**させ、強度や延性を改良した
鋳鉄

図10.6　ダクタイル鋳鉄管

（2）空気溜りの防止

❖**鳥居状の配管を避けるか、または空気抜弁を設置**

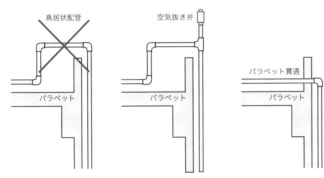

図10.7　空気溜りを避ける配管の組み方と空気抜き弁

（3）結露防止

❖井戸水など夏季に低温となる配管は**防露被覆**を厚くする

❖受変電室内（高温室）に水道管などの低温配管を配置しない

（4）凍結防止

❖寒冷地の給水管の地中埋設の深さは**凍結深度**より深い位置に埋設

→冬期は、屋外の水栓類の**水抜き**をし、酷寒地では**防凍水栓**を使用

※防凍水栓：凍結前に自動（バネ式）で少量吐出する機構のついた水栓

（5）水撃防止

❖**ウォーターハンマー**：水栓等を急閉鎖した場合、騒音振動を生じる現象

→水圧が高く流速が速いと生じやすい

・防止対策として、以下の方法がある

①レバーハンドルなどの急閉止の器具は使用しない

②管内流速を**2m/秒以下**となるように管径を太くする

③**エアチャンバー**などの水撃防止器を設置

寒冷地の給水管の
地中埋設深さ
出題　H27

ウォーターハンマー
出題　H26

第**10**章

給排水・衛生設備

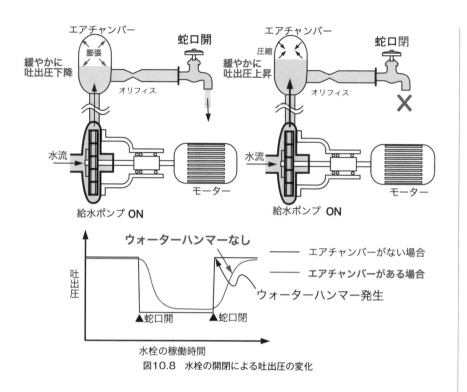

図10.8　水栓の開閉による吐出圧の変化

■ 10.1.11　給水管径の決定法

❖給水管径は、その部位に流れる瞬時最大流量を基にして、流量線図から決定

❖瞬時最大流量を求める方法
　・一般の建築物 → 器具給水負荷単位による方法
　・集合住宅　　 → 住戸数あるいは居住人数から予測する方法

❖器具給水負荷単位：衛生器具の種類による使用頻度、使用時間および多数の器具の同
　　　　　　　　　　時使用を考慮した負荷率を見込んで、給水流量を単位化したもの
　　　　　　　　　　→ 洗面器の洗い流しの流量（9.8N/cm^{2}で、毎分14ℓ）を基準流量
　　　　　　　　　　（給水負荷単位）

❖便器の場合
　→ 洗浄タンク方式より洗浄弁方式のほうが、給水負荷単位が大きい

表10.7　器具給水負荷単位

器具名	水栓名	公衆用	私室用
大便器	フラッシュバルブ	10	6
	タンク式	5	3
小便器	洗浄弁	5	6
	タンク式	3	3
洗面器	給水栓	2	1
キッチン流し	シングルレバー水栓	3	－
	混合水栓	4	2
浴室	給水栓	4	2
シャワー	混合水栓	4	2

10.2 排水通気設備

■ 10.2.1 排水種別

表10.8 排水の種類

水道法上の分類	種類	内容
汚水	汚水	大小便器などからのし尿を含む便所洗浄排水
	雑排水	厨房流し・浴室浴槽・床排水・洗面器などからの雑排水
雨水	雨水	降雨や湧水による雨水排水
特殊排水		工場、研修所、病院などからの酸・アルカリなどの薬品、放射性物質などが含まれる特殊排水

■ 10.2.2 排水方式

（1）排水方式（分流式と合流式）

❖分流式と合流式

①分流式排水：建築物内の排水設備 →「汚水」と「雑排水」とを別系統にする方式
　　　　　　　公共下水道 →「汚水及び雑排水」と「雨水」とを別系統にする方式

②合流式排水：「汚水及び雑排水」と「雨水」とを合流して一系統にする方式

・公共下水道：市街地における下水を排除、処理するために**地方公共団体**が管理する下水道で**終末処理場**を有するもの、または**流域下水道**へ接続するもの

・都市下水路：市街地の**雨水排除**を目的として設置されるもので、主として既存の水路などを都市下水路として指定し整備したもの

・終末処理場：下水を最終的に処理して河川その他の公共用水域または海域に放流するために設ける**処理施設**（下水処理場）

（2）終末処理場を有する公共下水道以外に放流する場合の排水方式

❖衛生上支障が無いように屎尿浄化槽を設置（③**合併屎尿浄化槽式**）する義務がある
　※下水道法では「汚水」=「汚水」+「雑排水」、「下水」=「汚水」+「雨水」

❖排水の排除方式
建築物内の排水の排除方式 → 重力式排水と機械式排水がある

①**重力式排水**：桝を使い、**自然勾配**を利用して排水する方式

②**機械式排水**：重力式排水が不可能な部分（地下など）地下に排水槽を設け、排水**ポンプで揚水**して排水する方式

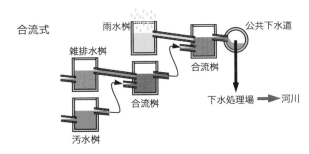

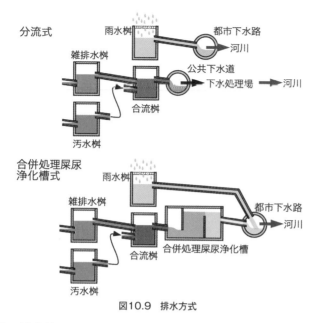

図10.9　排水方式

■ 10.2.3　排水管

❖排水管は、①**汚水排水管**、②**雑排水排水管**、③**雨水排水管**の3種類に分け、各排水管は、系統別にまとめ敷地内の合流桝に合流させる

　→ 建物内で結合させてはならない

❖**1階とそれ以外の階は別系統の排水管とする**

　→ 小規模な建築物では汚水排水管、雑排水排水管が各2系統、合計4系統になる

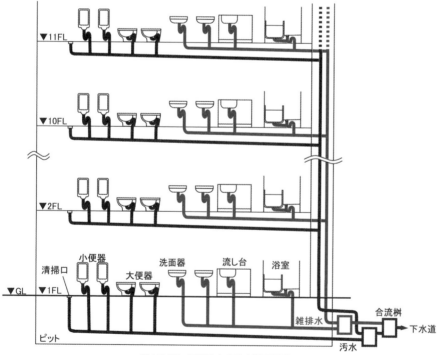

図10.10　建築物内の排水管配置例

■ 10.2.4　排水配管の留意点

（1）一般排水配管

①曲がりをゆるやかにし、糸屑などが引っ掛かりにくい排水用の管・継手を使用

②汚物等を円滑に排出するには**勾配**が重要

　→ 管が太いもののほうが、勾配を小さくできる

③排水横管の勾配

・緩いと流速が遅くなり、洗浄力が弱くなって固形物が付着しやすくなる

　→ 最小流速は**0.6m/s程度**になるよう設定

・勾配を急にして流速を速くすると流水深が浅くなり、固形物に対する搬送能力が弱まる→ 限界流速は**1.5m/s程度**

表10.9　排水横管の勾配

管径（mm）	最低勾配
65以下	1/50
75,100	1/100
125	1/150
150以上	1/200

表10.10　排水管の最小管径

器具の種類	最小管径（mm）
大便器	75,100
小便器	40,50
洗面器	32
浴槽・洗濯・厨房流し	40
シャワー・床排水	50
清掃用流し（SK）	65

④排水管内の点検や清掃を行うために排水管の末端や屈曲部、長い経路の途中に掃除口を設置

　❖掃除口の設置場所

・排水管が**45°を越える角度**で方向を変える箇所

・排水横管の管径が100mm以下の場合は**15m以内**ごと、管径が100mmを超える場合は**30m以内**ごと

・排水立て管の最下部またはその付近、および5階おき程度

・排水横主管および排水横枝管の起点

・排水横主管と敷地排水管の接続箇所に近い箇所

⑤桝は清掃・点検の目的もある

　→ 汚水・雑排水桝は、**インバート（導流溝付き）桝**によることが標準

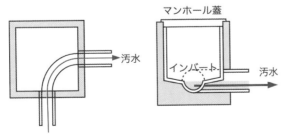

図10.11　インバート桝

⑥排水立て管は直接屋外に出し、1階の排水横管に接続しない

⑦多層建築物の排水立て管の管径

　→ どの階においても最下部の最も大きな排水負荷がかかる部分と**同一管径**
　（排水流下時における排水管内の通気機能を確保するため）

排水管清掃口の位置
出題　H25

排水立て管の管径
出題　H27

（2）雨水配管

①雨水立て管 → 屋内で雨水以外の系統の排水管に**接続禁止**

雨水立て管の分離
出題　H27

②雨水立て管の管径 → 建設地の**最大雨量**と、その立て管が受けもつ**屋根面積**（水平投影面積）等をもとに決定

雨水立て管の管径
出題　H22・H27

❖壁面に吹きつける雨水が下部の屋根面に流下する場合

→ 一般に、**壁面積の50%**を下部の屋根面積（水平投影面積）に加算して、雨水排水管の管径を求める

③同一屋根面において雨水立て管は少なくとも**2本以上**設置

④雨水管の**最小管径は50mm**

⑤雨水横主管または敷地雨水管に接続する雨水横枝管には**トラップ設置禁止**

⑥雨水排水管を合流式下水本管に接続する場合

雨水管と汚水管の接続
出題　H22・H25・H29
　　　　R01

→ 屋外の排水桝で雨水管と汚水管水管を**合流**させた後に接続

→ 雨水排水管は、臭気、下水ガスの逆流や害虫の侵入を防ぐために、**雨水用トラップ**を設置

→ 雨水用トラップは、一般に**U**トラップを用いるか、排水桝を**トラップ桝**にする

トラップます
出題　H29

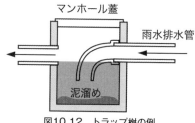

図10.12　トラップ桝の例

（3）防火対策

❖防火区画を貫通する塩ビ管の前後1mは、耐火構造や不燃材仕上げとする

（4）防食対策

❖屎尿汚水や埋設管は、耐食性のある管材料を使用

→ 鉛管はアルカリに弱いので、コンクリートに埋込む場合は**アスファルトジュート**（天然繊維）巻き

（5）検査

❖工事の終わった屋内排水、通気配管は、全体および系統毎に煙試験を実施

■ 10.2.5　排水層（建設省告示第1597号）

（1）排水槽

①排水槽の底には吸い込みピットを設け、これに向かって**1/15 ～ 1/10**の勾配

排水槽ピット勾配
出題　H23・H24・H28
　　　　H30

②通気のための装置を設け、直接外気に衛生上有効に開放

③内部保守点検を容易かつ安全に行える位置に**直径60㎝以上**のマンホールを設置

④通気のための装置以外は臭気の漏れない構造

（2）排水ポンプ

①排水ポンプには予備ポンプを設けて**自動交互運転**を行う。

②排水ポンプの排水系統の配管は、原則として一般排水系統と接続せずに、屋外汚水桝まで、**単独で配管**

③排水ポンプには、一般に、排水槽内の**滞留時間が2時間以内**となるようにタイマーを設定

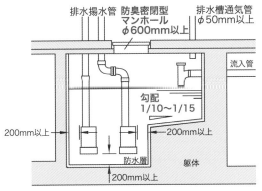

図10.13　排水槽と排水ポンプ

■ 10.2.6　通気管

❖排水管の封水トラップが**サイフォン作用**により**破封されないように**（トラップの封水保護）、排水管と同径以上の空気を取り入れる**通気管**を配置する

通気
出題　H22・H27・H30

→通気管を設けることにより、排水管内の圧力変動が小さくなり、排水の流れも円滑になる

（1）通気管の種類

①各個通気管　：各階各器具のトラップの出口側頂部から通気立て管に接続するまでの通気管

各個通気管
出題　R02

→トラップごとに通気されているので**最も性能が良く、自己サイフォン作用も防止**

②**ループ通気管**：2個以上の器具トラップを保護するため、**排水横枝管の最上流と2番目の合流の間**に設け、通気立て管に接続するまでの通気管

ループ通気管
出題　R02

→ループ通気管の管径は、**排水横枝管と通気立て管のうち、いずれか小さい方の管径の1/2**よりも小さくしてはならない

③**伸長通気管**　：排水立て管の頂部を延長した伸頂通気管を屋上または最上階の壁に立ち上げ、大気に開放する方式

伸長通気管の管径
出題　R01

→伸頂通気管の管径は、**排水立て管の管径よりも小さくできない**

伸長通気方式
出題　R02

一方、メリットとしては
・器具通気管・通気横枝管・通気立て管などを**省略可能**
・器具と排水立て管との距離が短い**共同住宅**などでは、経済的

④通気立て管　：各横枝通気管から屋上または最上階壁面まで貫通した通気管

⑤逃がし通気管：排水管と通気管の双方の空気の流れを円滑にするために設置する通気管（器具を**8個以上**持つ排水横枝管につける）

⑥結合通気管　：**10階ごとに1箇所**、排水立て管と通気立て管とを結合する通気管

⑦通気弁方式　：通気管端部（ベントキャップ部）に**通気弁**を設け、排水系統の吸出作用や臭気の漏出を防止

通気弁方式
出題　R02

→通気弁は**正圧によって弁が閉じ、負圧によって弁が開放**

⑧特殊排水継手：空気が流れやすいように渦が形成されるように加工した継手

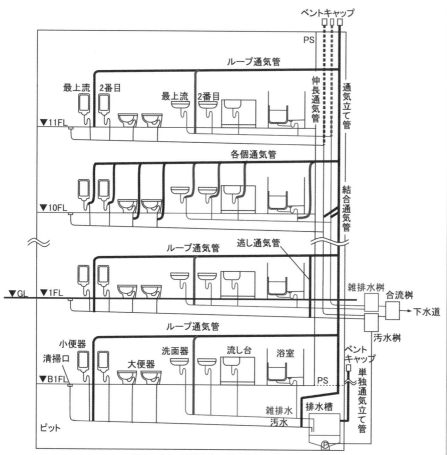

図10.14　建築物内の排水通気配管配置

図10.15　通気弁の構造（ベントキャップ）

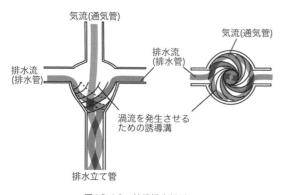

図10.16　特殊排水継手

（2）通気管の留意点

①通気管は排気ダクトや雨水管に接続禁止

②通気横枝管 → その階における最高位の器具の**あふれ縁**より**15cm以上上方**で、横走りさせる

③排水横管からの通気の取り出し

→ 排水横管の水平中心線から**45°以上90°以内の角度**で接続

水平にすると排水が入り、空気層が閉塞する

④通気立て管の下部

→ 排水立て管に接続される最低位の排水横枝管系統のトラップの封水保護のため、**最低位の排水横枝管よりも低い位置**で、排水立て主管または排水横主管に接続

通気管の取り出し方法
出題 H22

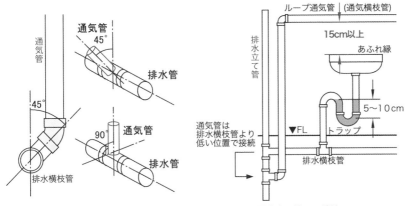

図10.17　排水横管からの通気の取り出し・排水立て管への接続

⑤通気管の大気開放端

・屋根に開口する通気管 → 屋根から**200mm以上**立ち上げなければならない

・屋上を庭園・運動場・物干し場等に使用する場合 → 屋上から**2m以上**立ち上げる

・建物の窓がある場合 → 窓から**3m離す**か、**600mm以上**立ち上げる

通気管の大気解放端位置
出題 H22・H27

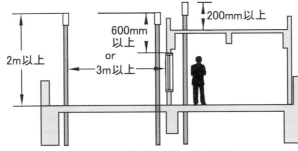

図10.18　通気口先端部の開口位置

■ 10.2.7　トラップ（排水用）

❖排水管からの臭気やガスが室内へ侵入するのを防ぐため、排水管の一部に常時、水（封水）を溜めるようにした装置

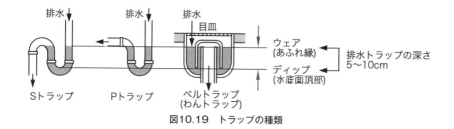

図10.19　トラップの種類

（1）排水トラップの深さ（封水深排水）

❖阻集器を除き、排水トラップの深さは、管径に関係なく5～10cm

・排水トラップの深さが**深すぎる**

→ トラップの下部にゴミが溜まりやすく、自浄作用で押し流すことが困難

・排水トラップが**浅すぎる**

→ 水が蒸発したり、他の器具からの排水の圧力で封水が逆に器具側へ押し出されて、封水が破られるおそれ

（2）水封の失われる原因

①自己サイフォン作用：Sトラップに生じやすい（各個通気で阻止可能）

②吸出し作用・跳ね出し作用：管内の圧力変動により生じる

③毛細管現象：Sトラップやベルトラップで生じやすい

④封水蒸発　：長期不使用時に生じる

（3）二重トラップの禁止

二重トラップは、トラップ間が**無通気部分**となり、排水の流れが阻害されるので、いかなる場合も禁止

二重トラップの禁止
出題　H22・H29・H30
　　　R03

■ 10.2.8　阻集器

❖**阻集器**：排水中に含まれる有害・危険な物質、望ましくない物質、または再利用できる物質の流下を阻止、分離、収集し、残りの排水のみを自然流下させるような機能・構造をもった装置

グリス阻集器
出題　H25・H30

表10.11　阻集器の種類

種類	収集方法	主な設置場所
グリス阻集器	厨房の排水に含まれる油脂類を浮かして水と分離し収集	飲食店
オイル阻集器	ガソリン・油類を阻集器の中で水面に浮かべ収集	ガソリンスタンド車修理工場
砂阻集器	土砂・セメントなど重い物質を沈殿させ収集	コンクリート工場
毛髪阻集器	毛髪や不溶性物質を網目スクリーンで収集	美容院・理髪店
プラスター阻集器	石膏・貴金属などの不溶性物質を沈殿させ収集	歯科医院・外科医院

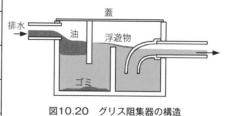

図10.20　グリス阻集器の構造

10.3 衛生器具設備

■ 10.3.1 大便器

（1）大便器の種類と特徴

表10.12 大便器の種類と特徴

種類	排水原理	溜水面	特徴
❖洗い落とし	❖洗浄水放出口 縁の穴 ❖排水方式 水流の勢い	狭い	・水流の勢いで汚物を押し出す ・便器内乾燥面に汚物が付着しやすい ・排水のための水使用量が多い
❖サイフォン式	❖洗浄水放出口 縁の穴 ❖排水方式 サイフォンの原理	狭い	・溜水量を少なくすることで、サイフォンの原理で汚物を水流一緒に排出する ・便器内乾燥面に汚物が付着しやすい
❖サイフォンゼット式	❖洗浄水放出口 縁の穴・ゼット穴 ❖排水方式 サイフォンの原理	広い	・汚物の付着を少なくするため、溜水面を広くした結果、サイフォンが起こりにくくなるため、ゼット穴からの水流で強制的にサイフォン作用を起こさせる
❖サイフォンボルテックス式	❖洗浄水放出口 側部の放出口 ❖排水方式 水流の渦 ＋サイフォンの原理	広い	・渦流（ボルテックス）による排出なので空気を巻き込まず静音を実現 ・溜水面を広く汚染が少ない ・フチレス化が可能

（2）望ましい大便器の条件

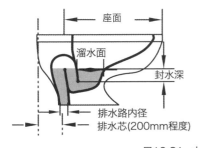

望ましい便器の条件
①乾燥面が少なく、溜水面が広い
②洗浄時の騒音が小さい
③洗浄水量ができるだけ少ない
④排水路内径が大きい
⑤封水深ができるだけ深い
⑥座面が広い

図10.21 大便器の種類と特徴

洗落とし式
出題 H24

サイフォン式
出題 H24

（3）大便器の洗浄装置

①フラッシュバルブ式（洗浄弁方式）

❖給水管に直結し、弁を押すと13～15ℓの水が流れる**定量弁**の一種

→ 連続して使用でき、安価でスペースをとらない

・給水管の管径の太い給水管から**直接排水する**

・水圧が**70kPa以上**必要で、**騒音も大きい**

・**不特定多数**の人が連続して使用する駅舎、競技場、百貨店、劇場等に適合

②ロータンク式

❖便器に近接して設けたタンクに溜めた水を一時に流し、洗浄を行う

→ **騒音は最も小さく**、給水管の**管径**や**水圧(30kPa以上)**も小さくて済む

集合住宅やホテル等の客室に適合

タンクへの**注水時間を要する**(使用が休憩時間に集中する劇場等には不向き)

寒冷地においては、**防露タンク**、**防露便器**とする

③ハイタンク式

❖床上1.8m以上の高さに設けたタンクから洗浄水を流すもの

→ ロータンクよりも**騒音が大きい**が、床面付近にスペースを取らない

住宅などで**便所が狭い場合**などに採用

④タンクレス式

❖住宅用洋風便器のロータンクをなくしたタイプで水道の水圧だけで流す**ダイレクトバルブ式の便器**

→ 節水型便器に水道直圧で洗浄する(フラッシュバルブとは異なる)

タンクがないことによるデザイン性の向上や節水にも貢献

水圧の低い場所では**使用できない**

ブースターや**ポンプ**などで増圧、水量増加する方式もある

（4）節水型大便器

❖洗浄水量を節水することのできる大便器

→ JISでは節水I型、節水H型に区分される

節水型大便器は、1回当たりの洗浄水量が**6ℓ以下**のものが主流、近年は**3.8ℓ以下**としたものも市販されている

表10.13　節水型大便器節水の区分

節水区分	洗浄水量
節水Ⅰ型	8.5ℓ以下
節水Ⅱ型	6.5ℓ以下

大便器の洗浄装置
出題　H25

■ 10.3.2　小便器

（1）小便器の種類と特徴

①壁掛形

最も安価であるが、周囲床が汚れやすい

②**ストール形**(ストールとは間仕切りの意味で便器の両側が間仕切り)

床置形で身長に関係なく使用でき、周囲床を汚す心配は少ない

③壁掛ストール形

壁掛形とストール形の中間的なもので、大人のみが使用する建物に適している

④連続ユニット形

排水溝、前面パネル、足台のユニットを連続した**ユニット形**のもので、トラップの詰まり等の心配が少なく、駅や公衆便所での採用例が多い

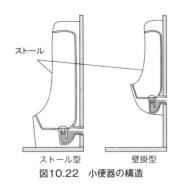

ストール

ストール型　　　壁掛型

図10.22　小便器の構造

（２）小便器の洗浄装置

①フラッシュバルブ式（洗浄弁方式）

❖押ボタンを押すと1回に**4〜5ℓ**の水が流れる定量弁の一種

→ 押し忘れなどにより、便器の汚れや臭いの恐れ

事務所ビル等では人感センサなどにより使用者を感知、給水管に設けた電磁弁を開け、自動的に洗浄するシステムの採用例が多い

②自動サイフォン式

❖小便器**2〜3個ごと**に**ハイタンク**を設け、ハイタンク内に設けたサイフォン管で**5〜10分間**ごとに自動的に洗浄水を流すようにしたもの

→ 常時あるいは断続的に使用される用途に向く

夜間や学校などの夏休みなどで**使用されない期間**には対処が必要

集会場施設などでは、**個別感知式**の方が適している

■ 10.3.3　所要器具数

建物内に設置する衛生器具の個数は、一般に、次の手順で算定

①器具の利用形態として、1日中ランダムに利用される**任意利用形**か、休憩時間などに集中的に利用される**集中利用形**かを選定

②便所の配置計画によって、各テリトリーの男女別利用人員を予測

③単位時間当たりの到着人員とその分布、**器具の占有時間分布**を設定

④待ち行列などのサービスレベルを設定

（レベル1はゆとりある上限値、レベル2は平均値、レベル3は最低数の下限値）

⑤経済性、施工性などを検討

経済性 → 器具数が多くなると同時に使用する頻度が低下する

・男女50人ずつ合計100人のフロア

→ 男子小便器3個、男子個室2個、女子個室3個程度が目安

10.4　排水処理・排水再利用

■ 10.4.1　単独処理浄化槽の設置禁止

❖公共下水道が整備されていない地域で便所を水洗とする場合、浄化槽で処理が必要

→ 河川など処理水の排水先や処理人員等により浄化槽からの放流水の**BOD**を規定

❖浄化槽の新設時

→ 原則として、**尿汚水**の他に、すべての**生活排水**（別途に処理を要する特殊排水や雨水を除く）を合併処理する**合併処理浄化槽**の設置が必要

衛生器具の個数
出題　H25

■ 10.4.2　水質の評価に関する用語

（1）BOD（Biochemical Oxygen Demand）生物化学的酸素要求量
- ❖水中の有機物の量を、水中の微生物が有機汚濁物質を生物化学的に酸化分解するときに消費する酸素量で表したもの
  - → 値が**大きいほど汚れがひどい**（単位はmg/ℓ）河川の汚れを評価

（2）COD（Chemical Oxygen Demand）化学的酸素要求量
- ❖排水中の酸化されやすい**有機物**などによって消費される酸素量を、**酸化剤**（硫酸銀、過マンガン酸カリウムなど）を用いて分解するときに消費する**酸素量**で表す）
  - → 値が**大きいほど汚れがひどい**（単位はmg/ℓ）**海洋、湖、沼を評価**

（3）SS（Suspended Solid）
- ❖水中の**浮遊物質濃度**。水の見かけ上の**清浄度**を表す指標

■ 10.4.3　排水再利用システム

（1）排水再利用水の用途
- ❖排水を高度処理した**再利用水**（中水）
  - → 大便器及び小便器の**洗浄水**（以下「便所洗浄水」という）として使用
  - → 掃除流しや散水用として使用する場合は、**飲用不適の表示**や管種を変えて誤接合を避けるなど十分な対策が必要

排水再利用水の用途
出題　H23・H28

（2）排水再利用水の原水
- ❖洗面、手洗い、湯沸し、炊事、厨房、掃除、風呂等の雑排水、および**便所洗浄排水**（屎尿を含む排水いわゆる汚水）のいずれかとされる
  - → ただし、**便所洗浄水以外の用途に適用する場合は、便所洗浄排水を原水としてはならない**

排水再利用水の原水
出題　H22・H25・H29

（3）排水再利用水の水質
- ❖臭気や濁りなど外観が不快でないこと以外、水質的問題は少ないが**塩素滅菌は行う**
  - → **BODは20mg/ℓ以下**

（4）排水再利用設備
- ❖規模によって
  - ①建物ごとに設置される**個別循環**
  - ②複数の建物を対象として設置される**地区（地域）循環**
  - ③下水処理場と対応して設置される**広域循環**
  - の3つの方式に大別

■ 10.4.4　雨水再利用設備

- ❖建物・敷地の**雨水**を収集・貯留・処理し、便所洗浄水や雑用水として使用する設備
  - → とくに**排水再利用設備と併用**されることが多い
- ❖初期降雨については、大気汚染による酸性雨や集水面の**汚染物**が混入しやすい
  - → 初期降雨を排除するための装置を検討・計画

■ 10.4.5　雨水地下浸透工法

- ❖浸透トレンチや浸透桝、透水性舗装などの雨水浸透施設を組み合わせて、降雨水を地表または地表近くの土中に分散・浸透させ、地区外への雨水流出を最小限に抑えよう

とする手法

❖雨水浸透工法の効果

①地下水まで自然に染み込ませ、河川の平常水を確保することで、自然の水循環システムを保全

②設置地区からの雨水の流出総量、ピーク流量が減少し、降雨開始から流出までの時間を遅らせ、都市型水害を防止

③調整池を縮小することで、効率的な土地利用が可能

10.5 給湯設備

■ 10.5.1 給湯温度と給湯量

（1）給湯温度

❖洗面・浴用などの湯の使用温度は40℃前後

→ 中央式給湯設備では、レジオネラ属菌の発生を防ぐために、原則として60℃以上で供給

→ 給湯の使用ピーク時の分岐管であっても55℃に保つようにする

（給湯温度を高くしすぎると、熱損失が多くなるほか火傷のおそれもあるので、一般に、給湯温度は60℃とする例が多い）

レジオネラ菌と給湯温度
出題　H23・H27・R01

（2）給湯量

❖湯の使用料は冬季が夏季よりも多い

→ なお、使用温度での湯量が一定とすると、給湯度60℃での使用量は、水道の水温の低い2月頃が最も多くなる

表10.14　設計給湯量

建物種別	給湯量
事務所	7～10ℓ /人・日
ホテル(客室)	150～250ℓ /客・日
病院	150～200ℓ /床・日
レストラン	40～80ℓ /m2・日
集合住宅	150～300ℓ /人・日

■ 10.5.2 給湯方式

（1）中央式

❖ボイラー等から建物各所に配管で供給

・一般に、循環系統の貯湯槽などの直前の返湯管部分に循環ポンプを設置

→ 循環ポンプの揚程を過大に設定すると管内流速が速くなり、腐食やキャビテーションの原因に

❖キャビテーションの発生

・「気泡がつぶれることによる振動や騒音の誘発」、「ポンプの効率の低下」及び「発生部での侵食」が起こる可能性

キャビテーション
出題　H23・H29・R04

（2）局所式

❖給湯箇所ごとに湯沸し器等を設置

・設備費は安いが電気熱源以外は**燃料の供給**や**排気**を考慮する必要

■ 10.5.3　熱源機器

多量に温水を使用する大規模なホテルや病院

　→ **コージェネレーション**や**地域冷暖房方式**等が用いられる

　（近年住宅でも家庭用燃料電池やガスエンジンコージェネレーションが用いられる）

（1）給湯用ボイラー

　❖ピークに備え、ボイラー内の水の**容量**を**暖房用よりも大きく**した鋼板製ボイラーや鋳鉄製（セクショナル）ボイラーなどが使用される

（2）貯湯槽（ストレージタンク）

　❖暖房と兼用のボイラーからの蒸気等を貯湯槽のコイルに通し、加熱する間接加熱式が一般的（コイルがなく単に貯溜用のみのものもある）

　　→ **ステンレス**などの金属製を選択

　　（高温により変形その他のアクシデントを発生する恐れがあるので、合成樹脂製のものは避ける）

（3）ガス瞬間式給湯器

　❖**30 〜 50kPa**程度の水圧を要する → 屋内設置では給排気設備が必要

　❖給湯器の能力を示す号数

　　→ **1ℓの水を1分間に25℃上昇させる能力**（出力で1,744W）を1号と規定

（4）貯湯式電気温水器

　❖一定量の湯を蓄える**貯湯槽**が必要

　　→ 深夜電力を利用して電気ヒーターでお湯を沸かす

　　→ 燃焼を伴わないため、給排気設備の必要はなく、安全性も高いので、必要湯量が比較的少ない事務所ビルの洗面所などに採用

（5）ヒートポンプ給湯機

　❖環境に配慮して、**冷媒に二酸化炭素**を用いた自然冷媒ヒートポンプ給湯機が普及

　❖CO_2**冷媒ヒートポンプ給湯機**

　電気温水器がヒーターでお湯を沸かすのに対して、大気を熱源としたヒートポンプによりお湯を沸かす仕組み

　→ 電気温水器に比べて成績係数が高く、電気温水器に代わって**オール電化住宅**に採用される傾向

（6）太陽熱温水器

　❖自然循環式の太陽熱給湯

　　→ 長時間装置内に滞留するため**飲用に不適**

　　→ 冷地では冬期夜間の**凍結**に注意が必要

■ 10.5.4　給湯配管等の留意点

（1）耐食性

　❖給湯用ボイラーや配管

　　・配管方式が基本的に**開放回路**

　　→ 装置内に常に新鮮な補給水が入るため、水中に含まれている酸素が供給され、密閉回路である空調・暖房用のボイラーや配管に比べて**腐食しやすい**

　❖鋼管等鉄は**70℃前後**が最も腐食しやすく、給水管よりも**耐食性**に留意

ガス瞬間式給湯器の号数
出題　H26・H30

ヒートポンプ給湯器
出題　H22・H24・H30

給湯用ボイラー配管の
耐食性
出題　H23・H28
給湯管の材質
出題　H24

→ 主管にはステンレス鋼管、分岐管には可とう性があり、施工しやすい**架橋ポリエチレン管**等の使用が多い

（2）熱膨張対策

❖ ボイラーや貯湯槽には、水の加熱に伴う体積の膨張によって、装置内の圧力が過大に上昇することを防ぐため、**逃し弁**（安全弁）や**膨張管**（逃し管）、**膨張タンク**などを設置

・**膨張管には仕切弁の設置禁止**

・開放式膨張タンクは、湯の膨張量を吸収するほかに、水の補給を兼ねているので、給湯配管系の最も高い位置に設置

膨張管への止水弁設置禁止
出題　H24・H30

10.6　ガス設備

■ 10.6.1　ガスの種類

（1）都市ガス

❖ 製造ガス（石炭ガス）や天然ガス、LPガスとの混合ガスなど都市によって成分や発熱量が異なり、バーナーの口径などが違う

→ 都市ガスの種類は、**ウォッベ指数**[WI＝総発熱量MJ/（ガス比重）$^{1/2}$]と**燃焼速度**により分類…**13A**、**12A**、**6B**等　※ノズルにおけるガス噴出量∝（ガス比重）$^{1/2}$

→ 爆発限界範囲（5.0 ～ 15.0%）は広く、低濃度で爆発

（2）LPガスLPG（Liquefied Petroleum Gas：液化石油ガス）

❖ 一般にプロパンガスと呼ばれている液化石油ガスで、ボンベで供給

→ 爆発限界範囲（2.1 ～ 9.5%）は狭いが、低濃度で爆発

都市ガスの種類
出題　H23

■ 10.6.2　ガス配管等の留意点

❖ 隠蔽配管は、ガス漏れの発見が遅れ、修理も困難

→ できるだけ露出配管にする

❖ ガスカラン等と電気のコンセント・スイッチなどとは近接させない

❖ 3階以上の階が共同住宅の場合

→ ガス器具とは、ねじ接合とするか、過流出安全弁などを設けるか、**ガス漏れ火災警報設備**を設置

❖ 延べ面積1,000m^{2}以上の地下街等 → ガス漏れ火災警報設備の設置が義務化

■ 10.6.3　ガス器具の給排気

（1）共通事項

① 不完全燃焼によるガス中毒のおそれがあるので、排気筒・給気口を設置、あるいはバランス型や強制給排気型とする

② ガス器具や排気筒回りは不燃化し、可燃材とは**15cm以上離す**

③ 排気筒への接続は、炎が風によって吹消されないように**逆風止**（バフラー）を設置

④ 高層ビルの場合は、風の影響で口火が消えることがある

→ 風除けを設けるか、SEダクトまたはUダクトによる共用給排気にする

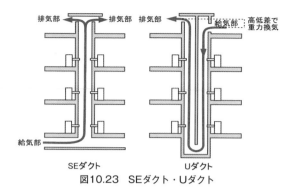

図10.23　SEダクト・Uダクト

　⑤排気筒の各階共用の排気ダクトへの接続は、逆流防止のため**2m以上立上げる**

　⑥排気筒にダンパー等を設けると、誤作動等で酸欠を生じる可能性があり危険

　　　→ 排気筒には**ダンパー等の設置禁止**

（2）都市ガス

　❖CO_2ガスの増加、酸素欠乏、不完全燃焼によるほか、石炭ガスが含まれていると生ガスによる中毒のおそれがある

　　　→ ガス比重は空気よりも**軽い**

（3）LPガス

　❖ガス比重は空気よりも重く凹部に溜りやすい

　　　→ 風呂釜の着火時に傷や爆発のおそれがある

　　　→ 換気口は**最下部に設置**（ガス比重は空気よりも重い）

10.7　集合住宅の給排水・衛生設備

■ 10.7.1　共通

（1）各住戸の便所、洗面所、浴室、台所等は、できるだけ集約し、**横走配管を短くする**

（2）各住戸用の横走配管は、スラブ上面と仕上げ床面の間に配管（**乾式二重床**）

　　　各住戸用の横走配管
出題　H22・H26

　❖その理由は主に以下3点である

　　①分譲用の場合は、所有区分を明確にするため

　　②容易に更新でき、かつ、事故などが生じたとき他住戸への影響を最小限にとどめるため

　　③他住戸への騒音防止を図るため

（3）住戸内配管には、従来の枝管分岐工法に代わり、漏水の原因となる継手の使用を避け、管の更新も容易な、**さや管ヘッダ工法**の採用が増加

　　　さや管ヘッダ工法
出題　H24

　　　→ 給水・給湯管はフレキシブルで、高温での強度にも優れた**架橋ポリエチレン管・ポリブテン管**が使用され、ジャバラ状のさや管に挿通

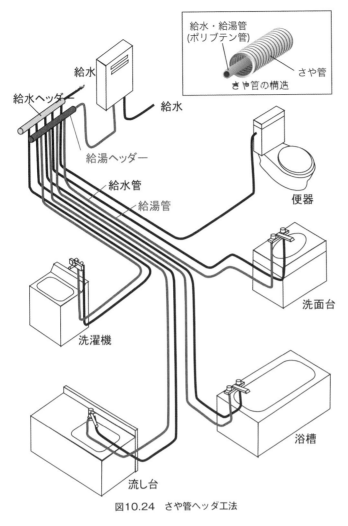

図中ラベル：
給水・給湯管
(ポリブテン管)
さや管
さや管の構造

給水
給水ヘッダー
給水
給湯ヘッダー
給水管
給湯管
便器
洗面台
洗濯機
浴槽
流し台

図10.24　さや管ヘッダ工法

（4）給水圧力は400kPa以下

（5）大便器はロータンク式とする

（6）各住戸の水道やガスのメータ室は、メータの検針、点検が容易で、かつ、廊下、階段室などから出入りできる位置に設置

■ 10.7.2　排水配管の留意点

（1）スラブ上の配管スペースの所要高さ

　　→ 最も太くなる排水管の外径に防露被覆と勾配を見込む

（2）一般に大便器の排水管（75 ～ 100mm）が最も太くなり、スラブ上配管の場合、**防露被覆**と**勾配分**の高さを要する

　　→ 便所に接してパイプシャフトを設け、床上排水形の便器を用いることが多い

（3）排水系統は容易に掃除ができるように、排水立て管を含め適切な位置に掃除口を設置

■ 10.7.3　ディスポーザー排水処理システム

❖ディスポーザー排水処理を行える場所は、**排水経路が整備されている**場所に限定

❖生ゴミを粉砕するディスポーザーと、台所流し専用の配管、**粉砕物の処理**を行う専用の**排水処理装置**を組合わせたシステム

　→ 近年、都市のゴミ処理問題の観点から注目されているシステム

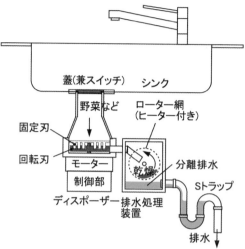

図10.25　ディスポーザーシステムの構造

第11章
電気の基礎事項

■ 11.1 交流と直流

■ 11.1.1 電圧の種別

❖電圧は次の3種に区分される

表11.1 電圧の種別

区分	直流	交流
低圧	750V以下	600V以下
高圧	750Vを超え 7,000V以下	600Vを超え 7,000V以下
超高圧	7,000Vを超えるもの	

電圧の種別
出題 H24・H28・R01

■ 11.1.2 電力と力率

（1）電力

❖単位時間当たりの電気エネルギー 電力[W]＝ 電圧[V]×電流[A]

（2）交流電圧・交流電流と位相

❖理想的な抵抗Rの場合、交流についてもオームの法則（E＝RI）が成り立つ

→ この場合、電圧の変化に遅れることなく電流も変化する

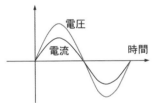

理想的な抵抗の場合、
電圧E [V]と電流 I [A]に位相差 θ [ラジアン]はありません

図11.1 理想抵抗の電圧と電流

❖実際の電線やコイルを用いる機器

・モーターなどの機器：コイルによる電流の遅延があり位相が遅れる

・コンデンサ：逆に位相を進める

進相コンデンサ
出題 H27・H30

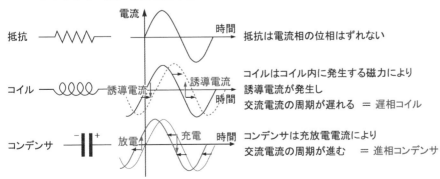

図11.2 電気部材と相の関係

❖電圧と電流の位相の遅れ

　コイル成分より電圧より電流の周期(位相)が遅れることを「遅相」という

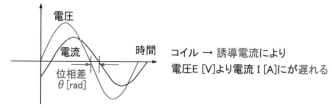

コイル → 誘導電流により
電圧E [V]より電流 I [A]にが遅れる

図11.3　コイルによる電流の遅相

❖電流位相の進み

　コンデンサにより電圧より電流の周期(位相)が進むことを「進相」という

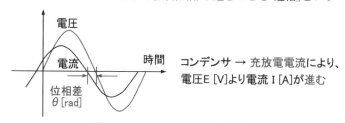

コンデンサ → 充放電電流により、
電圧E [V]より電流 I [A]が進む

図11.4　コンデンサによる電流の進相

❖負の電力とは

　下図のように電圧が＋、電流が－またはその逆だと電力が負となる

　→ つまり、発電(コイルの場合、電磁誘導電流により発電)される

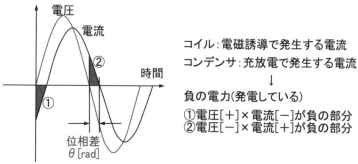

コイル：電磁誘導で発生する電流
コンデンサ：充放電で発生する電流
↓
負の電力(発電している)
①電圧[＋]×電流[－]が負の部分
②電圧[－]×電流[＋]が負の部分

図11.5　負の電力の発生する理由

位相のずれをイメージで捉えると

①電流が増加(交流電流が上昇)する場合

・コイル：電流を流そうとすると、磁場を発生し電流を通すまいと抵抗する(遅相)

・コンデンサ：電流が増加するときは交流電圧が低いため、放電電流が流れる(進相)

図11.6　交流電流が増加する場合の電流の流れのイメージ

②電流が減少(交流電流が減少)する場合

・コイル：電流が減少することに抵抗し、誘導電流を発生させる(発電)

・コンデンサ：電流が減少するときは交流電圧が高いので、充電し電流が減る(充電)

図11.7　交流電流が減少する場合の電流の流れのイメージ

（3）有効電力と無効電力

図11.5を電力として表示すると

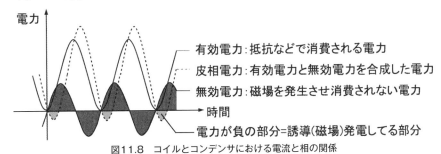

図11.8　コイルとコンデンサにおける電流と相の関係

❖ここで、無効電力は、電力消費と発電とを繰り返している

　→ トータルで**電力消費量＝0** つまり、電力を消費していない

❖皮相電力と有効電力・無効電力の関係式

　皮相電力：VI [VA]　　　有効電力と無効電力の合計

　有効電力：VI cos θ [W]　実際に発熱ヒーターやモーター駆動に使われる電力

　無効電力：VI sin θ [var]　磁場の発生に関わる電力で、仕事をしない電力

❖力率：交流回路において有効に使える電力の割合

　　　→ 実際に電熱線やモーターで消費する電力が有効電力

　　　力率が大きいほど電力が有効に使用されていることを表す

　　　電動機や放電灯などの力率は、一般に、**0.6 ～ 0.8程度**

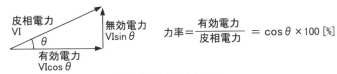

力率 ＝ $\dfrac{有効電力}{皮相電力}$ ＝ cos θ × 100 [%]

図11.9　有効電力と力率

❖力率の改善

・**進相コンデンサ**によりコイルで遅れた相を進め、力率を改善する

　→ 力率を改善することにより、負荷電流が減少し、**電圧降下**及び**電力損失**を軽減

力率
出題　H27・H30・R01
　　　R05

電気の基礎事項

187

11.2 電源設備

■ 11.2.1 受変電設備

（1）契約電力と供給電圧等

❖契約電力により、電力会社の供給電圧が異なり、**受変電設備**の有無に違いを生ずる

受電設備
出題　H28

❖住宅など小規模な建築では、**100V**または**200V**で引き込み、受変電設備の必要はない

❖契約電力が**50kW以上**

　→ **6.6kV**の高圧で引き込み、降圧して使用（受変電設備が必要）

❖集合住宅等に設ける電力会社の**借室電気室** → **地上1階か地下1階**に設置

　借室電気室：集合住宅の各住戸へ低圧電力を供給するために電力会社が住棟の一部を無償で借りて受変電設備を設置（電力会社が管理）

表11.2　契約電力と供給電圧

契約電力	電力会社の供給電圧	備考
50kW未満	低圧100V、200V	一般電気工作物
50kW〜2,000kW未満	高圧6.6kV	自家用電気工作物
2,000kW	特別高圧20 or 30kV	

※自家用電気工作物は管理組合が管理

（2）建物・用途別の電力負荷設備

❖建物の契約電力を算定

・建物内の全設備容量を算定

・受変電設備（キュービクル、パットマウント）の全容量を算定

・設備の同時使用率や将来の需要増加を予測

などを見込んで算定

❖建物の**契約電力**の決定

　→ 負荷設備に**需要率**や**負荷率**等を考慮し、電力会社と**協議**して決定

①需要率

需要率
出題　H22・H27・R05

❖負荷設備容量：実際に設置した負荷設備の容量

❖最大需要電力：同時使用が見込まれる設備の総電力 → **受変電設備の容量**を決定

❖送電線や変圧器等の設備 → **最大需要電力の容量**から設計

$$需要率 = \frac{最大需要電力}{負荷設備容量} \times 100 （\%）$$

②負荷率

負荷率
出題　H23・H27・R05

❖負荷率：設定した期間内において、同時使用される電気設備の**最大需要電力**に対する、平均の需要電力の割合で表す

$$負荷率 = \frac{その期間における平均需要電力}{ある期間における最大需要電力} \times 100 （\%）$$

→ **負荷率**が高いほど効率的な設備の運用がなされている

・設備の利用方法を調整して**契約電力を減らす**などの対策を実施

③不等率

❖建物内にあるいくつかの配電系統（複数の契約者があるなど）

　→ それぞれの系統で需要電力が最大になる時間帯も異なる

❖建物内の受変電設備容量を算定

　→ 各系統の需要電力の**最大値**を合算して受変電設備容量を算出すると、その**容量が過大**になる

　→ 全系統の需要電力の合計値の時系列変化を算出し、最大値（合成最大需要電力）を算出

❖不等率：各系統における最大需要電力の合計を合成最大需要電力で割ったもの

$$不等率 = \frac{各系統における最大需要電力の合計}{合成最大需要電力} \times 100 \text{（%）}$$

④契約電力の設定と需要率

設備容量が全て契約電力になることはなく、全設備容量の40%～50%程度が需要率となる（大規模ショッピングモールや大型施設の管理に適用）

　→ 合計500[kVA]の設備容量があれば、概ね200[kW]前後が契約電力

❖各種建物の設備容量と契約電力を表11.3に示す

表11.3　各種建物の設備容量と契約電力[W/m²]

種類	電灯・コンセント	動力	設備容量	契約電力
事務所	30～70[*1]	60～100	90～170	40～80[*2]
店舗・デパート	40～60	120～160	160～220	60～100
ホテル	15～35	45～85	60～120	40～60
病院	20～50	80～130	100～180	60～100

＊1　OA用コンセント電源容量は30～50W/m²
＊2　空冷ヒートポンプ熱源は、電源容量は65W/m²以上

（3）受電方式

❖受電方式：1回線受電方式、2回線受電方式、スポットネットワーク受電方式等

❖スポットネットワーク受電方式

　→ 電力会社の変電所から2～3の受電回線で受電し、各回線に設置されたネットワーク変圧器を介して、二次側をネットワーク母線で並列接続した受電方式

　→ 1回線が停電しても他の回線を利用して電力を供給できるので、電力供給の信頼度が最も高い

スポットネットワーク
受電方式
出題　H23・H30

第**11**章

電気の基礎事項

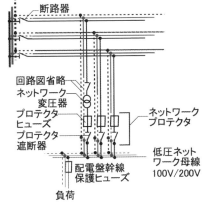

図11.10　スポット・ネットワーク受電方式

（4）受変電設備の設置形式

❖変圧器等の設置場所に**屋外**と**屋内**の別があるほか、次のような形式がある

表11.4　受電方式と契約電力

種類	電柱	パットマウント	キュービクル
受電電圧	単相2線100V 単相3線200V	3層3線6.6kV	3層3線6.6kV
受電容量 （契約電力）	50kW以下	250KVまで	制限なし
設備サイズ	引込み線のみ	W1100×D400 ×H1200	W3000×D2000×H2500
主な用途	戸建	集合住宅	集合住宅・商業施設

①開放形

・鉄骨フレームに受変電機器を取り付け、現場で組み立て配線する露出工事

・電線間や防護フェンスとの離間距離が必要で設置面積は大きくなる

・設備費は安く、増設が容易

②閉鎖形（キュービクル）

・鋼製のキャビネットに各機器を収めた工場組み立てのユニット

・高価であるが設置面積は小さく、工期も短縮でき、安全性も高い

・屋外にも設置可能

・高圧受電なので受電容量の制限はない（低圧受電は50kVAまで）

❖キュービクルの保安・点検スペース（W3000×D2000×H2500以上）

・操作、点検および防火等の保安のために必要なスペース

（操作面：1.0m ＋ 保安上有効な距離、その他：60cm以上）

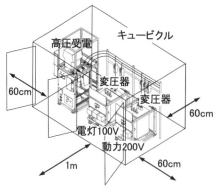

図11.11　キュービクルの保有距離

③併用形

変圧部を開放形とし、受電部と配電部をキュービクルとする例もある

④パットマウント

・小型受変電設備（W800×D400× H1200程度）で250kVAまで受電可能

・キュービクルから移行しつつある（無電柱化、鳥糞対策、保全効率UP）

電柱変圧器

無電柱化 ⇒

パットマウント
250kVA以内

LBS:ストライカ引外し式限流ヒューズ付
高圧交流負荷開閉器

図11.12 電柱変圧器と地上変圧器(パットマウント)

（5）電気室の位置

①電気室の場所 → 日常の保守点検が容易で、引込みや機器の搬出入に便利な場所

②防火、騒音、重量を考慮するとともに、浸水や災害の恐れがなく、水の浸透や湿気の少ない場所

③高圧ケーブル、低圧ケーブルの合理的なルートを計画

（6）電気室の構造

①受変電室は、不燃材料で造った壁、床、天井、防火戸等で区画

②変圧器等の排熱のために換気回数10回/h以上が必要

③受変電室には他設備の配管・ダクトの設置禁止

（7）電気室の面積、天井高さ

①電気室の面積は、一般に、延べ面積の1〜2%程度

②電気室の天井高さ（梁下有効高さ）は、高圧受電の場合で3m程度、特別高圧受電の場合で4〜5m程度必要

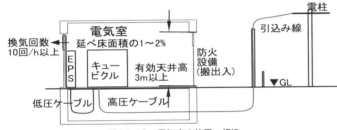

図11.13 電気室の位置・構造

（8）受変電設備の種類

①受変電設備の変圧器(トランス)や遮断器(ブレーカー)

→ 油入りの湿式よりもシリコン絶縁変圧器や空気遮断器や磁気遮断器などの乾式のほうが、小形軽量で防火的であり、保守点検も容易

②アモルファス変圧器

・変圧器の鉄心の素材に、電気特性が向上するアモルファス(非結晶)合金を採用

→ 負荷の有無にかかわらず、受電状態において常に発生する「無負荷損」を大きく低減（約1/3に低減）

→ 省エネルギー、CO_2排出抑制、地球温暖化抑制に大きな効果

③トップランナー変圧器(高効率変圧器)

→トップランナー基準（エネルギーの使用の合理化に関する法律（省エネ法）で規定）を達成した高圧受配電用変圧器

→ 現状のトップランナー基準＝従来のJIS標準品に比べて基準負荷率における全損

失を30%以上低減、エネルギー変換効率が約99%(世界最高水準)が目標

④受変電設備には、雷等による異常電圧を防ぐために**避雷器**を設置

■ 11.2.2　予備電源設備

（1）電力貯蔵設備（蓄電池設備）

①電力貯蔵設備の用途・目的

・夜間充電・昼間放電による負荷や受電電力の平準化

・気象などに左右される太陽光発電など自然エネルギー発電の平準化

・停電時の非常用電源、瞬時電圧低下や停電時に必要な電力を補償する

→ 系統の安定化など

②蓄電池は自動的に充電

③鉛蓄電池はアルカリ蓄電池よりも安価であるが、寿命が短く、過充電に弱い

電力貯蔵設備
出題　H25

（2）自家発電機設備

①非常用の場合、常用電源が停電してから電圧確立及び投入までの所要時間は、**40秒以内**（消防庁告示自家発電設備の基準）

②ディーゼルエンジン発電機

発電機は、小型は**ガソリン**、大型は**ディーゼル**の自動車用のエンジンを使用

非常電源用の自家発電
装置
出題　H22

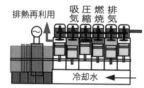

排熱再利用　吸気 圧縮 燃焼 排気　冷却水

発電機　ディーゼルエンジン
図11.14　ディーゼルエンジン発電機

③ガスタービン発電機

同一出力のディーゼルエンジンによるものに比べて、振動や設置面積が小さい

→ **ガスタービンは燃焼用の空気量が多く必要**

ガスタービンとディー
ゼルエンジン発電機
出題　H23

排熱再利用 (温水プール、暖房・給湯用熱源)

発電機　ガスタービン
図11.15　ガスタービン発電機

④燃料電池

メタンガス等から水素を作り、水素と酸素を反応させて発電する発電機

⑤マイクロガスタービン

近年は、従来のガスタービンよりも小型(28kW ～ 300kW程度)で、主に**常時使用**する発電機として開発

→ マイクロガスタービンは、分散設置が可能

→ 燃料電池と同様に、排熱を利用した家庭用コージェネレーションシステムとして実用化

- ・回転速度　　400,000rpm
- ・出力　　　　400W
- ・効率　　　　5%〜20以上
- ・サイズ　　　8cmφ×16cm
- ・IHI社製

- ・回転速度　　65,000rpm
- ・出力　　　　90kW
- ・効率　　　　93%以上
- ・サイズ　　　30cmφ×40cm
- ・三菱重工業と共同開発
　シンフォニアテクノロジー株式会社

図11.16　各種マイクロガスタービン

⑥デュアルフューエル発電機

　通常の発電はガス、災害時は**重油**に切り替え、2種類の燃料が利用可能な発電機

　発電用の重油貯蔵槽は指定数量以上の貯蔵する場合、屋内貯蔵設備として規制

デュアルフューエル発
電機
出題　H30・R03
発電用の燃料槽
出題　H30

■ 11.2.3　無停電電源装置UPS・定電圧定周波装置CVCF

❖オンラインの電算機などには**無停電電源装置**(UPS：Uninterruptible Power Supply)
を設け、瞬時の停電に対処

　→ 電算機は電圧等の変動により、誤動作やデータの破壊を招くリスクを回避

❖重要な施設の電源には**定電圧定周波装置**(CVCF：Constant Voltage& Constant
Frequency)を設置

　→ 電圧と周波数が一定となるため装置を安定させて運転可能

無停電電源装置
出題　H30

11.3　電力配線

■ 11.3.1　幹線

❖幹線は、主配電盤(引込口)から分電盤(分岐回路の分岐点)までの配線

　→ 幹線の計画にあたっては、建物の規模、用途、電流量、負荷の特性等を把握し、
　　電気的安全性、経済性、保守性などを考慮して最適な方式を選定

■ 11.3.2　分岐回路

(1)**分電盤**(分岐回路の開閉器、遮断器等を収めた盤)

　❖原則として、**各階に設置**し、負荷の中心に近く、保守管理に便利な階段や廊下に設
　置 → 一つの分電盤の**受持ち面積**は、**800m²程度以下**

図11.17　分電盤の構成例

❖住宅における低圧の電気機械器具に電気を供給する電路(内線規程1375-1)

　→ 水気のある部分に限らず、原則として漏電遮断器(ELCB)を施設

　→ 住宅用の分電盤は、一般に主遮断器を漏電遮断器(ELCB)とし、分岐回路に配線
　　用遮断器(MCCB)を設置

第
11
章

電気の基礎事項

193

（2）分岐回路の配線

✧分岐回路は、幹線から分岐して分岐過電流遮断器を経て負荷に至る配線

→ 分岐回路の配線種別は、供給する負荷の使用電流、許容される電圧降下により
決定

→ 過電流や漏電に対して安全確実に回路を遮断できるように計画する必要

✧分岐回路の計画 → 電灯回路とコンセント回路は別々の回路とすることが望ましい

→ 電動機やエアコン等容量の大きいものは1台ごとに専用回路に

（3）3路スイッチ・4路スイッチ

3路スイッチ
出題　H26

✧階段の上下など、1つの照明を2箇所（**3路スイッチ**）、3箇所以上（**4路スイッチ**）から
点滅する場合に用いる

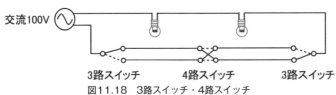

図11.18　3路スイッチ・4路スイッチ

11.4　交流

■ 11.4.1　交流の発電原理

（1）電磁誘導と単相交流

✧コイルに磁石を近づけると誘導電流が発生（電磁誘導による**誘導電流**）

→ 磁石を近づけると磁力線の増加を食い止める方向に電流が発生
磁石を遠ざけると磁力線の減少を補う方向に電流が発生

図11.19　コイルにおける電磁誘導の原理

✧下図のようにコイルの中に磁石を固定し、回転させるとN極やS極が近づくとき最
大の電流が発生する → これが交流電流

✧1秒間に50回転させる → **50Hzの単相交流**が発生

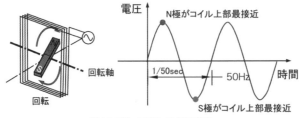

図11.20　50Hzの単相交流

（2）三相交流

❖120°ずつ回転させた3つのコイルを重ねて発電すると、周期が120°（1/150sec）ず
　つずれた交流となる → 120°ずれた位相が3つあることから三相交流という

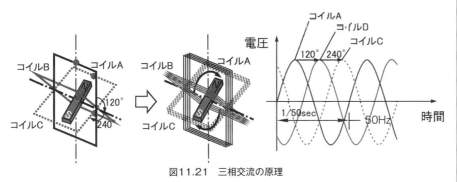

図11.21　三相交流の原理

（3）変圧方法

❖変圧：6.6kVの高圧電圧をコイルの巻き数を減らすことで低圧電圧に変換

❖電圧変換比はコイルの巻き数に比例

❖直流でも交流でも可能である

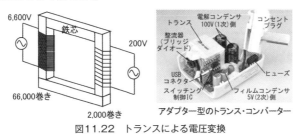

図11.22　トランスによる電圧変換

（4）交流・直流変換方法

❖コンバーター（交流を直流に変換＝整流変換＋平滑化コンデンサ）

・ダイオードにより整流する半波整流回路 → ダイオード1個

・全波ブリッジ整流回路 → ダイオード4個

・三相ブリッジ整流回路 → ダイオード2個×3回路＝ 6個

ダイオード整流回路　　　全波ダイオードブリッジ整流回路　　三相ブリッジ整流回路

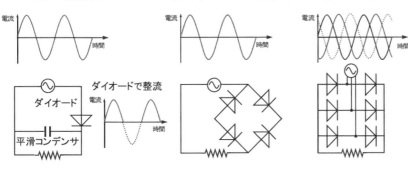

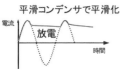

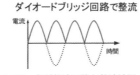

図11.23　各種整流回路と整流波形

❖インバータ（直流を交流に変換）

・パルス発生装置により、電圧を発生させる時間を可変したパルスを断続的に発生させることで交流を合成する

・広義では、交流を一旦直流に変換し、それを周波数・電圧・電流を制御した交流に変化するシステムを指す

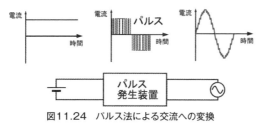

図11.24　パルス法による交流への変換

■ 11.4.2　幹線の電気方式

（1）単相2線式100V

❖住宅や小規模なビルなどの照明・コンセント

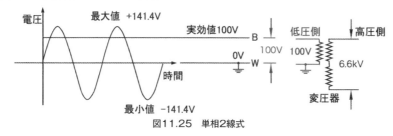

図11.25　単相2線式

（2）単相3線式100V/200V

単相3線式
出題　H24・H27

❖100Vは照明・コンセント、200Vは40W以上の蛍光灯・エアコンなど

→ 絶縁抵抗値0.1MΩ以上、位相差は180°ずれている

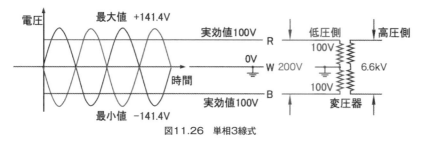

図11.26　単相3線式

（3）三相3線式200V

❖三相の結線方式

・三相は位相が120°ずれた3本の配線に通電するため本来6本の線が必要

❖結線方法により合理化し、電線6本 → 電線3本に減らす

・Y結線（スター結線）→ 常時電流0Aとなる点を結合して電線本数を合理化する

・Δ結線（デルタ結線）→ I_Aの出口位相をI_B出口位相と合成してI_Cの相に一致させI_A、I_Bの帰還電流をI_C 1本にまとめる

①三相3線式200V（スター結線）

・動力用および中規模以上の建物の40W以上の蛍光灯など

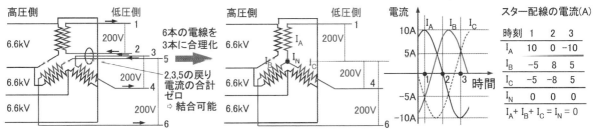

図11.27　三相交流受電の結線方式

②三相3線式200V（デルタ結線）

・動力用および中規模以上の建物の40W以上の蛍光灯など

→ 絶縁抵抗値0.2 MΩ以上、位相差120°

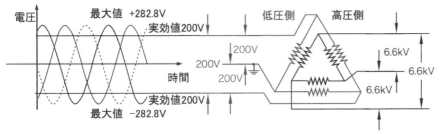

図11.28　三相3線式（Δ-Δ受電）

（4）三相4線式240V/415V（50Hz地区）

❖40W以上の蛍光灯に200V級、動力用に400V級が用いられる

→ 絶縁抵抗値0.4MΩ以上、位相差120°

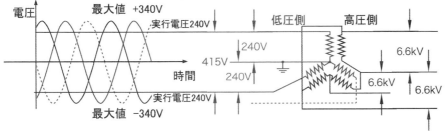

図11.29　三相4線式（Δ-Y受電）

■11.4.3　電線の太さ

❖配電線の太さ → 流れる電流の量によって決定

・同じ電力を供給する場合、電圧を上げると

→ 電流が少なくなる（電線を細くすることが可能）

　　電線間の許容電流 15A：1.6mmφ、20A：2.0mmφ、30A：2.6mmφ

　　（2～3本の電線が1セットとなったVVFの場合：複数本では許容値は下がる）

・一般家庭では安全性重視

→ コンセント電圧：100V or 200V（エアコン・IHなど専用回路）

電圧と電線の太さ
出題　H30

■ 11.4.4　配電線路の電力損失

❖配電線路の電力損失は、電流が大きいほど多くなる

＝電圧を低くすると電流を大きくしなければならないため、電力損失は多くなる

■ 11.4.5　電圧降下の許容割合

❖電圧降下を小さく抑えるには、太い電線を用い、抵抗を小さくすることが必要

・亘長(こうちょう：設計上での配線経路の距離)が60m以下の低圧配電中の電圧降下は、幹線及び分岐回路において、それぞれ標準電圧の2%以下と規定（内線規程1310-1）

・電気使用場所内の変圧器から供給する幹線の電圧降下は標準電圧の3%以下

電柱から低圧で引込み
主幹
分岐回路
60m以下
電圧降下は標準電圧の2%以下
電柱から高圧で引込み
主幹回路の電圧降下は標準電圧の3%以下
変圧器（キュービクル）
主幹
分岐回路
60m以下
分岐回路の電圧降下は標準電圧の2%以下

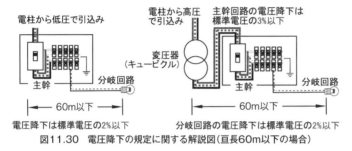

図11.30　電圧降下の規定に関する解説図(亘長60m以下の場合)

❖各電気接続形式の違いによる電圧効果の大小関係

・線間電圧V、配線による電圧降下V'

→負荷にかかる電圧：V－V'　　配線による電圧降下：V'＝RI

・負荷電流I、抵抗R(こう長に比例、線の断面積に反比例)が同一の条件ならば、単相2線：V'＝2RI、単相3線式：V'＝RI、三相3線式：V'＝$\sqrt{3}$RI

電圧降下の大小関係
出題　R02

単相2線
R[Ω]
I
200V
R[Ω]
線間電圧　V =200[V]
電線抵抗R[Ω](電線1本の抵抗)、負荷電流 I [A]とすると
電線による電圧降下V' = R I × 上下2本= 2RI
(負荷電圧V=200-2RI)
単相3線
R[Ω]
100V
0A
100V
I
200V
線間電圧　V =100[V]
電線抵抗R[Ω](電線1本の抵抗)、負荷電流 I [A]とすると
電線による電圧降下V' = R I (上線または下線)+R × 0[A](中性線)= RI
(負荷電圧V=100-RI)
三層3線(スター結線)
相電圧 E[V]= V/√3
I
線間電圧V[V]
200V
200V
200V
線間電圧　V =200 [V]
相間電圧　E =200/√3 [V]
※線間には2相含まれ、120°
位相がずれているので
2相の電圧をベクトル合成したものが線間電圧となっている
電線による電圧降下V' /√3= V/√3 − E/√3 = IR
式を変形して電線による電圧降下V' = V − E = √3 R I
線間電圧V 200[V]
30°
相間電圧 E=V/√3 [V]
60°
120°
相間電圧 E=V/√3 [V]

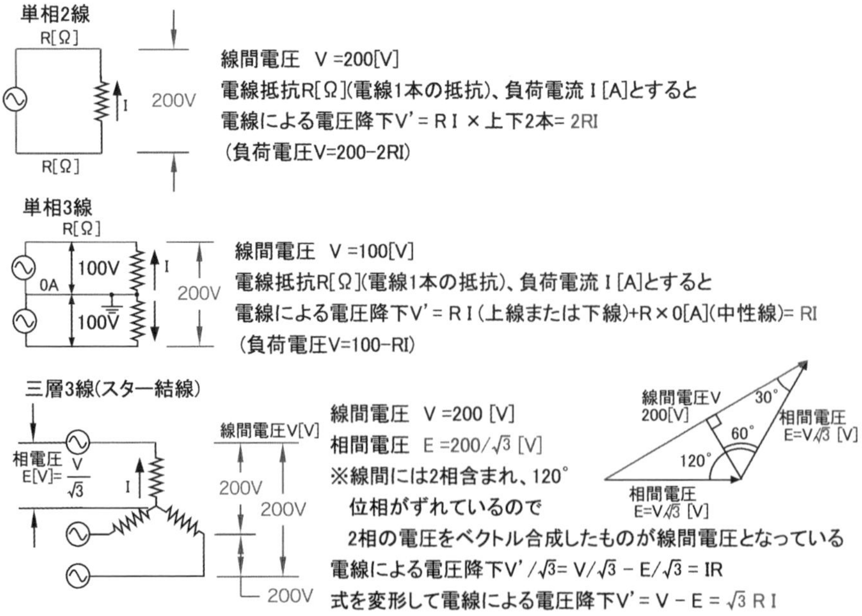

図11.31　各電気接続形式の違いによる電圧効果の大小関係

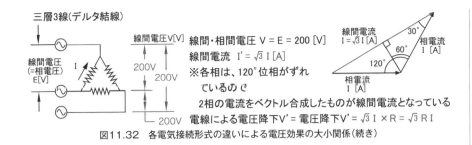

線間・相間電圧 V = E = 200 [V]

線間電流 I' = √3 I [A]

※各相は、120°位相がずれ

　ているので

2相の電流をベクトル合成したものが線間電流となっている

電線による電圧降下V' = 電圧降下V' = √3 I × R = √3 RI

図11.32　各電気接続形式の違いによる電圧効果の大小関係(続き)

11.5　ケーブル配線と絶縁抵抗

■ 11.5.1　絶縁抵抗

（1）絶縁抵抗

❖絶縁抵抗：電流の流れにくさを表す量R [Ω（オーム）]

　オームの法則　　E(V)＝ I (A)× R(Ω)　　電圧E(V)、電流 I (A)、抵抗R(Ω)

（2）絶縁耐力試験

❖電気機器を使用している際、何らかの事故で使用電圧よりも高い電圧が加わると、
　機器の焼損および人身事故を招く恐れがある

　→ 7,000V以下の器具等の電路の絶縁耐力試験においては、**最大使用電圧の1.5倍の**
　　電圧を10分間加えても機器の性能に異常が生じないことを確認

■ 11.5.2　配線方式

（1）バスダクト配線

❖金属製ダクト内に絶縁物を介し、銅またはアルミの導体を直接収めたもの

　→ 工場や大規模建築物への引き込み幹線および電気室内の高圧配電などに使用さ
　　れ、ケーブルよりも**大容量の電力供給に適合**

バスダクト
出題　H26・R01

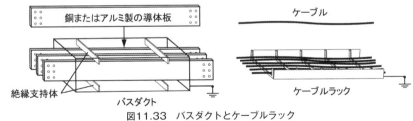

図11.33　バスダクトとケーブルラック

（2）ケーブル配線

❖可とう性、絶縁性、耐食性など用途に応じて保護をせず使用できるように、普通の
　絶縁電線に、より優れた性質をもたせるもの

　→ 住宅用の屋内低圧露出配線には、600Vビニル絶縁ビニルシースケーブルを使用

　・VVF：正式名「600Vビニル絶縁ビニルシースケーブル平型」

　　　　　Vinyl insulated Vinyl sheathed Flat-type cable

　・VCT：正式名「600Vビニルキャブタイヤケーブル」

　　　　　Vinyl Cabtyre Cable

表11.5　ケーブルの記号

記号	種別	記号の内容	備考
材質	V	塩化ビニル	
	C	架橋ポリエチレン	
形状	F	平型（フラットケーブル）	
	R	丸型	
構造	S	単芯	
種別	F	コード	
	CT	キャブタイヤー（移動用）の略	
	I	室内配線	
2C		2芯	黒白
3C		3芯	黒白赤
4C		4芯	黒白赤緑

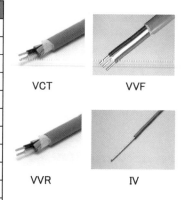

VCT　　VVF

VVR　　IV

図11.34　ケーブルの種類

（3）金属管配線

❖軟鉄製の電線管内に配線するもの

- 厚鋼電線管（G管）、薄鋼電線管（C管）、ねじなし電線管（E管）があり、壁・床内に敷設する
- 急激な屈曲を避け、曲りが3箇所以上になる場合はプルボックスを設置
- 配線同士や配線とスイッチの接続は、必ずプルボックス内で繋ぐ
- 照明器具やコンセントなどの引き出し箇所にはアウトレットボックス、スイッチボックスなどをあらかじめ埋め込んでおく（コンクリートにも埋設可能）

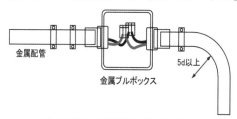

金属配管

金属プルボックス

5d以上

図11.35　金属配管とプルボックス

（4）硬質塩ビ管配線

❖金属管配線とほぼ同様の使用方法

- 機械的強度は劣るが耐食性があり、化学工場や湿気の多い場所の工事に適合
  → コンクリートにも埋設可能
- VE管：「硬質ビニル電線管」（Vinyl Elecric Pipeの意味の和製英語）

（5）合成樹指製可とう電線管配線

❖近年は施工性、経済性、廃棄物の処理において有利なCD管やPF管が用いられる

- PF管：「難燃性合成樹脂製可とう電線管」（Plastic Flexible Conduit）
  ポリエチレンやポリプロピレンなどに塩化ビニル管をかぶせた耐燃性（自己消火性）のある合成樹脂可とう管（二重管または一重管）
- CD管：「合成樹脂製可とう電線管」（Combined Duct）
  ポリエチレンやポリプロピレンで作られた、コルゲート状（管壁が蛇腹式の襞になっている）の合成樹脂可とう管の一種で耐燃性（自己消火性）はない

❖PF管は、CD管に耐燃性（自己消火性）を持たせたもの

電線間のコンクリート埋設
出題　H23・H26

PF管・CD管
出題　H26

→ 簡易間仕切内の配管に用いることができる

❖CD管、PF管は、低圧の配線に用いられる

→ さや管ヘッダ工法における給水管や給湯管のさや管にも使用され、**コンクリートにも埋設可能**

・水平方向支持：1m、垂直方向支持：1.5m

・床スラブ　　　：上下端筋の間で下端筋に結束

電線管のコンクリート
埋設
出題　H23・H26

図11.36　CD管・PF管・VE管

（6）ライティングダクト配線

❖ショーウインドウ、ホール壁面照明などに用いられる

→ ダクト上のどこからでも分岐できるコンセントが連続したもの

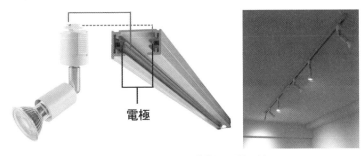

図11.37　ライティングダクト配線の例

（7）フロアダクト配線

❖偏平な角パイプを、**コンクリートスラブ内に縦横格子状に埋め込み**、必要箇所にジャンクションボックスを設けたもの → コンセントなどに使用

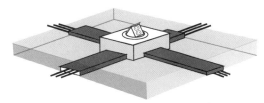

図11.38　フロアダクトのイメージ

（8）セルラダクト配線

❖コンクリートスラブの型枠として使用、そのまま打ち込まれる**波形デッキプレート**の下面の溝を利用し、下面から特殊なプレートを取り付けて電気、電話等の配線ダクトにしたもの

201

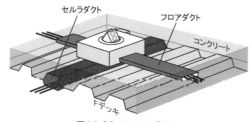

図11.39　セルラダクト

（9）アンダーカーペット配線

❖床上とカーペットの間に、ごく薄い平形のケーブルを直接敷設する配線方法

→ 配線の増設や変更に対して容易に対応

（10）フリーアクセスフロア配線

❖床を二重床とし、その間を配線スペースとするもので、高価ではあるが配線変更の
自由度は高く、配線収容量も多い

→ 高さは、一般に8 〜 15cm程度

→ 事務室のレイアウトの変更やOA機器等の増設に対応可能

図11.40　アンダーカーペット配線

図11.41　フリーアクセスフロア配線

■ 11.5.3　地中電線路

❖地中電線路

・電線にケーブルを使用し、かつ、管路式、暗渠式または直接埋設式によって設計

→ 直後埋設式の土被り：①車両その他の重量物の圧力を受ける → 1.2m以上

②その他の場所 → 60cm以上必要

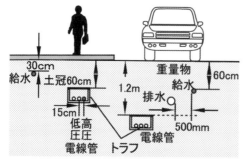

図11.42　地中電線路

11.6　主な屋内配線の図示記号

配線図示記号
出題　R04

表11.6　主な屋内配線の図示記号

電灯・電力		配電盤・電力		電話・交換機		自動火災警報	
名称	記号	名称	記号	名称	記号	名称	記号
蛍光灯	⊂◯⊃	制御盤	⊠	電話線用アウトレット	⊙	差動式スポット型感知器	⌒
非常用照明	●	分電盤	◢	端子盤	─	定温式スポット型感知器	◯
（建築基準法関連）	⊂●⊃	配電盤	✕	主端子盤	☰	煙感知器	S
誘導灯	⊗	コンセント	⊖	交換機	PBX	起動装置	◯
（消防法関連）	⊂⊗⊃	リモコンスイッチ	●R	電話配電盤	MDF	火災報知器の受信機	✕

11.7　動力設備

■ 11.7.1　モーター（電動機）

①モーターは容量が大きいほど、また、電圧が高いほど経済的

　→ 200Vは37kW程度まで、400V級は300kW程度まで

　　これ以上は高圧（6.6kV）モーターを用いる

②負荷の状況により、電気的構造の適したものを選択

③空調・衛生用は、一般に誘導電動機が用いられる

④設置場所によって、防塵形、防滴形、水中形、防爆形など保護形式の適合

（1）スターデルタ始動方式

　❖かご形モーターは始動電流が大きく、電圧降下により運転中の他の負荷に悪影響

　　→ 比較的小さなモーターには、始動時に一次巻線をスター結線（星形またはY形結線）で接続し、始動後にデルタ結線（三角結線）に切り替えるスターデルタ始動器が用いられる

　❖スターデルタ始動方式

　　・電動機等の始動電流を小さく抑え、電路、遮断器等の容量が過大になることを防ぐことが可能［スター始動（電流・トルク共に1/3）→ デルタ運転］

　　・その他の始動法としては、始動補償器法、リアクトル始動法などがある

スターデルタ始動
出題　H23・H30

第11章　電気の基礎事項

203

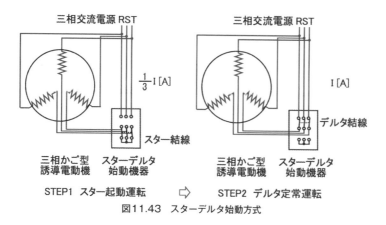

図11.43　スターデルタ始動方式

（2）ポンプ

- ・高置水槽への揚水ポンプは、タンク内に設けた**電極棒**で水位変動を感知し、ポンプのモーターの起動・停止を行う
- ・電極棒は、**満減水警報の液面スイッチ**としても使用される
- ・予備ポンプを備える場合は、**自動交互運転**とする

（3）台数制御

❖熱源機器やポンプ

- ・大容量の機器を1台設けるよりも**小容量の機器を複数台**設け、負荷に応じて運転**台数を制御**することが、省エネルギー上、望ましい

11.8　情報通信設備

（1）電話交換設備

❖**PBX**（Private Branch Exchange：構内電話交換機）

- ・事業所内などでの電話機相互の接続（内線接続）と、電話局の回線（局線）と事業所内の電話機との接続（回線接続）を効率的かつ、経済的に行う装置
- ・大型のPBXには、電話機のほかに端末機、FAXなどを容易に接続可能
- ・PBXの能力は、内線数と局線数などから選定する
  - → 内線数は、電話機の設置台数に将来の増設、非常用などを勘案して決定するほか、建物の面積や人数から概算
  - → 局線数は、着信と発信の回数、時間、内線数などを勘案して決定
    100回線以上は中継器が必要

（2）放送設備

❖拡声放送設備、連絡やBGM放送のほか、非常放送を兼ねる場合も多い

- → 数系統に分岐して計画
- → 劇場等の音響設備には、音量だけでなく**音質**や**効果**が重要

（3）LAN（Local Area Network：構内情報通信網）

❖同一建物内等に分散配置されたパソコンやプリンター等の端末同士をつないで、

データのやりとりの合理化を図るもの

→ スター形：ホストコンピューターに端末を集中する

バス形　：一本の**バスライン**に各端末を繋ぐ

・回線には同軸ケーブルや**ツイストペアケーブル**、**光ファイバー**などが使用される

（4）MDF（Main Distributing Frame：主配電盤）

❖局線の引き込みおよび構内交換機と、建物内ケーブルとを接続する最初の配電盤

→ 近年は、光ファイバーケーブルなど情報通信回線の増加に対応するため、MDF設置室を設けることもある

（5）情報分電盤

❖集合住宅等の各住戸にテレビ、電話、インターネット等の情報系ケーブルを引き込む位置の近辺に設置

→ 端子台、テレビ分配器のほかに、複数のパソコンを接続するときに使用する**HUB**（集線装置）や、**ISDN**を利用するときに必要となる**DSU**（Digital Service Unit）、電源コンセント等を必要に応じて収納

（6）情報コンセント（LAN Socket）

❖電気のコンセントと同じように各室に情報(TV、電話、LAN等)の接続口が設置

→ 大学等では、自分で持ち込んだパソコンを情報コンセントを利用して学内LANに接続するサービスが増加

11.9　避雷設備（雷保護システム）

❖**高さ20mを超える**建築物に避雷設備（雷保護システム）の設置を義務付け
（建築基準法第33条）

■ 11.9.1　外部雷保護システム（JIS A4201）

❖雷撃によって生ずる火災や建物の破損、人身への傷害を守る目的

→ 受雷部システム、引下げ導体システム及び接地システムを設置、雷撃を捕捉し、雷撃電流を安全に大地へ導く

（1）受雷部システム

①受雷部システムを構成できる金属製材料によって雷撃を継続的に確実に捕捉

→ 雷電流を引下げ導線システムへ導電することが目的

②保護レベル、保護法(回転球体法、**保護角法**、メッシュ法)に応じた保護範囲内に建築物が入るように受雷部システムを適切に配置

避雷針の保護角
出題　H26

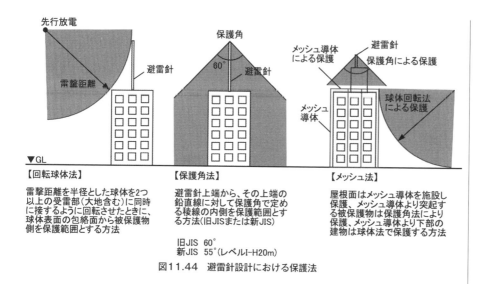

【回転球体法】

雷撃距離を半径とした球体を2つ以上の受雷部（大地含む）に同時に接するように回転させたときに、球体表面の包絡面から被保護物側を保護範囲とする方法

【保護角法】

避雷針上端から、その上端の鉛直線に対して保護角で定める稜線の内側を保護範囲とする方法（旧JISまたは新JIS）

旧JIS 60°
新JIS 55°（レベルI–H20m）

【メッシュ法】

屋根面はメッシュ導体を施設し保護、メッシュ導体より突起する被保護物は保護角法により保護、メッシュ導体より下部の建物は球体法で保護する方法

図11.44 避雷針設計における保護法

（2）保護レベル（JISA4201）

❖雷保護システム

→ 雷の影響から被保護物を保護する確率をⅠ、Ⅱ、Ⅲ、Ⅳの4段階で表す

❖一般建築物ではレベルⅣ、危険物施設ではレベルⅡを最低基準

→ 立地条件、建築物等の種類・重要度によってさらに高いレベルを適用

表11.7 各保護法の保護レベルに応じた受雷部の配置

保護レベル	回転球体法（半径：m）	保護角法（角度）					メッシュ法（幅：m）
		高さ20m	30m	45m	60m	60m超過	
Ⅰ	20	25					5
Ⅱ	30	35	25				10
Ⅲ	45	45	35	25			15
Ⅳ	60	55	45	35	25		20

※各レベルにおける斜線部の高さには保護角法は適用できない

（3）引下げ導線システム

①受雷部システムから接地システムへ雷電流を速やかに導電し、被保護物内部の電位傾度をできるだけ小さくすることが目的

②銅、アルミニウム、鉄の引下げ導線によって直接後続するものや建築物等の鉄骨や相互接続した鉄筋を利用する構造体利用引下げ導線がある

→ 一定の断面積が必要

引き下げ導線の代替
出題 H26・H29
引き下げ導線の配置
出題 H30・R05

（4）接地システム（外部雷保護用接地）

①危険な過電圧を生じさせることなく雷電流を速やかに大地へ放流させ、雷電流による被害発生の防止が目的

②接地極は、銅板、銅覆鋼棒、溶融亜鉛めっき鋼などを用いる

→ アルミニウムは使用不可

表11.8　雷保護システムの材料の最小面積（単位：mm²）

材料	受雷部	引き下げ導線	接地極
銅	35	16	50
アルミニウム	70	25	使用不可
鉄	50	50	80

③乾燥によって接地抵抗値が増大しないよう、なるべく湿気があり、ガス、酸などによる腐食のおそれのない場所を選択、地下0.5m以上の深さで壁から1m以上離して埋設

接地極の埋設場所
出題　H22・H29

■ 11.9.2　内部雷保護システム（JIS A4201）

❖被保護物内において雷の電磁的影響を低減させるために外部雷保護システムに追加する全ての措置（等電位ボンディング、サージの設置及び安全隔離距離の確保などを含む）

　→ 外部雷保護システムに流れる雷電流で生じる過電圧に起因する建物内の爆発や火災の発生、人間が感電する危険、電気システムや電子システムの破壊などを防止

❖過電流遮断器

・配線用遮断器、ヒューズのように過負荷電流及び短絡電流を自動遮断する機能を有する器具の総称

SPD（サージ防護デバイス）
出題　R05

■ 11.9.3　電気設備の接地（アース）

（1）接地目的による分類

❖前述の「外部雷保護用接地」のほか、

・電位上昇による火災や人体の感電等を防ぐ「保安用接地」

・電位変動による電子機器の通信機能障害を防ぐ「機能用接地」

・静電気を安全に放電するための「静電気障害防止用接地」などがある

（2）接地工事の種別

❖接地工事には、接地工事の対象施設、接地抵抗値及び接地線の太さに応じて、A種、B種、C種及びD種の4種類がある

❖人が触れるおそれのある電気機器の安全性を確保する目的の接地工事

　→ 電圧が300V以下の低圧用の場合：D種接地工事

　→ 電圧が300Vを超える低圧用の場合：C種接地工事

　→ 高圧用または特別高圧用：A種接地工事

接地線と過電流遮断器
出題　H29

（3）接地の必要な設備

①金属製外被の電気機器、配管、機器の鉄台等、キュービクル

②エアコンの室外機等、100Vの家庭電気製品でも水漏れによる感電の危険の多い電気洗濯機、高い電圧で使用する電子レンジ等

第11章　電気の基礎事項

第12章
昇降機設備

❖エレベーター・エスカレーター
　→ 安全第一、故障は少なく効率がよいことが求められる
　→ 用途に応じて、機種の選定、配置、運転操作方式、管理方式に至るまで、きめ細
　　やかな検討が必要
❖高齢者、障害者等の垂直移動手段としても有効

エレベーターの管理方式
出題　H30

12.1　エレベーター

❖エレベーターの基本計画
　→ 対象となる建物の使用目的に対して、将来の建物内交通需要を予測し、予測に基
　　づき交通計算を行い、サービスのグレードと経済性、使い勝手等を総合的に判断
　　して仕様と台数を決定

■ 12.1.1　配置計画

（1）交通需要の予測
　❖交通需要：単位時間内のエレベーターの利用者数
　❖計画建物の規模、目的・用途、立地条件等により、ピーク時（一般には5分間）の集
　　中率を予測して、エレベーターの仕様を決定

事務所ビルのエレベーター計画
出題　H29

（2）輸送能力の検討
　❖輸送能力
　→ サービス対象者数に対する輸送人員の割合で表され、5分間輸送能力として表示
（3）待ち時間の検討
　❖待ち時間は、エレベーターの平均運転間隔で表記

エレベーターの平均運転間隔
出題　H22・H29

　　→ エレベーターのサービス水準の指標
　　→ 事務所ビルの平均運転間隔は、一般に、貸ビルの場合で40秒以下、1社専用ビル
　　　の場合で30秒以下
（4）適正なエレベーター速度
　❖エレベーター速度は、建物階数とサービスフロア数によって決定
　　→ 一般に、15階建て以上の事務所ビルは、始発階から最上サービス階までの直行
　　　サービス時間を25秒程度とするのが目安
　　→ エレベーターの速度制御方式は、電圧と周波数を同時に、かつ連続的に変化
　　　させ、負荷に応じて電動機の速度制御をするVVVF（Variable Voltage &Variable
　　　Frequency：可変電圧・可変周波数）制御を広く採用

VVFと交流帰還制御方式
出題　H23

（5）適正なサービスフロア数とゾーニング
　❖エレベーター1台当たりの受け持ちサービスフロア数 → 一般に10 ～ 15階まで
　　→ サービスフロア数が多くなる場合は、サービスゾーンを分割し、各層専用のエ
　　　レベーターを配置

■ 12.1.2 エレベーターの駆動方式による分類

（1）ロープ式エレベーター

❖ 人が乗るかごと、つり合いおもりがワイヤーロープによって「つるべ式」につながっており、巻上モーターの回転速度を制御して、かごを昇降させる方式
（トラクション式）

①エレベーターの昇降路の直上に機械室を設置

②昇降行程が大きくとれ、高行程サービスが可能

③高速運転が可能

④機械室の騒音は油圧式と比べて小さい

⑤エレベーターのピット下部は、原則として居室や通路としては使用禁止

表12.1　ロープ式エレベーターの定格速度と各部寸法

速度[m/min]	ピット深さ[cm]	オーバーヘッド[cm]
45	125	425
60	155	445
90	185	465
105	215	485

※速度：積載荷重100%時の上昇最高速度（定格速度）

エレベーターの定格速度
出題　H22・R03

（2）マシンルームレスエレベーター

❖ 基本的にはロープ式のトラクション式エレベーター

　→ 省スペース技術により、通常はエレベーターシャフト頂部に設けなければならなかった機械室の設備を、すべて昇降路内に収納したもの

❖ 駆動装置を設ける場所には、換気上有効な開口部、換気設備又は空気調和設備を設けなければならない

　→ 駆動装置を設けた場所の温度が機器の発熱で7℃以上上昇しないことが計算により確認できれば、換気設備は設けなくてもよい（H12建告第1413号第1三ロ）

（3）油圧式エレベーター

上昇時 → パワーユニットで発生した油圧をシリンダーに送り、かごを押し上げる

下降時 → かごおよびプランジャーの重量により、油がジャッキからタンクに戻ることで、かごを降下させる方式

①機械室は昇降路最下階から10m以内の位置に設置

②建物上部にかかる荷重が小さい

（4）各種エレベーター共通事項

・エレベーターに必要な配管以外は原則として昇降路内に設置してはならない
　ただし、光ファイバーケーブルは設置することができる

昇降路内の配管
出題　H24

・電力回生制御：エレベーターの降下や停止時に運動エネルギーを使ってモーターで発電し、電力を回収する仕組み

エレベーターの消費電力
出題　H28

第12章　昇降機設備

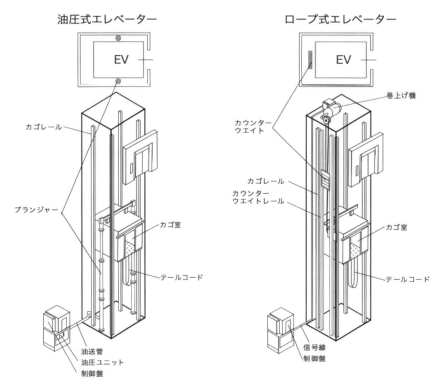

油圧式エレベーター　　　　　　　　ロープ式エレベーター

油圧式エレベーター図ラベル:
- カゴレール
- プランジャー
- カゴ室
- テールコード
- 油送管
- 油圧ユニット
- 制御盤

ロープ式エレベーター図ラベル:
- 巻上げ機
- カウンターウエイト
- カゴレール
- カウンターウエイトレール
- カゴ室
- テールコード
- 信号線
- 制御盤

図12.1　ロープ式エレベーターと直後式油圧エレベーター

■ 12.1.3　エレベーターの用途別の分類

（1）一般乗用（Passenger Elevator）のエレベーター
- ・不特定多数の人を運ぶことを目的としているために、その安全基準は最も厳格
  - ①住宅用（Residential Elevator）
    乗用エレベーターのうち、特にマンションなどの共同住宅用に設置することを目的にしたエレベーター
  - ②展望用（Observation Elevator）
    乗用エレベーターのうち、かごの周囲をガラス張りにして、外の景色が見えるようにしたエレベーター
    → 非常用エレベーターとは兼用不可

（2）荷物用（Freight Elevator）
- ・倉庫や工場などに設置される荷物輸送専用のエレベーター
  - → 荷物を運ぶことを目的としているために、その安全基準は乗用より緩和
  - （**運転者以外**の人は乗降不可）

荷物用エレベーター
出題　H22・H27

（3）人荷用（Passenger&Freight Elevator）
- ・**乗客と荷物両方を運ぶことができる**サービスエレベーター
  - → 安全基準は乗用と同じで厳しい

人荷用エレベーター
出題　H22・H27

（4）寝台用（Bed Elevator）
- ・病院や養護施設など、ストレッチャー（移動式寝台）を運ぶことができるように設計されたエレベーター

210

→ 寝台を運ぶことを目的としているために、かごの寸法は乗用よりも大きい

→ かごの床面積が同じ場合、寝台用エレベーターの最大定員は、乗用エレベーターの場合よりも少なくなる

（5）ダブルデッキエレベーター

・2層のカゴを同時に運転する方法（東京タワー等）

ダブルデッキエレベーター
出題　H23

（6）エレベーターのかごの積載荷重

・エレベーターのかごの積載荷重は、かごの種類に応じて、次表の数値を下回ってはならない（建築基準法施行令第129条の5第2項）

表12.2　エレベーターのかごの積載荷重

かごの種類		積載荷重（単位：N）	計算式（床面積：A：m²）
乗用エレベーターのかご（人荷用エレベーターを含み寝台用エレベーターを除く）	床面積が1.5m²以下のもの	床面積1m²につき3,600として計算した数値	$3{,}600 \times A$
	床面積が1.5m²超えるのもの	床面積の1.5m²を超える面積に対して1m²につき4,900として計算した数値に5,400を加えた数値	$4{,}900 \times (A-1.5)+5{,}400$
	床面積が3m²超えるのもの	床面積の3m²を超える面積に対して1m²につき5,900として計算した数値13,000を加えた数値	$5{,}900 \times (A-3)+13{,}000$
乗用エレベーター以外のエレベーターのかご		床面積の1m²につき2,500（自動車運搬用エレベーターにあっては1,500）として計算した数値	$2{,}500 \times A（1{,}500 \times A）$

注）積載量は、かごの種類と床面積に応じて上表計算式から算出した値（単位：N）を9.8で除してkgに換算する

■ 12.1.4　エレベーターの安全対策

（1）エレベーターの安全装置

❖乗用エレベーター又は寝台用エレベーター

→ 積載荷重に1.1を乗じて得た数値を超えた荷重が作用した場合において警報を発し、かつ、出入口の戸の閉鎖を自動的に制止する装置を設置しなければならない（建築基準法施行令第129条の10）

（2）地震時管制運転

❖地震時に乗客の安全を図り、機器の損傷を防止するために、地震感知器との連動によって、エレベーターを最寄階に停止させる機能

①P波（初期微動）感知器

・地震時S波（主要動）に先んじて到来するP波（初期微動）を的確に感知する機能を有するもの

→ **昇降路底部または建物の基礎に近い階に設置**

②S波（主要動）感知器

・地震時の水平主要動または表面波動による建築物の揺れを感知

→ 一般建築物の場合は、**昇降路頂部に設置**

地震時管制運転
出題　H24・H29

エレベーターのP波感知の位置
出題　H24

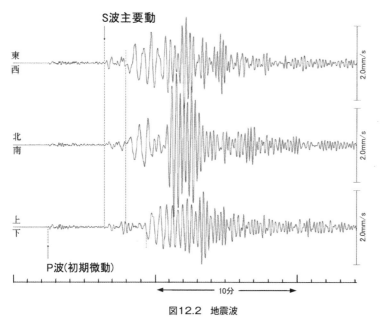

図12.2　地震波

③長周期センサー

・P波感知器やS波感知器では検出できない長周期地震動を検知

→ ロープなど長尺物の振れ幅を予測し、揺れ幅に応じた管制運転を行う

（3）火災時管制運転

❖火災時に、防災センターの切換スイッチの作動、または、火災報知器の防災信号によって全エレベーターを**一斉に**避難階に帰着させる機能

（4）浸水時管制運転

❖地盤面より下に着床階がある場合で、洪水等により浸水するおそれがあるときに、エレベーターを**待避階**（一般に地上2階より上の階に設定）に帰着させる機能

（5）非常用発電時管制運転（自家発時管制運転）

❖非常時**(停電時)**に、自家発電源でエレベーターを各グループ単位に、**順次**避難階に帰着させる機能

❖自家発電源を持たない建物にエレベーターを設置する場合

→ エレベーターごとに設けた**予備電源**により、かごを最寄階まで**低速**で**自動着床**させる救出運転を行う

火災時管制運転
出題　H23・H28

災害時における常用エレベーターの利用
出題　R02

12.2 エスカレーター

■ 12.2.1 エスカレーターの配置計画と台数の算定

❖エスカレーター

→ 連続輸送が可能で、エレベーターの**十数倍**の輸送能力を有し、かつ、乗客が移動 しながら周囲の状況を視認できる

→ 百貨店やスーパーなどの大型店舗ビルなどに採用されることが多い

❖百貨店などにエレベーター及びエスカレーターを設置する場合

→ エスカレーターにおける客の輸送分担の割合は、全体の輸送人数の80 〜 90%

エスカレーターの輸送 能力
出題 H24

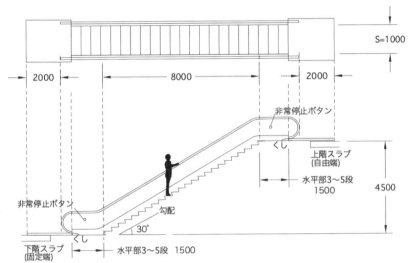

図12.3 エスカレーター

❖エスカレーターの公称輸送能力Pは、次式で求められる。

$$P = \frac{r \times v \times 60}{B} \times n \, [人/h]$$

r：1ステップ当たりの乗客数（S600形1人、S1000形2人）

v：速度[m/分]

B：踏段の奥行[m]（一般には0.4m）

n：エスカレーターの設置台数

表12.3 エスカレーターの公称輸送能力(人/h)

輸送速度		20m/分	30m/分	45m/分	50m/分
形式	S600形	3,000	4,500	6,750	7,500
	S1000形	6,000	9,000	13,500	15,000

❖実際にはピーク時でも公称輸送能力の70 〜 80%程度の乗者率

→ 公称輸送能力の75%を実際の輸送能力として設置台数を選定

■ 12.2.2 エスカレーターの構造(建築基準法施行令第129条の12)

①踏段の幅は、**1.1m以下**

②踏段の端からハンドレール上端部の中心間までの水平距離は、**25cm以下**

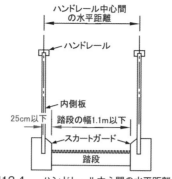

図12.4　ハンドレール中心間の水平距離

③定格速度：勾配が8度以下の場合で50m/分以下

　　　　　　勾配が8度を超え30度以下の場合で45m/分以下

表12.4　勾配と定格速度

勾配	定格速度
8度以下	50m/分以下
8度超〜30度以下	45m/分以下
30度超〜35度以下	30m/分以下

④勾配は原則として30度以下（踏段が水平で、ないものは15度以下）

　　→ 次に定める構造であれば、35度以下とすることが可能

・踏段の定格速度は、30m/分以下

・揚程は、6m以下

・踏段の奥行きは、35cm以上

・昇降口においては、2段以上の踏段のそれぞれの踏段と踏段の段差（踏段の勾配を15度以下としたすりつけ部分を除く）が4mm以下

・H12年建設省告示第1417号第1ただし書に規定する車椅子使用者用エスカレーターでないこと

勾配が30度を超えるエスカレーター
出題　H22・H27
(H12建告1413号第2の第1項)

■ 12.2.3　エスカレーターの安全対策

（1）エスカレーターの停止装置

　❖エスカレーターには、両端部の乗降口でエスカレーターを停止させる非常用停止ボタンを設けなければならない

　　・動力が止まった場合

　　・駆動装置の故障した場合

　　・人や物が挟まれたり損傷を受けるおそれがある場合

（2）エスカレーターと防火シャッターとの連動停止

　❖防火シャッターと連動してエスカレーターを停止させるなければならない

　　（エスカレーターと防火シャッター等との連動停止基準）

　　・エスカレーター乗降口において、ハンドレール折返し部の先端から2m以内に対面する防火シャッターがある場合

　　　→ 停止しないと、利用者が逃げ遅れ、重大な事故が起こるおそれがある

エスカレーターと防火シャッター
出題　H23・H27

（3）乗客や物の挟まれ防止対策

❖エスカレーターを自動的に停止させる**安全装置を設置**

❖エスカレーターの手すりの上端の外側から**水平距離50cm以内で天井等と交差する**部分には、**三角部保護板を設置**

❖階段側部とスカートガードの隙間は、**5mm以下**

・巻き込み、挟み込みを検知した場合

→ 停止しないとエスカレーターに挟まれ重大な事故が起こるおそれがある

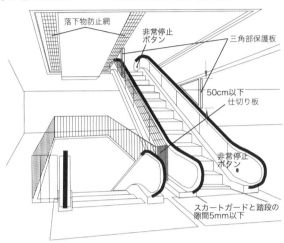

図12.5　エスカレーターに安全対策

（4）エスカレーターの落下防止対策

❖地震その他の振動、及び建築物の層間変位による上下階の建築のはり等の支持材の間隔の変化に追従できるように設計

→ 一端の支持アングルを建築のはり等の支持材に**堅固に固定**し、他端は建築のはり等の支持材へのかかり代を十分にとる（**ローラー支承**）

→ 両端を堅固に固定すると建築物の層間変位にエスカレーターが追従できず、支持材が破損し、エスカレーター本体が落下する恐れがある

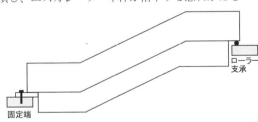

図12.6　エスカレーターの落下防止対策（下端を固定した例）

エスカレーターの落下
防止
出題　H25

12.3　小荷物専用昇降機

❖小荷物専用昇降機：エレベーターに近似した構造だが専ら小荷物を運搬する昇降機
　→ かごの水平投影面積が1m²以下で、かつ、天井の高さが1.2m以下のもの
　　（建築基準法施行令第129条の3第1項第三号）

12.4　昇降機の定期点検、定期検査

❖エレベーター、エスカレーター、小荷物専用昇降機
　→ 概ね月1回以上の定期点検（昇降機の維持及び遂行の管理に関する指針）と年1回の
　　定期検査（建築基準法第12条3項）が義務付け
❖定期検査
　→ 1級建築士、2級建築士または国土交通大臣の認定する昇降機検査資格者が実施

第13章
防火・防災設備

13.1　建築物の防火対策

■ 13.1.1　建築物の配置計画

（1）空地の確保
- ❖建物の周囲には、できるだけ多くの空地を確保
  - → 消防活動の動線を確保しやすく、建築内部からの避難者を救出しやすい広場や通路を計画

（2）建物の分離および隔離
- ❖同一敷地内の用途の異なる建物は別棟にし、異なる用途のブロックは機械室、階段室などで隔離するように工夫

（3）樹木の効果
- ❖建物間の常緑樹
  - → 多量の水分を含んでいるので火災の熱によって放出する水蒸気が保護膜をつくり、放射熱を遮断
  - → 常緑樹の高木と低木の組み合わせによる林型が、より効果的

■ 13.1.2　建築物の延焼防止対策

（1）庇やバルコニーによる防火対策
- ❖窓上に庇やバルコニーを設けることは、上階への延焼防止に有効
- ❖横長の窓（幅の広い窓）：火災時に噴出する炎が上部壁面に吸い寄せられやすい
  - 縦長の窓（幅の狭い窓）：窓から噴出する炎は勢いが強く、外側に離れやすい
  - → 縦長の窓よりも横長の窓のほうが、上階への延焼の危険性が高い
  - なお、火災室の外壁開口部に袖壁があると、火炎が壁面に近接して壁面への入射熱が増大し、上階への延焼の危険が増加

上階への延焼防止
出題　H24・H30
横長窓と縦長窓
出題　H22・H26・R01

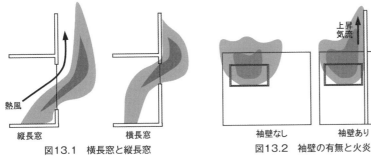

図13.1　横長窓と縦長窓　　図13.2　袖壁の有無と火炎

（2）中間絶縁帯
- ❖高層建築において、中間階を設備階とする
  - → 設備上の機能ばかりではなく、上下階からの延焼防止が可能

217

13.2 避難計画

■ 13.2.1 避難に関する建築計画上の要点

①二方向避難が有効に計画され、日常の利用に供している階段、通路がそのまま安全な避難ルートとなるように計画

避難経路
出題 R02

②避難経路が曲折の多い迷路のようになることを**避け**、安全な避難場所への出入口をわかりやすく計画

③避難経路の**排煙**が十分行えるように計画

④エレベーターを避難時に利用しないように避難経路を適切に計画

⑤避難経路の扉は、原則として、**避難方向に開くように**

避難出口扉の開き勝手
出題 R01
避難階の階段
出題 H22
アトリウムの蓄煙空間
出題 H24

⑥避難階において、**上階から避難する階段と下階から避難する階段が連続**していると、避難階の階段室出口へ二方向からなだれ込み危険 → **連続させない**

⑦居室の**天井高を高く**し、避難経路への煙の流入を遅らせ、**避難時間を確保**
→ 天井が高く気積が大きいアトリウムでは、火災時の対策として、上部に蓄煙空間を設ける煙制御が有効

⑧中央部に光庭となるボイド空間を設けたボイド型の超高層集合住宅
→ ボイドが深くなるので、火災階の上方部分でボイド全体に煙が充満
❖ボイド空間を取り囲む開放廊下を避難経路とする場合
・上部の煙の濃度が高くなり、避難に支障をきたすおそれ
→ ボイドの下層部分または側面に**給気口**を設け、**煙突効果**を利用してボイド内の空気の流通を促進、ボイド空間の煙を希釈

ボイド空間と煙突効果
出題 H25・H27・H28
R04

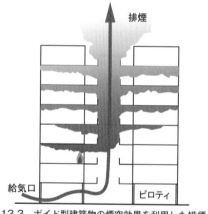

図13.3 ボイド型建築物の煙突効果を利用した排煙

⑨吹抜け部分に設ける防火・防煙シャッターの降下位置
→ 防火・防煙シャッターが閉まった後でも高齢者など避難する人が手摺りを使えるように、通路側ではなく**吹抜け側（手摺りの外側）**に設置

吹抜けに面する防火
シャッター
出題 H25

■ 13.2.2 避難時の群集特性

（1）帰巣本能
❖人は建物内のある場所に入って来た経路、または**日常使用している経路**を、災害時の脱出動線とする

避難行動特性
出題 H22

（2）指光本能

❖人は明るさを求めて走る性質がある

　→ 誘導灯・誘導標識の明るさ、視認性、誘目性は重要

（3）追従本能

❖1人の先行者に多くの群集は追従する → 先行者の行動が重要

■ 13.2.3　避難対象人数の算定

❖避難対象人数 → 在館者人口密度に各室の床面積を乗じて各階ごとに算定

サッカースタジアム内
の避難導線
出題　H22

表13.1　避難計算用在館者密度

居室の種類		在館者人口密度（人/m²）
住宅の居室		0.06
住宅以外の建築物における寝室	固定ベッド	ベッド数を床面積で除した数値
	その他	0.16
事務室、会議室その他これらに類するもの		0.125
教室		0.7
百貨店または物品販売業を営む店舗	売場の部分	0.5
飲食室		0.7
劇場、映画館、演芸場、観覧場、公会堂、集会場その他これらに類する用途に供する室	固定席の場合	座席数を床面積で除した数値
	その他の場合	1.5
展示室その他これに類するもの		0.5

■ 13.2.4　群集流動の配慮

❖人の交通量の多い建物の廊下、ホール等

　→ 流れの混雑を避けるため、次の配慮が必要

①流れの量に応じた幅員をとる

②急な曲折、交錯流を避ける

③行先案内を明示

④緊急時の人の流出に応じた出口の幅を確保

⑤階段の上り下りで、歩行速度と歩行幅員が異なることを配慮

■ 13.2.5　避難時間

（1）歩行速度

❖歩行速度：群集密度1.5人/mの場合、歩行速度約1m/sec

　→ 高齢者や乳幼児連れ、歩行困難者などを考慮した場合、歩行速度約0.5m/sec

❖階段での歩行速度 → 廊下の歩行速度より遅い（0.6m/sec）

❖階段室内へ避難者が一気になだれ込まないようにコントロールが必要

　→ 避難階段に通じる出入口の幅は、階段の有効幅と一致させるか、有効幅よりやや狭くする

❖幅員の制約のある場所では、歩行速度は一定の値

　→ 遅い歩行者が核となり、同調者が次第に増して、後続者の追抜きが困難になる

避難時の歩行速度
出題　H23・R03

避難階段への出入口幅
出題　H22・H26・R01

第13章　防火・防災設備

（2）出入口の幅員と流動係数

❖流動係数：単位時間、単位幅員当たりの通過可能人数のこと

　　→ 出入口などの**通過容量**を定める係数

❖避難する建物内の位置・経路などに慣れていない一般の人の場合

　　→ 水平部分：1.5人/(m・sec)、階段部分：1.3人/(m・sec)を採用

■ 13.2.6　煙の流動速度

❖水平方向：0.5 ～ 1.0(m/sec)、垂直方向：3.0 ～ 5.0(m/sec)

❖階段や吹抜けなどの垂直部 → 特に上の階に開口部があると煙突効果により、廊下や
　　　　　　　　　　　　　　　　階段等に煙を引き込む

❖建物内の一室で火災が発生 → 火源からの煙は**天井面**に沿ってほぼ**水平**に広がる

❖開放された階段室やEVシャフト、鉛直ダクトなどの**竪穴**がある場合は、煙はその竪
穴から一斉に上階に上昇

　　→ **竪穴**に侵入した煙による被害を**最初**に受けるのは建物の**最上階**、以降、下階へ順
　　　次煙が充満

❖煙層の**温度が高い** → 煙が上部に溜まり排煙口からの排煙効果は大きい

❖室の**天井高が高い** → 排煙口の高さも高く、温度差換気による排煙効果が大きい

煙の水平方向の流動速度
出題　H27・H30
煙の垂直方向の流動速度
出題　H23・H28

建物内の煙の流動性状
出題　H22
自然排煙の排煙量
出題　R02

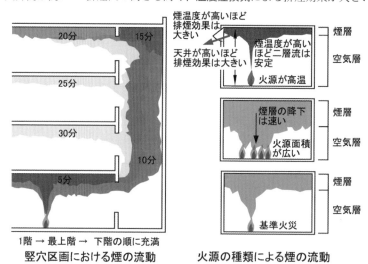

竪穴区画における煙の流動　　火源の種類による煙の流動
図13.4　建物内の煙の流動性状

■ 13.2.7　煙の二層流

❖火災時には温度の高い煙層と温度の低い空気層に分かれる

　　→ 火災時に廊下において形成される上方の煙と下方の比較的清浄な空気とからなる
　　　二層流は、煙の温度が低いほど、また、煙の流速が速いほど**不安定**

　　→ 避難計画、排煙計画を行う上では、二層流を安定させることが重要

■ 13.2.8　煙層の降下の速さ

煙層の降下の速さ
出題　H24

❖耐火建築物の場合

　　→火災初期における**煙層の厚さ**(降下の速さ)は煙の**発生量**に大きく支配される

❖火災初期における煙の発生量

　　→ 火源の発熱量よりも**火源の面積**(可燃物の量)の影響大

220

■ 13.2.9　避難上の規定

❖火災時等において、避難上支障がないようにするため、次のような規定が定められている

・用途や区画等の状況に応じた排煙設備の設置(建基令第126条の2)
・廊下の幅(建基令第119条)
・直通階段に至る歩行距離(建基令第120条)
・二方向避難(建基令第121条)避難階段の構造(建基令第123条)等

（1）二方向避難(建基令第121条)

❖劇場、百貨店、病院、ホテル等の用途、大規模な居室(200m²以上)のある階

→ **直通階段を二つ以上設ける**

→ 二方向避難を確実にするため、それぞれの直通階段への経路は、その**歩行距離の1/2をこえて重複してはいけない**

（2）避難階段および特別避難階段の種類と構造(建基令第123条)

①避難階段 → 屋内設置と屋外設置がある

②特別避難階段

→ 屋内から**付室**あるいはバルコニーを経て階段室に至る構造

→ 出入口の扉および階段室は、建築基準法施行令第123条で定める構造としなければならない

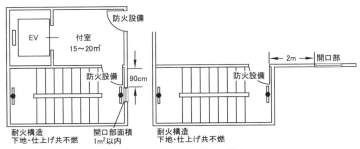

図13.5　特別避難階段の構造

③非常用エレベーターの乗降ロビーと特別避難階段の付室とを**兼用**する場合

→ 非常用エレベーター1基について10m²以上の有効面積に、付室の床面積を加えた以上の面積とする

→ 特別避難階段の付室のみの面積は規定されてはいないが、最低でも5m²以上の大きさを確保

■ 13.2.10　避難上の安全の検証

❖避難安全検証法：従来の仕様基準ではなく、火災時の**避難行動**、煙の状況を予測し、建築物の**避難安全**に関する**性能**を定義して、その性能を検証する性能基準による検討方法

→ **階**避難安全検証法と**全館**避難安全検証法がある

❖避難安全検証法における避難時間の算定

→ 火災発生から在室者が火災を認識し実際に**避難行動を起こすまでの時間**を加算

■ 13.2.11　内装制限

❖建築基準法
- ・建築物の用途、規模、構造などに基づいて、**内装材料を制限**
  - → 特に廊下や階段などの避難に用いられるスペース、火気使用室、**多数**の人が集まる建築物にはより厳しく制限

（1）フラッシュオーバー

❖**フラッシュオーバー現象**
- ・火災が発生する場合、火源となるものから壁等の内装仕上材料に着火、さらに燃焼による**分解生成ガスが室の上部に滞留**
  - → ガスが一定の温度と濃度になると、急激な爆発的燃焼を起こし、室内にある可燃物に一斉に着火し、一面炎の海に包まれる（フラッシュオーバー現象）
- ・内装材料が可燃材料であると極めて短時間（概ね**着火後数分**）に発生
- ・室内の可燃物量が同じ場合、火盛り期の**火災継続時間**（最も激しく燃え続ける時間）は酸素供給量によって変化する
  - → 外気が流入する**開口面積が大きい**ほど、酸素供給量が多くなり、可燃物はいっぺんに燃えてしまうので、火盛り期の火災継続時間は短くなる

フラッシュオーバー
出題　H26

火盛り期の火災継続時間
出題　H24・R05

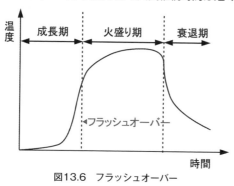

図13.6　フラッシュオーバー

（2）火災荷重

❖**火災荷重**：単位面積当たりの可燃物量を、同じ発熱量をもつ木材の重さに換算（kg/m²）したもの
- ・固定可燃物量と積載可燃物量を加算して求める
  - → この値が小さいほど、燃えやすいものが室内に少ないことを示す
- ・火災荷重に面積をかけたもの＝**等価可燃物量**

等価可燃物量
出題　H25・H28

（3）引火点と発火点

❖**引火点**：木材の火災危険温度木材を加熱した場合、約260℃に達すると引火
- → 260℃を**火災危険温度**としている

❖**発火点**：引火しなくとも、自然に燃焼し始める温度 ＝ 発火点温度
- → 木材の発火点は400〜450℃である。

引火点と発火点
出題　H23・H26・H30

13.3 防火区画

(1) 防火区画（建基令第112～113条）

❖同一建築物内における延焼を防止することを目的とし、建物を一定面積以内に区画することを義務付けしている

❖防火区画は主として、

①主要構造部を耐火構造とした建築物

②準耐火建築物

③特殊建築物

④市街地内にある木造建築物

⑤高層建築物

⑥複合施設　などが対象

(2) 安全区画

❖安全区画：廊下や付室などのように居室などと壁で仕切られた上、避難階段などに連絡していて、火災時には避難経路として利用できる空間のこと

→ その階の人の大部分を収容できるか、または人の流入がスムーズで、しかも階段室への煙の侵入を防止するために配慮する必要がある

(3) 竪穴区画

❖エスカレーター、エレベーター、ダクトスペースなど

・堅固な区画内に計画し、竪穴による上階への延焼、煙の侵入を防ぐ必要

→竪シャフトは、最上部に開口を設けるなど排煙を考慮する必要

(4) 用途区画（異種用途区画）

❖用途や管理区域が異なる部分が1つの建物内の混在するとき

→ それぞれの区域間の延焼防止のため、耐火構造の壁や防火戸を設けて防火区画

(5) 面積区画

❖建物の用途と床面積の大きさを勘案して、基準法ではそれぞれの規定

❖地下室、無窓室、大空間

→ 一定の面積ごとに区画できるよう、明確な避難動線とし、防煙を考慮

(6) 階層区画

❖階ごとの区画し、避難施設を各階同じ位置に重ね、上下の統一性をもたせる

(7) 籠城区画

❖病院の手術室や分娩室、ICU等、避難不可能な用途の空間でも、人命の安全が保てるように周囲の空間と防火区画し、排煙や電力も別系統にするという考え方

→ 階段を避難することが困難な高齢者や幼児が利用する施設、病院の病棟、大規模な複合施設などにおいては、水平避難方式が有効

火災の拡散防止
出題　H29

防火扉
出題　H30

異種用途区画
出題　H25

防火区画と階区画
出題　R02
層間区画
出題　H30
籠城区画
出題　H27・R01
水平避難方式
出題　H24・H28・R02

第13章 防火・防災設備

223

13.4 消防設備

■ 13.4.1 火災とその対策

❖火災から生命や財産を守るために、建築基準法や消防法の関係法規には詳細な規定
　→ 火災の各段階で、建築的、設備的に次のような規定
　　①出火予防：火気使用機器などの位置・構造や周囲の不燃化
　　②発見警報：初期消火と早期避難のための早期発見・警報設備の設置
　　③初期消火：在居者による消火を目的とする消火設備の設置
　　④避難救助：安全な避難のための階段、排煙、誘導や救助袋などの設置
　　⑤本格消火：消防隊による本格的消火のための連結送水管などの設置
　　⑥拡大防止：防火構造、防火壁、防火区画、防火帯などの設置

■ 13.4.2 消防法による消防用設備等

（1）消防の用に供する設備
　①消火設備：火災が発生した場合に、消防隊が来るまでの在居者による**初期消火を目的とした設備**
　②警報設備：火災またはガス漏れ等を早期に発見し、速やかに防火対象物全体へ報知または**消防機関へ通報**する設備
　③避難設備：火災時に迅速かつ安全に**避難誘導**するための設備

（2）消防用水
　❖消防用水は、広い敷地に存する大規模な建築物の延焼段階の火災に対して、消防の**水量を得ること**を目的としたもの（初期消火用ではない）
　　→ 防火水槽、プール、貯水池等、常時規定以上の水量が得られるもの
　❖消防用水は、**消防ポンプ自動車が2m以内**に接近することができる

（3）消火活動上必要な施設
　❖火災の際に発生する煙により、消火活動が阻害されたり、または、高層建築物のために消火活動が困難になること等を勘案して、消防隊による**消火や救助活動を支援**するために設けるもの
　　→ 排煙設備、連結散水設備、連結送水管、非常コンセント設備及び無線通信補助設備がこれに該当

（4）必要とされる防火安全性能を有する消防の用に供する設備等
　❖パッケージ型消火設備、パッケージ型自動消火設備、共同住宅用スプリンクラー設備、共同住宅用連結送水管等

消防用水
出題　H23・R03

消防設備の分類
出題　H26

13.5 消火設備

■ 13.5.1　火災の種類と消火

❖一般の建築物あるいは建築物内の火災の対象と消火法の原則を次に示す

（1）普通火災：A火災

・一般の可燃物の火災には、**水の冷却作用**による消火が効果も大きい

（2）油火災：B火災

・油は水に浮き、かえって拡大するので水による消火は原則として不可

→ ただし、表面に適切に放射（霧状の水で放水）すると、**擬似的に乳化**して、エマルジョンの層を形成して消火することが可能

（3）電気火災：C火災

・感電の危険があり、水による消火は原則として不可

→ ただし、**霧状の水による消火**は、多量の水蒸気が発生し、窒息作用もあるので、**小規模の電気火災**にも用いられることがある

・電気火災の原因は「**漏電**」「**過熱**」「**トラッキング現象**」がある

トラッキング現象/火災
出題　H24

■ 13.5.2　燃焼と消火

❖燃焼の3要素：①可燃物、②引火点あるいは発火点以上の温度、③酸素

→ 燃焼過程では、水素が$[H^+]$と$[OH^-]$とに形を変えながら触媒的な働きをして、燃焼が継続する

→ 燃焼の3要素は、**いずれか1つの条件を失えば**、燃焼は停止、消火する

❖可燃物の除去は、ガスの元栓の閉止や、渡り廊下や風下の建物の破壊による延焼防止などの例があるが、一般的ではない

→ 一般の建物火災の消火は次の3つのいずれか、あるいは併用による

（1）冷却作用

❖水や消火剤などが蒸発する際に可燃物から**吸熱**

→ 発火点あるいは引火点以下に可燃物の**温度を下げる**ことによって消火

（2）窒息作用

❖不燃性ガスや泡などで火災面を覆い、**酸素の供給を遮断**、あるいは酸素濃度を13～15%以下に下げて（希釈作用）消火する

（3）抑制作用

❖リン酸塩類など**粉末消火剤**

→ 燃焼の継続に必要な$[H^+]$や$[OH^-]$を奪う**負触媒作用**によって消火

・粉末消火剤はカーテンやシートの防炎処理にも用いられ、消炎効果があり、**航空機の火災には泡消火とともに欠かせないものの一つ**

■ 13.5.3　主な消火設備の種類

（1）屋内消火栓設備

❖消火器とともに在居者による**初期消火**の主要な設備

→ 水源、加圧送水装置、屋内消火栓箱、補助高置水槽及び配管などから構成

・放水量が大きい2人で操作する**1号消火栓（25m）**

→ 工場、倉庫、指定可燃物の貯蔵所等

屋内消火栓
出題　H22・R02

・1人で操作可能な**2号消火栓**（15m）【易操作性1号消火栓、広範囲型2号消火栓（25m）】
　→ 旅館、ホテル、社会福祉施設、病院等の就寝施設

表13.2　屋内消火栓設備

項目	1号消火栓	易操作性1号消火栓	広範囲型2号消火栓	2号消火栓
警戒区画範囲	25m以内			15m以内
放水量	130L/分以上		80L/分以上	60L/分以上
放水圧力	0.17MPa以上			0.25MPa以上
操作性	2名以上必要	1名での操作が可能		
設置対象	すべての防火対象物に設置可能		可燃物の多い工場・倉庫には設置不可	

❖屋内消火栓設備の加圧送水装置（ポンプ）
　→ 火災等の災害による被害を受ける恐れが少ないように、**不燃材料**で区画した専用室（受水槽室や給水ポンプ室内）等に設置

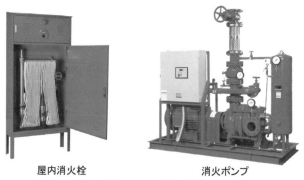

屋内消火栓　　　　　消火ポンプ
図13.7　屋内消火栓設備

（2）スプリンクラー設備

❖天井等に2〜3m間隔で設置されたヘッドから、火災の際の熱などによって自動的に散水し消火を行うとともに、管内の流水でアラームなどを鳴らし警報を行うもので、初期消火に最も効果があり信頼性も高い

①開放型：ヘッドの放水口が常時開放されており、感知器作動または起動弁の手動操作により、**一斉開放弁**を開き、一斉に散水
　　　　→ いっきに燃え広がる恐れのある劇場の**舞台部**などに用いる

②閉鎖型：ヘッドの放水口が常時閉じている
　→ 火災時の熱を感知してヘッドが開き、自動的に散水
　　・湿式：ヘッドまで常時、**加圧充水**しておく、最も一般的な方式
　　・乾式：配管内は圧縮空気を充満しておく、凍結の恐れのある**寒冷地**に適合
　　・予作動式：ヘッドとは別に設ける感知器と連動して**予作動弁**を開き散水する方式で、誤作動による被害が許されない**電算機室**等に適合

③**放水型**：閉鎖型のヘッドでは有効に火災を感知あるいは消火できない**ドーム、アトリウム**などの大空間や高天井の部分（天井高さが10m（物販店舗・展示場等は6m）を超える部分）に使用される設備

開放型
出題　H28

閉鎖型
出題　H30

予作動式
出題　H26

放水型
出題　H22・H29

開放型

高感度閉鎖型

放水型

図13.8　スプリンクラーヘッドの形状

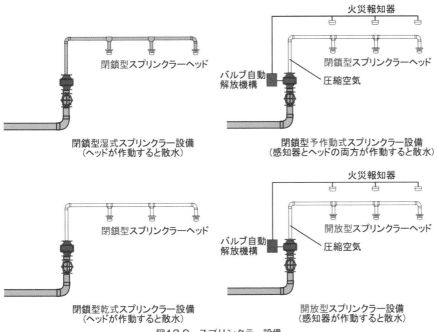
図13.9　スプリンクラー設備

❖補助散水栓
・スプリンクラーが設置されていない場所に設置し、2号消火栓と同等の**放水量**および**警戒範囲**をもつ散水栓でスプリンクラー配管に接続したもの

（3）水噴霧消火設備
　❖固定式の水噴霧ヘッドを用いて水を霧状に噴出し、酸素を遮断する**窒息作用**とともに霧状の水滴により熱を吸収する**冷却作用**により消火する設備
　　→油火災の表面に噴霧すると、表面で擬似的に**乳化してエマルジョン**の層を形成できるため、指定可燃物の貯蔵取扱所、**駐車場**など屋内消火栓やスプリンクラー設備で消火できない場所に用いられる
　・**天井の高い空間**においては、噴霧された霧状の水が降下するうちに水滴になってしまうため、**水噴霧本来の効果がなくなる**
　・水噴霧消火設備は、延焼防止や輻射熱による出火防止の**冷却目的**にも使用する

（4）泡消火設備
　❖火源に多量の泡を放出し表面を**泡で覆い窒息作用**と冷却作用によって消火する設備
　　→飛行機の格納庫、自動車の整備工場、駐車場などの油火災（液体燃料等の火災）に対して有効
　・電気絶縁性がないので電気火災の多い電気室、通信機器室、ボイラー室には不適

補助散水栓
出題　H28・H29・R02

水噴霧消化器
出題　H24・R01

泡消火設備
出題　H22・H23・H26
H27

第**13**章

防火・防災設備

227

（5）不活性ガス消火設備

❖ボンベに加圧液化された**不活性ガス**を放出し、酸素濃度を下げ、主に**窒息（希釈）作**用により消火する設備

→ 汚損や感電のおそれがないので、電気や油火災および水損を嫌う**コンピューター室**や図書館の書庫等に適合

❖消火剤には、二酸化炭素のほかにイナートガス（窒素）などが用いられる

→ **イナートガス（窒素）**は、二酸化炭素よりも人体への安全性が高く、また、GWP（地球温暖化係数）及びODP（オゾン層破壊係数）ともに**ゼロ**であり、環境面でも優れている

・**二酸化炭素**は、気化潜熱が非常に大きいので、放出時の**熱吸収**による**冷却効果**が大きい（二酸化炭素以外は、冷却効果は期待できない）

不活性ガス消火設備
出題　H22・H26

イナートガス消火設備
出題　H26
二酸化炭素消火設備
出題　H22

（6）ハロゲン化物消火設備

❖消火剤としてハロゲン化合物を使用し、この物質の**負触媒作用**（抑制作用）により消火する設備

→ 従来、消火剤として使用されていた特定ハロンは、オゾン層破壊の原因物質であるため、1994年以降、生産が全廃され、代替ハロンが開発された

・既に存する特定ハロンの使用は禁止されておらず、不要となった**ハロンの回収、再利用**が行われている

（7）粉末消火設備

❖粉末消火薬剤を放射して火災を消火する設備

・**窒息作用**と**抑制作用**によって消火

・消火剤として代替ハロン（HFC-23等）を用いた場合は、その消火特性等から、**全域放出方式**で自動起動方式とし、**常時人がいない駐車場**や通信機器室等に設置が限定されている

・主に油火災や電気火災、**飛行機の格納庫**等に適用

・凍結しないので、**寒冷地**においても適合

粉末消火設備
出題　H22

（8）フード消火設備（フード等用簡易自動消火装置）

❖厨房内の調理器具や排気ダクトの油脂火災に対する消火設備

・誤作動防止のため、まず、感知器が火災による温度の上昇を感知して自動的に警報を発するとともに、燃料ガス供給用の遮断弁を閉じる

・それでも温度が上昇し続けた時に初めて、調理器具や排気ダクト内に粉末消火薬剤または油火災に有効な強化液などの消火剤を放出する

→ **二段階感知方式**の消火設備

（9）屋外消火栓設備

❖建物の1、2階の火災を屋外から消火するもので、1階及び2階の床面積の広い建築物に設置

→ 広い敷地に多数の1、2階建の建物があるような場合にも適合

・**警戒区域半径は40m**で、「車や雪などで使用できない」ことがないように設置

屋外消火栓設備
出題　H23・H26・R01
　　　　R02

（10）ドレンチャー設備

❖外部の火災から建物を防護するため、延焼のおそれのある屋根、外壁、開口部にド
　レンチャーヘッドを設置し、ヘッドからの放水による水幕で隣接建物からの延焼を
　防止する設備
　　→ 設備の方式は**開放形スプリンクラー設備**と同様
　　→ 国宝や重要文化財等にも設置される

図13.10　ドレンチャー設備

13.6　警報設備

■ 13.6.1　自動火災報知設備

❖感知器で熱や煙を自動的に感知し、中継機等などを経て、**中央管理室**などに設置した
　受信機に火災の発生と場所をブザーとランプで知らせる設備
　　→ 火災の早期発見に不可欠

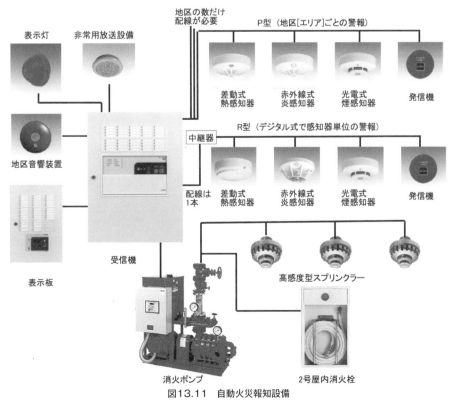

図13.11　自動火災報知設備

229

（1）熱感知器

❖熱感知器には、周囲温度が急上昇すると作動する**差動式**、周囲温度が一定温度になると作動する**定温式**、温度の急上昇または定温で作動する**補償式**がある

・**差動式**は暖房開始時に誤報を発することがある

・**補償式**はその欠点を改良したもので、いずれも**一般居室**に設置

・**定温式**は厨房、湯沸室、ボイラー室など火を使用する室に設置

定温式熱感知器
出題　H25
差動式熱感知器
出題　H23・H28・H30

（2）煙感知器

・**光電式**：火災の煙による光の乱反射または遮光を検出して作動する

・**イオン化式**：空気中のイオンの変化で作動する

　→ 煙感知器は、熱では感知しにくいエレベーター等のシャフトや、早期発見の重要な階段や廊下など避難路などに用いられる

　・ただし、塵埃や水蒸気でも作動するので厨房などには不適当

（3）受信機

・**P型受信機**：警戒区域内の感知器・発信機から共通の信号として受信する

・**R型受信機**：中継器を経由し、感知器毎に固有デジタル信号として受信する

　→ **P型受信機**には、**各警戒区域毎**に信号線を接続する必要があり、受信機まで警戒区域単位で配線し、**警戒区域の表示**が必要で小規模な建物に適合する

P型・R型受信機
出題　R05

■ 13.6.2　住宅用火災警報器

❖**住宅用火災警報機**：感知部、警報部等が**一体**となった住宅用の火災警報器

　→ 火災の発生を感知し、警報音で知らせる

　→ 寝室や階段等には光電式煙感知器、台所等には定温式熱感知器を用いる

❖感知器を**天井面**に取り付ける場合

　→ **天井の中央部分**（壁または梁から**60cm以上離れた位置**）とする

❖感知器を壁に取り付ける場合

　→ 高い位置（天井から下方15cm以上50cm以内）とする

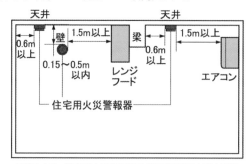

図13.12　住宅用火災警報器の感知器の取り付け位置

❖令和2年中の建物火災による**死者1,094人**

　→ 物用途別の発生状況をみると

　　・住宅（一般住宅、共同住宅、併用住宅）の**死者973人**

　　　→ 建物火災による死者の**92.1%**を占める（令和3年版消防白書）

表13.3　建物用途別の死者発生状況（令和3年版消防白書より）

建築物の用途			死者数	率
住宅			973	92.1%
	内訳	戸建住宅	761	71.9%
		戸建住宅	166	15.7%
併用住宅			16	1.5%
非特定複合用途防火対象物			28	2.7%
学校・神社・工場・駐車場・事務所等			17	1.6%
特定複合用途防火対象物			17	1.6%
劇場・新色店・百貨店・旅館・病院 老人ホーム・特殊浴場等			8	0.8%
その他			13	1.2%

■ 13.6.3　ガス漏れ火災警報設備

❖ガス漏れ火災警報設備のシステムや構成 → 自動火災報知設備とほぼ同じ

　（火災を感知するか、ガス漏れを検知するかの目的が異なるのみ）

❖ガス漏れ検知器

・ガス燃焼器およびガス配管の外壁貫通部付近に設置

　→ ただし、換気口の空気の吹出口から1.5m以内の場所、ガス燃焼器の排ガスに触れやすい場所などには設けない

　→ 都市ガス、プロパンガスによって、次の規定がある

①ガスが空気より軽い（都市ガスの）場合

・燃焼器から水平距離で8m以内の位置に設置

・検知器の下端は、天井面の下方30cm以内の位置に設置

②ガスが空気より重い（プロパンガスの）場合

・燃焼器から水平距離で4m以内の位置に設置

・検知器の上端は、床面の上方30cm以内の位置に設置

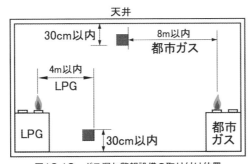

図13.13　ガス漏れ警報設備の取り付け位置

■ 13.6.4　中央管理室

❖防災センター（高さ31mを超える建物や延べ1,000m²を超える地下街に義務化）

　警報設備、消火設備、非常用エレベーター、排煙設備などの防災関係の設備および空調・換気の運転状況を監視、遠隔操作による制御を行い、避難誘導・消火の総合的な指揮を行う場所

　→ 避難階（一般に1階）か、その直上または直下階に設置（建基令第20条の2）

13.7　消化活動上必要な施設

■ 13.7.1　排煙設備

（1）排煙の目的

❖ 排煙の目的　①煙による判断力の低下など在室者の行動が阻害されるのを防止

②煙による視界の悪化を防止するのも排煙の目的

❖ 建材・家具・カーテン等の材質によっては、一酸化炭素等の有毒ガスが発生

自然排煙の効率
出題　H29

（2）排煙方法の原則

①避難経路である階段や廊下の視界が遮られるのを防ぎ、煙が侵入するのを防ぐ

→ 温度差換気の原理に基づき、火元付近のなるべく天井付近より煙を排除

→ 中性帯を上げて、下部の清浄を保つ

②排煙 → 火元付近のなるべく高い位置に排煙口を設け、防煙壁等で区切り、廊下や

他区画に煙が流出しないようにする

③廊下の排煙口 → 避難階段から離し、避難階段の方に煙が流れないように留意

④特別避難階段 → 直接、煙が入らないよう付室（前室）を設け、外気へ開放するか排

煙設備を設置

吸引型機械排煙方式
出題　H29
第二種排煙
出題　H29
排煙設備の兼用
出題　R01

（3）排煙の種類

表13.4　排煙方法の種類

場所	方式	消防法	建築基準法
消火活動拠点以外	①自然排煙方式　排煙窓に緩和（排煙設備不要）	消防令第28条3項　排煙上有効な開口部（消防令第32条による緩和）（排煙口・給気口無）	建基令第126条の2第1項一号～五号　100m²以内防火区画　学校・階段・昇降路等（排煙口・給気口無）
	②機械排煙方式（排煙設備）	消防令第28条第1項　地下街1000m²　劇場・集会場500m²　無窓の百貨店・駐車場1000m²	建基令第126条の2第1項　特殊建築物500m²超　3階以上500m²超　無窓居室1000m²
消火活動拠点	③自然排煙方式　排煙窓に緩和（排煙設備不要）	消防令第28条3項　排煙上有効な開口部（消防令第32条による緩和）（排煙口・給気口）	建基令第126条の2第1項一号～五号　100m²以内防火区画　学校・階段・昇降路等（排煙口・給気口）
	機械排煙方式	消防令第28条、第32条　④機械排煙方式（排煙機・給気機）※押出し排煙方式（建基法）でも可	建基令第126条の2第1項　⑤機械排煙方式（排煙機・給気口）
	押出し排煙方式	該当なし	H12建設省告1437　⑥押出し排煙方式（給気機有）＝第二種機械排煙
	加圧防排煙方式	消防令第29条の4　H21年消防庁告示第16号	S44建告1728・S45建告1833
		⑦加圧防排煙（排煙機・給気機）	⑦加圧防排煙（給気機）

※1 消火活動拠点において消防法上の機械排煙は、基準上排煙風道には排煙機、給気風道には給気機をともに設ける必要があるが、建築基準法上のの機械排煙は、「押出し排煙」の基準により設置した場合は**消防法令第32条**を適用し、排煙用の風道に**排煙機**を設けないことができる

※2 押出し排煙方式：「通常の火災時に生ずる煙を有効に排出することができる特殊な構造の排煙設備の構造方法を定める件」(H12年建設省告示第1437号「**第2種排煙**」)に規定する排煙方式をいう

※3 加圧防排煙方式：S44建設省告示第1728号、S45建設省告示第1833号

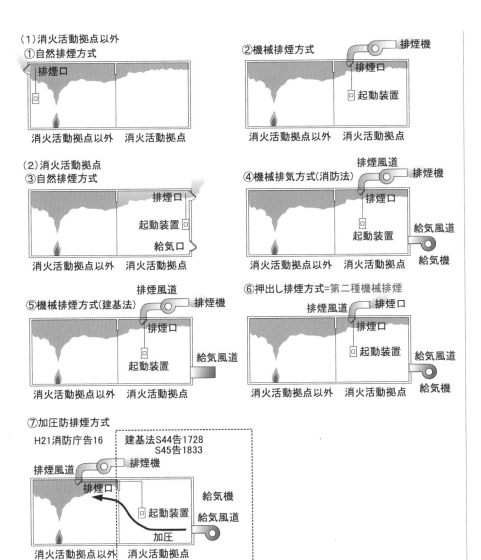

（1）消火活動拠点以外
①自然排煙方式

②機械排煙方式

（2）消火活動拠点
③自然排煙方式

④機械排気方式（消防法）

⑤機械排煙方式（建基法）

⑥押出し排煙方式＝第二種機械排煙

⑦加圧防排煙方式

H21消防庁告16　建基法S44告1728
S45告1833

図13.14　各種排煙方式の給気・排煙口、給気・排煙機

（4）機械排煙設備の留意点

❖機械排煙設備 → 排煙口、手動開放装置、排煙機、排煙ダクトで構成

　　①排煙口 → 防煙区画の各部から**水平距離で30m以内**になる位置に設置

　　②排煙口 → 天井または壁の上部に設置、排煙風道に直結（**天井から80cm以内の部**
　　　　　　　　分が有効開口部となり、直接外気に接する場合は除外）

　　③排煙口には、**手動開放装置**を設置

　　　　→ 煙感知器と連動する自動開放装置を設けても手動装置は省略できない

　　④電源を要する排煙設備（排煙機）には、**予備電源（30分以上継続）**を設置

　　⑤排煙ダクトは不燃材料

　　　　→ 一般に、亜鉛鉄板や鋼板が使用されることが多い

　　⑥排煙竪ダクト

　　　　→ 原則として**防火ダンパーを設けない**

　　　　→ 排煙時に接続される竪ダクトの竪穴区画の貫通部、および排煙機出口側の煙
　　　　　　排出口部分にもダンパーは設けない

排煙口の設置位置
出題　H25・H28・H30
　　　　R02

第**13**章

防火・防災設備

233

⑦防煙垂れ壁を介した隣接区画では、**異種の排煙方式の併用禁止**
    → 一方を自然排煙、他方を機械排煙のように異なった排煙方式を採用すると、自然排煙の関口部から適切な排煙が行われなくなる

隣接下2つの防煙区画
出題　H24

（5）加圧防煙システム(H21消防庁告示第16号)
❖火災時に出火した居室を排煙すると同時に、**廊下や付室に新鮮空気を加圧**して、避難方向と**逆方向の煙の流れ**をつくり、避難経路への煙の侵入を防ぐシステム
    → 火災室と避難経路との圧力差は、扉の開閉に支障がないよう制御

階段室の加圧システム
出題　H29

（6）天井チャンバー方式
❖天井面に特別な排煙口を設けずに**天井懐内に設けた吸込口**より機械排煙を行う方式

天井チャンバーと防煙垂れ壁
出題　H22

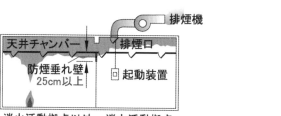

図13.15　天井チャンバー方式

①同一防煙区画内が間仕切されていても、天井面に均等に配置された吸込口から**均一な排煙が可能**
②天井チャンバーの分だけ蓄煙量が増加
    → 煙層の厚さは、天井懐の高さと天井下の垂れ壁の高さの合計となり、排煙効果がUP
③天井下に**垂れ壁(通常50cm以上)**を設置する場合
    → チャンバー式の場合、天井内防煙区画部分直下の天井面から**25cm以上あれば足りる**
    (建築設備設計・施工上の指導指針)
④天井チャンバー内に梁などの抵抗となる障害物がある場合
    → 排煙ダクトを設けるなどの工夫が必要
⑤天井内に設備されている電線類は、温度上昇による耐熱上の配慮が必要
⑥排煙口が直接見えないため、**作動確認用のランプが必要**

■ 13.7.2　連結送水管・連結散水設備

（1）連結送水管(消防法令第29条)

連結送水管
出題　H26・R01・R02

❖高層階(6階以上)や延べ面積が1,000m²以上の地下街の消防隊による**本格消火**のためのもので、消防ポンプ車からの**送水口**と公設消防隊のホースに接続する**放水口**(**1、2階は不要**)を備えた送水管
    → 送水口は消防ポンプ車が容易に近づける位置に設置(2m以内)
        ・放水口は3階以上の各階毎に半径50mの円で建物各部を包含し、かつ、階段室または非常用エレベーターの乗降ロビーなどで有効に消火活動を行うことができる位置に設置

（2）連結散水設備（消防法令第28条の2）

❖煙が充満し火元の確認や消火活動の困難な**地下街**等の消防隊による**本格消火のため**
の設備

→ 外部の水を消防ポンプ車によって、あらかじめ天井に配管してある管を利用し
て送水し、散水ヘッドから一斉に放水して消火

（散水ヘッドはスプリンクラーヘッドと異なり、自動的に火災を感知し消火する
機能はない）

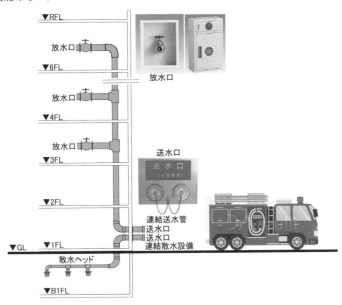

図13.16　連結送水管と連結散水設備

■ 13.7.3　非常用コンセント（消防法令第29条の2）

①消防隊が装備している投光器や破壊器具等の電源として使用

②単相交流100Vで15A以上の電気を供給できるものとし、非常電源を設置

③11階以上の階、延べI,000m²以上の地下街に必要

④建物各部より50m以内で、階段室、非常用エレベーターロビー等に設置

⑤非常コンセント設備の非常電源は**30分間以上**使用できる容量のものとする

非常コンセント設備
出題　H27

■ 13.7.4　非常用エレベーター（建基法第34条2項、建基令第129条の13の3）

①災害時には、一般の使用を禁じ、消防隊が消火、救助に使用

②平常時には、商品の搬入用などと**兼用可能**

③高さ31mを超える建物に必要である。所要台数は、高さ31mを超える部分で最も面
積の大きい階の床面積を基準として規定

非常用エレベーター
出題　H22・H24・H27
　　　H28・R02

表13.5 非常用エレベーターの所要台数

高さ31mを超える部分で最も面積の大きい階の床面	台数
1,500m²以下	1
1,500m²を超え4,500m²以下	2
4,500m²を超え7,500m²以下	3
7,500m²を超え10,500m²以下	4
さらに3,000m²を増すごとに1台ずつ増加	

④非常用エレベーターの乗降ロビーには屋内消火栓、連結送水管の放水口、非常用コンセント設備等の消火設備を設置できるものとする

⑤2以上の非常用エレベーターを設置する場合
　→ 円滑な消火活動を確保するために、有効な間隔を保って配置

⑥かごの定格速度は、60m/min以上とする。

⑦かごの積載荷重は、1,150kg以上(定員17人以上)

⑧かごの寸法
　・間口1,800mm以上、奥行き1,500mm以上、天井高さ2,300mm以上
　・出入口有効幅1,000mm以上、出入口有効高さ2,100mm以上

⑨乗降ロビーの床面積は、1台当たり10m²以上、1辺の最小長さを2.5m以上

⑩マシンルームレスエレベーターは非常用エレベーターにはできない

⑪非常用エレベーターには、消火活動のために、かごの戸を開いたままかごを昇降させるとができる装置を設ける必要がある(建築基準法施行令129条13の3)

非常用EVの乗降ロビー
出題　H26・H27・H29

■ 13.7.5　無線通信補助設備

❖あらかじめ同軸ケーブル等を地下街(1,000m²以上)に敷設し、中央管理室(防災センター)等に消防専用の端子を設けておき、消防隊が地下街に侵入する際、地上や地下および消防隊相互の無線機による通信を容易にするための防災用設備

無線通信補助設備
出題　H27

13.8　避難設備

■ 13.8.1　非常用の照明装置(建基令第126条の4～5)

①停電時の安全な避難のための設備
　・照明器具には主に白熱灯や蛍光灯が用いられる
　　→ 予備電源には内蔵型と別置型がある

②直接照明の明るさ
　・常温下で床面において水平面照度1 lx(蛍光灯又はLEDランプの場合は2 lx)以上確保
　　→ 配線は他の電気回路とは別系統

③非常用照明灯
・自動充電装置あるいは時限充電装置を有する蓄電池による予備電源が必要
　→ 30分間充電することなく点灯できるもの

■ 13.8.2　誘導灯（消防法施行令第26条）

①在館者を安全かつ迅速に避難させる目的で設置

　→ **常時点灯**が原則、用途によっては減光形や点滅形も用途によっては可能

②夜間、無人となる防火対象物で、**自動火災報知設備の感知器の作動と連動して点灯す**る方式の誘導灯を採用する場合

　→ **無人となる時間**については、**誘導灯の消灯可能**

③誘導灯の予備電源

　・直交変換装置を有しない**蓄電池**により、誘導灯を**20分間作動**できる容量以上

　　→ ただし、20分間を超える時間に係る容量の場合、**自家発電設備**によるものを含んでも可

④避難口誘導灯

　・避難口とわかる表示をした**緑色**の照明

　　→ 防火対象物の**避難口の上部**などに、避難上有効に設置

⑤通路誘導灯

　・避難方向のわかる**緑色**の照明 → 避難上有効に設置

誘導灯
出題　H22・H25・H26
　　　　H29

通路誘導灯
出題　H25
劇場の**客席誘導灯**
出題　H29
避難誘導灯の消灯
出題　H26

避難口誘導灯　　　　通路誘導灯
図13.17　避難口誘導灯・通路誘導灯

⑥客席誘導灯 → 劇場等の客席の通路の足元照明とし0.2 lx以上確保

■ 13.8.3　非常電源（予備電源）

❖通路誘導灯

　①すべての消防用設備等に設けなければならない

　②非常電源には、非常電源専用受電設備、自家発電設備及び蓄電池設備又は燃料電池設備の4種類

非常用照明の予備電源
出題　H24・H26・H28

表13.6　予備電源の最低容量

設置設備	最低容量
警報設備	10分間
誘導灯	20分間
非常用照明・コンセント・排煙設備・消火設備（水噴霧・泡）	30分間
消火設備（イナートガス・粉末）・非常用エレベーター	60分間

第
13
章

防火・防災設備

13.9　建築設備の地震対策

■ 13.9.1　建築設備の耐震性能確保の考え方

建築物に設けられる空気調和設備、換気設備、給排水設備、ガス設備、消火設備などの地震対策を考える場合

→ 個々の機器や配管などの据え付けのための**支持・固定に関する力学的な耐震性能のみではなく、ソフトの面も含めた幅広い対策が必要**

（1）地震時の機能確保を考慮した計画

❖**ライフラインの確保に必要な配慮**

- 災害時に給水設備の受水槽の水を確保するための**緊急遮断弁**
- 受水槽から直接給水可能な**給水栓の設置**
- 給排水設備における**配管系統の区分化**
- 排水感の破損に対応するための汚水、雑排水貯留槽の設置
- 雨水を利用するための雨水貯留槽の設置
- 自家発電機、蓄電池の月例点検の実施

をはじめ、システムの**バックアップ**、二次災害の防止に着目した計画が重要

（2）早期復旧を考慮した計画

❖災害時に機能が喪失した場合、速やかに復旧できるように配慮した計画が重要

- 被災箇所を容易に発見でき、復旧が容易に行える計画
- 系統分けはできるだけブロックにわけ、細分化する
    → 給水設備やガス設備では系統ごとに**遮断弁**を設置
- 機器や配管の周りには復旧作業のための**十分な保守スペースを確保**

■ 13.9.2　建築設備の耐震設計

❖耐震のための建築設備据え付けに関する設計手法

（1）計算を必要としない標準図による方法（標準図法）

- この方法は概ね**100kg以下の軽量な機器**に適用
    → 機器が汎用品で、耐震設計に基づいて据え付け部や支持部が標準図に明示されている場合は、製造者側の示す図によって設計・施工が可能

（2）建築設備設計用水平標準震度

→ 耐震クラス（S、A、Bの3段階）、支持・固定別、階の区分ごとに示されている

- 設計用の鉛直震度 → **設計用水平標準震度の1/2**
- 地震により**鉛直震度**が発生し、設備機器に働く重力が小さくなるため、**転倒しやすくなる**
- 各階床の振動倍率K_1は、**高層階ほど高くなる**

    高層階の振動倍率K_1　2.5

    中層階の振動倍率K_1　1.5

    1階の振動倍率K_1　　1.0

- **防振支持された機器**に用いる設計用水平標準震度は、**固定された機器に対するものよりも大きくなる**（水槽類を除く）

設計用鉛直地震力
出題　H26

238

・一般固定機器の応答倍率K_2　1.5倍

・防振固定機器の応答倍率K_2　2.0倍

・設計用水平標準震度K_H

　＝基準震度K_G×K_1×K_2×構造特定係数Ds×設備機器・建築物の用途係数

　（基準震度K_G＝0.4：地動加速度0.4G相当の地震）

（3）局部震度法による方法

✿地盤面からの高さが60m以下の建築物において耐震設計に使用する各階の設計用
　地震力は、局部震度法を用いて算定

✿局部震度法（設計用の鉛直震度 → 設計用水平標準震度の1/2）

　→ 経験的に定めた静的な震度分布から求めた各部の設計用水平標準震度に機器の
　　運転重量を乗じて作用する設計用水平地震力を求めて耐震設計を行う方法

エレベーターの設計用
水平標準震度
出題　H29

局部震度法による設計
用標準震度
出題　H25・H28

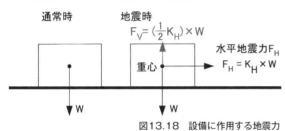

通常時　　　　　地震時

$F_V = (\frac{1}{2}K_H) \times W$

水平地震力F_H

$F_H = K_H \times W$

重心

↓W　　　↓W

W = 設備機器に働く重力
F_H = 水平地震力
F_V = 鉛直地震力
K_H = 水平震度
経験値：1階　　　0.4以上
　　　最上階　1.0以上

K_V = 鉛直震度 ＝ $\frac{1}{2}K_H$

図13.18　設備に作用する地震力

（4）動的設計法による方法　（時刻歴応答解析）

✿地盤面からの高さが60mを超える建築物、免震および制震建築物において使用する
　各階の設計用水平地震力 → 動的設計法を用いて算定

✿動的設計法は地盤、建物、設備機器を力学的にモデル化し、適切な入力地震波を選
　び、地震応答性状を計算して耐震設計を行う方法

✿水槽以外の設備機器の応答倍率

・一般固定機器の応答倍率K_2　1.5倍

・防振固定機器の応答倍率K_2　2.0倍

■ 13.9.3　設備機器の耐震を考慮した据え付け

（1）耐震据え付けの基本

✿設備機器の耐震上有効な据え付けの基本

①地震力が大きくなる重量機器および防振装置付きの機器

　（例：遠心冷凍機、大型ポンプなど）の設置階 → 可能な限り低層階に計画

②同一の系に属する構成機器および配管

　→ 末端に至るまで、同一クラスの耐震対策を実施

③天井吊りやブラケット類、高架台による据え付けはできるだけ避ける

　→ やむをえずこれらの据え付けを採用する場合、振れ止め対策を十分に実施

④スレンダー（細長い）な重心位置の高い機器 → 頂部を支持する据え付け実施

⑤防振装置を設ける場合 → 必ず転倒防止用耐震ストッパーを設置

第**13**章

防火・防災設備

239

（2）アンカーボルトに加わる力（引抜力、せん断力）

- アンカーボルト引抜力の算定において、設備機器の重心位置に、水平地震力、鉛直地震力、および機器の重量が作用するとみなし、これらの地震力が条件の不利な方向に同時に作用すると仮定

  → 水平地震力は設備機器を転倒させるように働き

  → 鉛直地震力はアンカーボルトを引き抜く方向（上向き）に作用する

  として算定

  鉛直方向の下向きの力＝（機器の重量↓）－（鉛直地震力↑）

- アンカーボルトのせん断力の算定

  → 水平地震力が機器を水平に移動させるように働く

  → この水平地震力をアンカーボルト全体で受けるものとして、ボルトに作用するせん断力を算出

  → 機器の重量およびボルトの締め付け力による床等との摩擦抵抗は考慮しない

アンカーボルト引抜力
の算定
出題　H26
アンカーボルトによる
転倒防止
出題　H28

（3）耐震ストッパー

❖機器を防振支持 →アンカーボルトで機器を基礎等に支持固定できない

　→防振材を介して設置することで、地震時に過大な振動を生じる恐れ

❖防振装置を設けた場合 → 機器の移動および転倒を防止するために耐震ストッパーを設置

- ストッパーと機器本体との隙間

  定常的な運転で接触しない範囲で、極力小さくなるようストッパーを設置

- 耐震ストッパーは地震時に移動しないように、基礎あるいは建築構造体にアンカーボルトで固定

耐震ストッパー
出題　H26

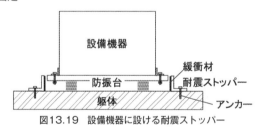

図13.19　設備機器に設ける耐震ストッパー

■ 13.9.4　免震構法

❖免震構法

①建物全体を免震する「建物免震」

②対象とする階の床を免震する「床免震」

③対象とする機器だけを免震する「機器免震」の3種類

❖建物免震ができない場合、あるいは既存建物で部分的な免震で十分な場合

　→「床免震」あるいは「機器免震」を採用

（1）免震構法の原理建（物免震の例）

❖アイソレータと呼ばれる振動絶縁装置を上部構造体の柱と基礎の間に設置

　→ 地震に対する水平方向の揺れをゆっくりした揺れに変換

❖ダンパーと呼ばれる減衰装置を上部構造と基礎との間に付加

　→ 揺れの大きさを制御し、揺れが早く収まるようになっている

❖ 建物のアイソレータ：積層ゴムのほか、滑り支承などがよく使われる

　→ 床免震や機器免震では上部の荷重が小さいため、固有振動数が上載荷重に依存しない転がり支承や摩擦支承などが採用されることが多い

　→ 対象とする機器によっては、鉛直方向の免震のために空気バネなどを付加することも

❖ 免震層は、基礎構造体と上部構造体の間に設けるのが一般的だが、**中間階に免震層を設ける場合もある**

（2）免震構法の留意点

①周囲に可動範囲のスペースを確保

　→ 可動範囲には移動可能なものであっても物を置かない

②免震基礎廻り →水平・鉛直変位用のクリアランスを確保

③免震層の直上階に着床するエレベーターのピット計画に留意

④免震装置を設置する部分

　→ 他の用途に使用しない限り、建築基準法上の床面積・階数に非算入

⑤免震層の設備配管

　→ 上部構造の変位に追従できるよう**フレキシブルな継手**や**スウィベル配管**を採用

❖ レトロフィット（retrofit）
  ・一般的に補強・修繕などを意味する
  ・耐震改修において、補強壁の新設・増設や補強ブレースの設置など、いわゆる在来型の補強方法に対する工法の1つとして表現するとが多い
  ・**免震レトロフィット**は、国立西洋美術館などに採用されている

■ 13.9.5　BCP（Business Continuity Plan：**業務継続計画**）

❖ 地震などの自然災害や大火災などの緊急事態に遭遇しでも、**重要業務が中断しないこと**、中断してもできる限り短い期間で再開することが望ましい

❖ BCP＝重大災害に面しても、業務を継続させるための計画

❖ BCPでは災害発生時に優先して実行すべき業務(非常時優先業務)を決めておく

　→ その業務実行のためにどのような設備が必要なのかを検討、設備計画を行う

　→ 災害後しばらくの期間は、各種の必要資源を非常時優先業務に優先的に割り当てるために、非常時優先業務以外は積極的に休止(または非常時優先業務の継続に支障とならない範囲で業務を実行)

❖ BCPと関連する設備

①給排水・衛生設備
  ・緊急給水遮断弁(飲料用受水槽災害応急対策)
  ・排水再利用システム、雨水再利用設備

②電気設備
  ・予備電源設備
  ・デュアルフュエルタイプの自家発電機

BCP
出題　H25・H28

13.10　防犯設備

■ 13.10.1　防犯設備の概要

❖防犯設備は、建物外部からの部外者の進入を阻止し、人命と財産を守ることが目的
❖近年の高度情報化や個人情報保護法の施行等による重要な課題
　→ 建物の内部からのデータの流出防止、ハッキング防止、ウィルスの感染防止
　→ 電磁環境を利用した外部からの電子情報の盗聴防止等の情報漏洩対策

■ 13.10.2　防犯対策

❖防犯対策 → 建物の用途によって異なる
　→ 災害時の避難と救助など相反する要素が多い
　→ 計画当初から慎重な検討が必要

■ 13.10.3　セキュリティレベル

❖建物のセキュリティ計画
　→ 建物の構造、用途、動線を十分に考慮した上でセキュリティレベルを設定
❖守るべき対象の重要性を分析し、重要度の高い順に優先順位を決定
　→ セキュリティレベルの低い方から高い方へ建物内の動線を計画
❖各セキュリティレベルの境界線は、原則通過できない遮蔽物で覆われている
❖人や車等の通過を伴う場合
　→ 自動扉、セキュリティゲート、シャッター等で通行規制を実施
　→ 通行規制部分では、通行資格や権限の確認が必要
❖CPTED（Crime Prevention Through Enviromental Design）

CPTED
出題　H25

・防犯環境設計のこと
・犯罪の防止に配慮した設計を行うことにより、機能性や快適性を損なわずに、犯罪の起こりやすい環境を除去し、防犯性を高める
・防犯環境設計（CPTED）の考え方
　①監視性の確保　　　→ 周囲から見通せる敷地・配置計画
　②領域性の強化　　　→ 居住者の帰属意識を持てる意匠、共用部の利用しやすい設計
　③接近制御　　　　　→ 玄関、窓、バルコニーに接近しにくい配置、オートロック
　④被害対策の強化・回避 → 玄関、窓等は破壊されにくい構造、面格子、補助錠

索引

索引

索引

た行

索引

●著者紹介

雲母 未来 (きらら みらい)

一級建築士

1960年生まれ。1985年東京工業大学大学院化学工学専攻修了。出光興産株式会社を経て、会社設立。大規模修繕、住宅リフォーム、店舗設計などを行いながら、建築および新規事業に関する経営コンサルティングを展開。

設計資格：一級建築士／商業施設士／宅地建物取引士
管理資格：一級建築施工管理技士
　　　　　一級土木施工管理技士
　　　　　一級管工事施工管理技士
　　　　　一級電気工事施工管理技士
　　　　　一級造園施工管理技士
　　　　　ガス消費機器設置工事監督者
施工資格：第二種電気工事士
　　　　　ガス機器設置スペシャリスト
　　　　　液化石油ガス設備士
　　　　　給水装置工事主任技術者
　　　　　エックス線作業主任者
　　　　　危険物取扱者 (甲)
　　　　　建築物石綿含有建材調査者

建築資格学院
　HP：https://value-co.jp/workshop/
　Email：kirara@value-co.jp

一級建築士 学科試験
独習合格テキスト 学科Ⅱ（環境・設備）

発行日　2023年 12月 24日　　　　第1版第1刷

著　者　雲母　未来

発行者　斉藤　和邦
発行所　株式会社　秀和システム
　　　　〒135-0016
　　　　東京都江東区東陽2-4-2　新宮ビル2F
　　　　Tel 03-6264-3105 (販売) Fax 03-6264-3094
印刷所　三松堂印刷株式会社　　　　Printed in Japan

ISBN978-4-7980-7081-0 C2052